PURE  NARD

PURE  NARD

항상
부족함이
없으리로다

Always Enough

Always Enough
by Rolland and Heidi Baker

copyright ⓒ 2002, 2003 Rolland and Heidi Baker

Published by Sovereign World
P.O. Box 777, Tonbridge Kent TN11 025 England

Korean Translation copyright ⓒ 2004 by Pure Nard
2F 16, Eonju-ro 69-gil Gangnam-gu, Seoul, Korea

This Korean edition is published by arrangement with Sovereign World.
All rights reserved.

본 저작물의 한국어판 저작권은 Sovereign World 와의 독점 계약으로 한국어 판권을 '순전한 나드' 가 소유합니다. 저작권자의 허락없이 이 책의 일부 또는 전체를 무단 복제, 전재, 발췌하면 저작권법에 의해 처벌을 받습니다.

항상
부족함이
없으리로다

지은이   롤랜드 & 하이디 베이커
옮긴이   박선규

초판발행   2004년 6월 19일
17쇄발행   2022년 4월 15일

펴낸이   허 철
펴낸곳   도서출판 순전한나드
등록번호   제2010-000128
주 소   서울 강남구 언주로69길 16(역삼동) 2층
도서문의   02) 574-6702
         Fax. 02)574-9704
홈페이지   www.purenard.co.kr
인쇄처   예원프린팅

Printed in Korea

ISBN   89-954138-6-7   03230

항상 부족함이 없으리로다

Always Enough

Rolland & Heidi Baker 롤랜드 & 하이디 베이커 / 박선규 옮김

PURE NARD

CONTENT

1 아무도 원하지 않는 아이들
The Children No One Wanted — 12

2 부르심
The Calling — 23

3 치항고
Chihango — 46

4 한 명까지 돌보라
See them one by one — 66

5 폭발
Explosion — 86

101	모잠비크의 홍수 Floods in Mozambique	6
142	부흥의 물결 Floods of Revival	7
172	죽어가는 이들을 위해 멈춰라 Stop for the Dying	8
195	모든 풍성한 열매는 친밀함으로부터 흘러나온다 All Fruitfulness Flows from Intimacy	9
206	후문: 질그릇 Jars of Clay	10

헌 정 사 Dedication

　우리는 우리와 함께 수고를 다한 많은 친구들과 동역자들에게 우리의 이야기를 바칩니다. 그들은 세계 도처에서 온 사람들로서 인정을 받기 원하거나, 누가 알아주기를 바라지도 않았고, 사례도 원하지 않았습니다. 또한, 그들은 우리와 우리 주위에서 하나님께 울부짖는 가난한 사람들에게 하나님의 선물이 되었습니다. 우리는 그들에게 엄청난 사랑의 빚을 지고 있으며, 그들의 믿음과 수고가 헛되지 않다는 것을 확신하고 있습니다.

　우리는 이 책을 특별히 우리의 두 자녀, 엘리사(Elisha)와 크리스탈린(Crystalyn)에게 드립니다. 이들은 우리와 함께 기쁨으로 인내했으며, 모든 어려움과 실망에도 불구하고 우리가 믿음으로 계속 전진할 수 있도록 격려해 주었습니다. 그들은 우리와 예수님께 큰 기쁨을 주는 아이들입니다.

서론 Introduction

　나(롤랜드)는 항상 산상수훈을 믿고 그대로 살기를 원해왔지만 산상수훈은 내가 의미한다고 생각했던 것과는 달랐다. 나는 또한 현실적이고 실용적인 사고를 할 필요가 있다는 말을 많이 들어왔다. 나는 성경을 간절한 마음으로 묵상하면서, 어떤 것에 대해서도 염려하지 않으며 예수님의 임재 앞에서 항상 안전하고 평안을 누리는 것이 얼마나 멋진 삶일까 상상하곤 했다. 그러면 기적은 일상적인 것이 될 것이며, 사랑도 자연스러운 것이 될 것이다. 우리는 항상 나누어주면서도 부족함이 없을 것이다. 누군가가 우리에게 거짓말을 하며, 속이고, 우리에게서 무엇인가를 훔쳐간다 해도, 그들은 우리를 능가하진 못할 것이다. 우리는 결코 어느 누군가를 이용할 필요도 없을 것이며, 다른 사람들을 축복하는 것 외에는 어떤 다른 동기도 없을 것이다. 우리는 예수님께서 어떤 일을 하시지 않을 경우를 대비해서 어떤 우발적인 계획들을 세우기보다는 지속적으로 그를 신뢰할 수 있을 것이나. 우리와 우리의 삶, 그리고 우리가 선포하고 공급하는 모든 것은 돈을 받고 팔기 위함이 아니라, 우리가 거저 받았기 때문에 거저 주는 것일 뿐이다. 이렇게 될 때에, 우리는 하늘에 계신 우리 아버지의 사랑 안에 살면서 모든 염려로부터 자유케 될 것이다. 그 하나님 아버지는 우리가 필요한 것을 항상 알고 계시며, 우리는 먼저 그의 나라와 그의 의를 구하는 영광스러운 일을 해나갈 수 있을 것이다. 우리에게 항상 부족함이 없을 것이다.

   때로 나는 가장 최악의 운명은 이러한 모든 것을 맛보지 못하고 사는 것이다. 그래서 나는 내가 하나님 안에서 내 마음의 소원을 성취할 수 있게 도와줄 많은 책을 읽기 시작했고, 내가 할 수 있는 모든 사역으로부터 도움을 찾기 시작했다. 나는 오순절 계통의 선교사 가족안에서 교육받으며 자랐기 때문에 이 일을 시작하는데 커다란 장점을 갖고 있었다. 이 일을 발전시켜 나가기 위한 큰 후원은 나의 할아버지로부터 받았다. 그는 외딴 중국의 어느 지역에 사는 가난한 사람들 사이에서 수년 동안 경험해 온 부흥과 계시와 초자연적인 능력들에 대해서 끊임없는 이야기를 나에게 들려주셨다. 그의 책인 〈베일 너머의 이상들(Visions Beyond the Veil-Sovereign World, 2000)〉은 나의 온 삶에 영향을 미쳤다. 성장하면서 나는 선교에 관한 고전으로 위대한 믿음을 소유한 초대 선구자들의 전기들에 익숙해졌다. 나는 챨스 스펄전의 설교들과, 오스왈드 챔버스에 의한 〈가장 높으신 분을 위한 나의 최선(My Utmost for His Highest)〉이라는 책과, 영국의 죠지 뮬러 고아원을 위해 하나님께서 채워주시는 기적 같은 이야기들을 읽었다. 데이비드 윌커슨의 〈십자가와 칼(The Cross and the Switchblade)〉은 나에게 가능한 것 이상을 보게 했다. 그리고 또한 멜 타리(Mel Tari)의 〈강력한 바람과 같이(Like a Mighty Wind)〉와 같은 현대에 일어난 부흥의 이야기들을 읽기도 했다.

   나는 과학 부분에서의 학문과 직업을 포기하고 기독교 대학에서 성서 연구로 학사와 석사학위를 받았으며, 이것이 나에게 소중한 밑거름이 되고 있다. 하지만, 나는 하나님의 자비와 은혜로 내가 어느 학과목이나 책으로부터 얻을 수 있었던 것 이상의 많은 믿음의 격려를 나의 친구이자 체육관 감독이었던 밥 쥬버(Bob Juver)로부터 받을 수 있었다. 밥은 선지자이다. 그리고 그는 다메섹의 경험을 통하여 성령의 부르심을 받았을 때에 3일 동안 앞을 볼 수 없는 경험을 하기도 했다. 그가 전문 상담자의 일을 시작하기 전까지는 공적인 사역에서 물러 나와 체육관과 운동기구들에 관련된 사업을 하고 있었다. 하지만, 그의 삶은 사랑을 통하여 역사하는 믿음의 표본이었다. 밥에게 있어서 하나님은 주권을 가지신 강력한 분이셨으며, 그의 지혜와 길은 계시 없이는 발견되어질 수 없는 어떤 것이었다. 그는 하나님 안에서의 삶을 실증하기 위해서 자기 사업을 이용하기도 했다. 나는 규칙적으로 거의 매일 그의 삶 속에서 일어나는 물리적이고 경제적인 기적들을 목격하였다. 하나님은 또한 밥이 자신 힘으로 온유하고 부드럽게 되기까지, 그리고 그에 대항하는 심한 공격들과 정의롭지 않은 일들을 분쇄시킬 수 있을 때까지 그의 마음을 부드럽게 하고, 그의 영혼을 위로하면서 위해 오래 참아오셨다. 그는 하나님 안에서 가능한 삶을 실증해주는 한 모델로서, 산상수훈을 실체화하는 살아있는 인물이었다.

　내가 믿음을 행사하기 시작했을 때에, 실수도 있었지만, 아름다운 승리들이 계속해서 이어졌다. 믿음은 하나님께서 무엇을 원하시는지를 알만큼 충분히 그분을 아는 것을 포함하며, 말씀에 대한 지식뿐만 아니라, 은혜와 계시와 경험을 필요로 한다. 하지만, 나는 행복했고 물러나지 않았다. 나는 내가 어떤 직장을 갖고 있는가에 보다는, 내가 기도하며 그분을 찾을 만한 충분한 시간을 가지고 있는가에 관해 걱정하고 있었다. 나는 믿음으로 살아야 했다. 나는 어떤 것을 위해서도 그와 단절되어질 수 없었다. 내가 원했던 모든 것은 그를 사랑하고 그의 사랑을 느끼는 것이었다. 하나님은 자신이 기뻐하시는 일을 나와 함께 하실 수 있었고, 나를 어느 곳에라도 보내실 수 있었다.

　하이디를 만나기 전까지, 나에게는 대담무쌍한 믿음에 대해 이야기 할 수 있는 친한 동역자가 없었다. 나는 1970년대에 캘리포니아에서 있었던 예수 운동에 참가하였으며, 큰 교회들에 깊이 관여하기도 했었다. 하지만, 사실상 나는 큰 모임들과, 대형 콘서트들과 끊임없는 사교적 모임에 흥미를 잃고 있었다. 오직 성령께서 나에게 임하셔서 강력한 방법으로 나를 만지시기만 한다면, 나는 가장 작고 가장 미천한 모임들에도 기꺼이 참석하려 했다. 나는 남 캘리포니아의 해변 근처에 있는 교회로 약 200명의 성도들을 가지고 있는 다나 포인트 공동체 채플(Dana Point Community Chapel)에 참석하기 시작했고, 거기에서 성령님의 역사에 의한 영광에 매료되었다.

나는 하이 시에라스(High Sierras)로 떠난 교회 스키 여행에서 작고 귀여운 금발의 소녀 옆에 앉게되었고, 그녀를 더 잘 알게 되었다. 나는 그녀를 우리의 작은 교회에서 종종 본적이 있었으며, 그녀의 예언적 은사는 매우 인상적이었다. 그녀는 십대의 어린 나이에도 불구하고 예수님과 친밀한 관계를 누리고 있는 것이 분명했다. 나는 그녀가 하나님을 섬기기 위해 확고하게 결단하고 있음을 알 수 있었다. 그녀는 매 주말과 매 방학 때마다 거리에 나가 복음을 전하거나, 선교여행을 다녀왔다. 그녀는 하나님께서 아주 세세하게 공급해 주신다는 것을 믿고 있었다. 그녀의 간증들은 매우 강렬했다. 이제 하나님은 나를 그녀 바로 옆에 두셨고, 우리는 맘모쓰(Mammoth)까지 가고 오면서 수 시간동안 이야기를 나누었다. 후에 나는 그녀의 대학을 방문했으며, 또 그 후 라구나 해변에 있는 그녀의 집도 방문하였다.

그녀를 저녁 식사에 초청한다거나 영화를 함께 보러 가는 것에 대해 거의 상상도 못했다. 그녀와 함께 할 때에 나는 하나님에 관한 것들로 완전히 사로 잡혔고, 우리가 이야기하는 것들은 모두 그분에 관한 것이었다. 나는 부활절 선교여행을 그녀와 함께 오아후(Oahu)의 북쪽 해변에 위치한 하오이 사람들이 살고 있는 가난한 동네에 다녀왔다. 그녀의 지도력이 그 여행에서 확실히 보여졌다. 나는 주로 하나님에 대한 그녀의 어린아이와 같은 사랑에 의해 감동을 받았다. 그녀의 그러한 사랑은 그녀의 삶 속에 있는 다른 모든 열정들을 물리쳐주는 순수한 내면적인 힘이었다. 그녀는 기회가 주어질 때마다 목소리로 노래하며 하나님을 예배할 수 있었다. 그녀를 다시 보기 위해 그녀의 집으로 가고 있을 때, 나는 사랑의 노래들이 그녀의 침실 창문을 통해 흘러나오는 것을 들을 수 있었다. 그녀는 한 시간 동안이나 그곳에서 그녀의 예수님 앞에 무릎을 꿇고 두 손을 든 채로 예배하고 있었다.

그녀는 하나님의 음성을 알고 있었다. 하나님은 주로 그녀가 예배하고 있을 때 말씀하셨다. 그녀는 귀하고 아름다운 방법으로 하나님과 연결되어 있었다. 나는 이 소녀를 사랑하기 시작했고, 그녀는 나에게도 중요한 모든 것들을 매우 소중하게 여기는 마음을 지니고 있었다. 나는 내가 그녀와 함께 사역할 수 있다는 것을 알고 있었다. 그리고 그녀와 함께 여행하면서 모든 것을 위해 그녀와 함께 하나님을 의존할 수 있다는 것도 알고 있었다. 하지만, 나는 그녀보다 12살이나 많았으며, 또한 그녀의 전 약혼자의 친구이기도 했다. 그녀는 자기 소명이 그 약혼자의 소명과 같지 않았기 때문에 주님의 지시에 따라 그와 결별했다. 하지만, 놀랍게도 하나님께서 우리가 함께 살면서 한 마음과 한 영으로 그분을 섬기기 원하신다는 것을 내가 깨닫게 될 때까지, 예수님은 하이디와 나를 점점 더 가깝게 만들고 계셨다. 내가 하이디에게 청혼하기 전까지는, 하나님께서 오래 전에 무슨 일이 일어날 지에 대해서 그녀에게 이미 말씀하셨다는 것을 나는 모르고 있었다. 사실, 하나님은 그녀가 멕시코 선교여행 중에 있을 때에, – 사실 그녀는 그 때에 내 성도 알고 있지 못했다 – 육성을 통하여 그녀에게 말씀해 주셨다.

우리가 결혼한 2주 후, 1980년에 하이디와 나는 선교사로서 인도네시아를 향해 떠났다. 그 때 우리는 왕복 티켓이 아닌, 편도 티켓과 단 몇 달러 정도만 우리 수중에 갖고 있었다. 우리 신혼여행은 그야 말로 마지막 순간에 주어진 기적과도 같은 것이었다. 또한 우리 준비의 모든 세세한 것들도 기적적인 것이었다. 우리는 순박했고, 배울 것이 너무 많았다. 하지만, 우리는 지금까지도 잃지 않고 있는 하나님만 의지하는 큰 기쁨을 느낄 수 있었다. 우리는 우리의 필요를 위해 하나님 외에는 아무에게도 부담을 주지 않으려 했다. 우리는 하나님의 능력으로 가난한 자들을 섬기고, 두려움 속에서 사는 사람들에게 하나님의 구원을 가져다주길 원했다. 수년이 지난 지금 우리는 훨씬 많은 책임을 지고 있지만, 우리는 그분에게 우리의 모든 짐들을 내려놓는 기쁨을 여전히 누리고 있다. 우리는 우리의 삶과 일이 우리 친구들이나 후원자들에게 짐과 같은 어떤 것이 되지 않기를 위해 기도한다. 또한 그들이 하나님의 선하심에 의해 우리와 함께 전율을 느끼고 격려 받기를 위해서도 기도한다. 우리 모두가 모든 일에 하나님을 신뢰하는 것을 배울 때까지 우리의 믿음이 서로에게 격려가 되기를 기도한다. 우리는 우리가 생각하고 느끼고 하는 모든 일을 통해 하나님께서 우리의 사랑을 느끼시길 원하고 있다.

예수님께서 많은 나라들과 사역의 현장들에서 수년 동안 우리의 믿음을 성장시키신 데에는 이유가 있었다. 오늘 그분은 세상에서 가장 가난한 지역들 중의 한 곳에서 우리로 하여금 5천 개 이상의 교회들을 돌보게 하셨다. 우리는 아프리카의 남동쪽에 위치한 모잠비크에 살고 있다. 이 땅은 수십 년에 걸친 전쟁과 자연재해로 인하여 극심한 고통을 당하고 있는 땅이다. 마침내 사람들은 예수님만을 갈망하게 되었다. 부흥이 확산되고 있다. 모잠비크의 중부 지역과 말라위 남쪽에는 거의 모든 마을에 간단하게 흙으로 지어진 교회들이 서있다. 그 교회들은 사람들이 앉아서 설교자의 말씀을 들을 수 있는 정도의 크기만큼 자랄 때까지 성장한다. 더 많은 건물들이 계속해서 세워지고 있다. 지금은 우리 주위의 나라들에 있는 사람들이 이러한 성령의 역사를 사모하면서 도와달라고 외치고 있다. 예수 그리스도의 복음은 그들 모두를 위해 충분하다. 그분은 선하시고 신실하신 분이시며, 사랑의 왕이시다. 그들은 단지 그분만을 원하고 있다. 그들은 가난에 찌든 삶을 살고 있지만, 이제 그분 안에서 모든 것을 소유하게 되었다. 우리는 그들에게 다가가서 복음을 선포하며, 의지할 것 없이 버려져서 죽어 가는 이들을 모으고 있다. 왜냐하면 예수님께서 우리를 위해 죽으셨고, 우리를 위해 다시 사셨기 때문이다. 우리는 그의 몸을 먹고, 그의 피를 마신다. 그 결과로 우리에게는 항상 부족함이 없을 것이다.

1
아무도 원하지 않는 아이들
The Children No One Wanted

"하이디! 선교지를 찾고 있었지요? 이것 좀 들어봐요. 나쁜 사람들이 모잠비크에 있는 적십자사의 트럭을 파괴하고 있소!" 하고 내(롤랜드)가 소리쳤다. 나는 모잠비크의 내전을 다루고있는 타임 잡지의 표지를 읽고 있었다. 나는 그러한 악한 일을 도저히 믿을 수 없었다. 하이디는 "오, 이런! 그곳에 가요. 그들에게 도움이 필요해요!" 하고 응답했다.

세계에서 가장 가난한 나라에서의 우리 이야기는 이렇게 시작되었다. 이 나라는 원하는 모든 것들을 무력으로 얻으려 했기 때문에 모든 것을 잃게 되었다. 우리는 1980년대 후반에 홍콩에서 가난한 자들과 노숙자들에게 복음을 전하고 있었다. 우리는 신학박사 학위를 얻기 위해 런던으로 공부하러 갈 예정이었고, 또한 그곳에서 노숙자들을 위한 교회를 개척할 예정이었다. 하지만, 모잠비크가 우리 마음을 사로잡게 되었다. 그곳은 절망적인 곳이었다. 그 나라는 피로 얼룩지고 완전히 초토화된 땅이 되어버렸다.

우리는 아시아의 큰 도시들로 거대한 경제와 대규모의 시설들을 갖춘 곳에서 사역하고 있었다. 우리는 더 가난한 장소들과, 더 어려운 장소들, 그리고 희망이 더 적은 나라들이 있다는 것을 알게 되었다. 우리는 "예수님, 당신이 원하는 곳에 우리를 보내주소서! 하지만, 우리는 가장 가난하고 '지극히 작은 자들'에게 가기를 원합니다. 우리는 모든 것이 불가능한 상황에서 당신의 복음이 시험되어지고 증명되어지길 원합니다"하고 기도했다.

그리고 그 후 몇 년 동안 무슨 일을 하던지 우리는 모잠비크에 우리의 시선을 집중시켰다. 우리는 그 나라와 모든 아프리카의 나라들을 연구 조사했다. 우리는 통계들을 연구했고, 역사도 읽었다. 모잠비크는 전쟁 중에 있었기 때문에 우리가 그 나라 안으로 들어갈 수는 없었다. 하지만, 우리는 할 수 있는 한 그 나라에 가장 가까운 곳에 가게 되었다. 영국에서 공부하는 동안 우리는 아프리카를 맛보기 위해 탄자니아에 갔다. 하지만, 우리에게는 모잠비크가 최종적인 목표였으며, 우리가 꿈꾸는 선교지였다. 우리가 정말 그곳에 도착할 수 있을까? 우리가 그곳에서 무엇을 할 수 있을까? 그 나라에서 하나님의 손과 발이 되기 위해 우리에게 필요한 모든 충분한 것들이 있을까? 예수님만으로 충분할까?

모잠비크는 게릴라전으로 식민주의자들과 끊임없는 전투를 벌인 후 1975년에 포르투칼로부터 독립을 얻게 되었다. 그 후 혹독한 마르크스 정권이 구축되었는데, 이것은 러시아와 중국의 유형을 따른 것이었다. 따라서, 한 때에는 그 두 나라에 의해 후원을 받기도 했다. 하지만, 레나모(Renamo)라는 민주주의를 위한 저항 운동이 발전되어서 거의 20년 동안 공산정권인 프렐리모(Frelimo)에 대항하여 투쟁했다. 모잠비크 안에 포르투칼인들에 의해 세워진 건물들은 아프리카인들을 위해서는 유용한 것이었지만, 이 전쟁에 의하여 거의 전소되다시피 했다. 길과 다리와 마을들과 학교들과 병원 건물들이 파괴되었다. 야만적인 고문과 살인이 자행되었다. 수백만의 사람들이 피난민으로서 그 나라를 빠져나갔다. 백만 개 이상의 지뢰들이 설치됨으로써 불구자와 장애인들의 퍼센트가 세계에서 가장 높은 나라가 되었다. 어떤 지역들에서는 인구의 반이 폭발로 인하여 상처를 입은 후 제대로 치유 받지 못해 죽어가고 있었다.

　모잠비크인들의 3분의 2는 문맹이다. 많은 십대 아이들은 AK47 소총을 쏘는 것 외에는 어떤 교육도 받아보지 못했다. 인구의 85퍼센트가 오막살이를 하고 있으며, 오직 5퍼센트의 사람들만이 전기를 이용하고 있다. 10퍼센트도 안 되는 인구만이 파이프를 통하여 물을 공급받고 있다. 나머지는 우물이나 강물이나 호수의 물을 이용하고 있다. 이들의 3분의 2는 심지어 웅덩이를 파놓은 화장실도 없다. 인구 4만 명꼴에 오직 1명의 의사밖에 없었다. 대부분의 사람들은 심지어 아스피린도 갖고 있지 않았다. 어린아이들의 절반이 다섯살 전에 죽는다. 수천명의 사람들이 매년 말라리아로 죽는다. 이 나라는 대부분의 나라들에서 당연시되고 있는 면역 보호시스템도 없기 때문에, 평범한 질병들로 인하여 어린아이들이 죽어가고 있다.

　이미 생존할 수 없는 모잠비크의 사회주의 경제를 전쟁이 갈기갈기 찢어 놓았다. 냉전 이후에는 심지어 러시아나 중국의 도움도 받지 못하고 있다. 전쟁 이외에도 수년 동안의 가뭄이 이러한 어려운 상황을 더욱 어렵게 만들었다. 캘리포니아보다 2배가 큰 이 나라의 구석구석에는 어린이들과 어른들이 옷도 음식도 없이 까맣게 타버린 마을들을 배회하고 있다. 국제적인 도움이 없었더라면, 이 나라 인구의 반 이상이 이미 죽었을 것이다.

　1990년 초반까지 사람들은 이미 녹초가 되어 있었다. 전쟁을 치르고 있는 당들도 더 이상의 돈을 가지고 있지 않았다. 1992년에 평화협정에 서명이 되어졌고, 1994년에 유엔의 감독 하에 새로운 민주주의 정부가 들어서게 되었다. 전쟁과 강도들과 가뭄으로 이 나라를 떠났던 2

백만에 이르는 모잠비크인들의 3분의 1이 되돌아왔다.

　1995년 1월 어느 날 갑자기 우리에게 기회가 찾아왔다. 나는 남아프리카의 선교사로부터 모잠비크의 수도인 마푸토에서 열리는 목사들을 위한 집회에서 말씀을 전해달라는 초대를 받게 되었다. 나는 나의 친구와 함께 몇 일 동안 작은 일본 트럭을 타고 남아프리카를 가로질러 모잠비크를 향해 운전해 가고 있었다. 나는 이것을 위해 수년을 기다렸었다. 모잠비크가 어떻게 생겼을까?

　남아프리카와 모잠비크의 경계선이 닫히기 전인 5시까지는 그 경계를 넘어야 했다. 그래야만 그날밤에 있는 첫 집회에 참석할 수 있었기 때문이다. 우리는 가까스로 경계를 통과할 수 있을 것이라고 생각하고 있었다. 우리가 그 경계에 가까워지면서 우리의 트럭에 문제가 생기기 시작했다. 액셀레이터가 바닥에 붙어서 올라오지 않았다. 우리는 바싹 긴장하게 되었다. 계속해서 엔진의 문제가 심해지는 것 같았다. 우리는 "하나님! 이 차를 움직여 주세요. 우리가 오늘밤 말씀을 전해야 되는 것을 당신도 아시지 않습니까?"하고 외쳤다. 트럭은 덜컹덜컹 흔들리면서 기어가다시피 했다. 마치 기름탱크에 물이 섞인 것만 같았다. 우리가 경계선에 다다랐을 때에, 차가 완전히 멈추어 버렸다. 우리는 아무 곳도 갈 수 없었다. 하지만, 그 장소에는 전기가 작동하고 있었다. 보초병들이 경계선의 입구를 향해서 달려왔다. 모든 사람들이 소리치고 있었다. 한 헬리콥터가 우리 머리 위에 떠있었다. 어떤 관리가 "너희보다 앞서 간 차가 강도들에 의해 총격을 받았다. 우리는 부상자들을 운송하고 있다"고 소리쳤다. 만약에 우리 차가 움직였더라면 우리도 경계선을 건너자마자 공격당했을 것이다. 하나님은 이렇게 처음부터 우리를 기적적으로 보호하셨다.

　우리가 트럭을 밀기 시작했을 때, 엔진이 갑자기 정상적인 소리를 내기 시작했다. 그 경계가 닫히기 2분전이었다. 건너가야 할까? 아니다.

아무도 원하지 않는 아이들 15

기다려서 호송을 받으며 건너가겠다고 결심했다. 덤불 속에 거하는 모잠비크의 게릴라들은 찢어지게 가난했으며, 고립된 외국인 자동차들을 공격하면서 생명을 유지하고 있었다. 다음날 아침 우리에게는 많은 동행인들이 생겨났으며, 아무 문제가 없게 되었다. 하지만, 마푸토까지의 길은 완전히 바뀌어 있었다. 이제 우리는 움푹 패인 곳과 폭탄으로 인하여 생긴 구멍들을 피해지나가야만 했다. 불태워져서 전복되어진 버스와 트럭들의 잔해가 도상에 널려있었다. 이 곳은 전투가 강렬했던 지역이었으며, 어제 저녁과 마찬가지로 아직도 평화로운 분위기가 아니었다.

땅은 메말라 있었다. 모잠비크의 남쪽 지역에서는 일년에 30인치의 강우량이 일반적이다. 하지만, 거기에는 3년 동안 비가 오지 않았다. 옥수수 대가 모래밭에서 시들어 가고 있었다. 마침내 마푸토에 도착했다. 이 도시는 전쟁 전에는 작지만 아름다운 휴양지로서, 그늘지고 넓은 거리들을 가지고 있었으며, 해안 절벽에 위치하여 바다를 바라보고 있는 지역이었다. 하지만, 그 도시를 자세히 들여다 보았을 때에 마푸토는 이제 이전의 모습은 사라지고 껍데기만 남아있었다. 20년 동안 거의 아무것도 다시 세워지거나 보수되지 않았다. 건물들은 내부까지 파괴되어 있었다. 모든 곳에서 실패한 경제와, 심한 고통을 받고 있는 사람들의 증거를 볼 수 있었다. 백만이나 되는 사람들이 자기들의 도시와 마을에서 일어난 전투로 인하여 이곳에 피난해 와서, 이 도시 둘레에 움막을 짓고 살고 있었다. 수십만의 자녀들이 그들을 돌보지 않으려 하거나, 돌볼 수 없는 부모들에 의해 버려진 고아들이었다.

우리는 그 도시의 가장 큰 교회에서 집회를 시작하였다. 그 교회는 고등학교 체육관 크기의 약 두 배가 되는 텅 비고, 덥고, 어두운 건물이었으며, 바닥은 시멘트로 되어있었고, 양철지붕의 건물이었다. 그 안에서는 종종 9천명의 사람들이 의자도 없이 어깨와 어깨를 맞대고 꽉 끼어서 예배를 드리곤 했다. 거리의 이곳저곳에서는 아이들이 먼지와 모래 속에서 놀고 있었다. 피난민들은 그들이 가지고 있는 것은 어떤 것이라도 팔기 위해서 길거리를 따라서 장을 열고 있었다. 모잠비크의 전역에 있는 목사님들이 몰려왔다. 그들 중 많은 분들은 너무 가난해서 자신의 성경책을 소유할 수도 없었지만, 자랑스럽게 하얀 셔츠와 가장 좋은 바지를 입고 있었다. 이들은 강인한 그리스도인들로서, 수년동안의 고생과 핍박을 견뎌냈다. 누가 누구를 가르쳐야 한단 말인가? 하지만, 그들은 바깥 세상과 단절되어 있었고, 성경에 대한 가르침을 거의 받지 못하고 있었다. 그들은 또한 아프리카의 전통 종교들이 가지는 강력한 주술적인 영향들과, 또한 강력하게 성장하는 이슬람의 영향들과 싸워야만 했다. 나는 천사의 방문을 통하여 공산주의의 감옥에서 구출된 한 목사를 만났으며, 그가 나눈 많은 간증들에 감동을 받고 숙연해지기도 했다.

나는 가르치기 위해서 거기에 갔지만, 또한 사역을 위한 기지를 얻을 수 있는 가능성이 있는지 알아보기를 원했다. 우리는 단지 그 나라에 발을 디딜 수 있는 근거지로서, 중국에서 내 할아버지가 하신 것과 같이 거리의 고아들을 데려다가 양육할 수 있는 작은 건물을 찾고 있었다. 이틀 후에 마푸토에서 사업을 하는 남아프리카의 전기 기술자가 나를 찾아왔다. 그는 모잠비크에서 지역 주민들을 섬기고 있는 "자비량 선교사"였다. 그가 내게 와서는 "고아원을 원하십니까?" 하고 질문하였다. 정부가 그의 교회에게 한 고아원을 맡아달라고 요청했지만, 그들은 고아원을 운영할 사원들을 깆고 있지 않았다. 내가 관심이 있느냐구요? 물론이지요!

놀랍게도, 나는 차 한대를 세낼 수 있었다. 마푸토의 도로는 웅덩이들로 가득 차 있었다. 그리고 치항고(Chihango)에 있는 어린이 센터를 향한 도시 외곽도로는 해안가를 따라 즐비해 있는 어부 마을을 통과할 때까지 진흙과 모래와 물과 부서지는 타르로 구성되어 있는 장애물 코스였다. 나는 이 센터가 전쟁 고아들이 많은 이 나라에 존재하는 여러 어린이 비상 치유 센터들 중에서도 시설이 낙후된 그러한 곳일 거라고 생각했다. 하지만, 치항고가 버림받아 고아가 된 아이들을 돌보기 위한 정부의 최고 시설이며, 모잠비크에서 가장 큰 센터라는 것을 알고는 놀라지 않을 수 없었다.

내 목사 친구와 나는 그곳에 도착할 때까지 진흙탕을 통과하거나 둘러가면서 수 마일을 운전해갔다. 마침내 치항고에 도착하였다. 그곳에는 전선들이 있었지만 땅에 늘어져서 가까스로 함께 붙어 있었다. 고압 전선이 불꽃을 튀기고 있었다. 전화선을 연결해주는 기둥들은 벌거벗은 채 서있었다. 사람들은 전화선들을 팔아 돈을 만들기 위해 이미 오래 전에 그것들을 도적질해 갔다. 우리는 건물 주위에 주차를 하고 관리실처럼 보이는 곳으로 들어갔다. 어린이들은 골이 난 듯이 앉아서 우리를 우두커니 바라보고 있었다. 그곳에 있는 두 명의 어른들이 우리에게 간단한 상황 설명을 해주었다.

치항고는 거칠고 버림받은 집이 없는 아이들과, 아무도 원하지 않으며, 심지어 경찰도 원하지 않는 거리의 도둑들과 싸움꾼들과 같은 비행 소년들을 가두어 두는 장소와 같았다. 거기에서는 약 80명의 아이들이 동물처럼 살고 있었다. 그들은 바닥에 배변을 보았고, 거기에 앉아서 장작 불 위에 알루미늄캔을 데우며 앉아 있었다. 거기에는 침대도, 매트리스도, 담요도, 베게도 없었다. 그들은 매일 밤 차가운 시멘트 바닥에서 잠을 자야했다. 그들의 몸은 종기로 가득 차있었다. 그들은 소리 지르며, 발로 차고, 싸우기도 했다. 정부에서는 일 년에 석 달만 그곳에 음식을 갖다 줄 수 있었다. 따라서 그들은 훔치거나 구걸해야 했다.

건물들은 포르투갈 사람들이 10년 전에 제공해주었던 것들의 껍데기만 남아있었다. 모든 것이 완전히 파괴되었다. 문들과 창틀들은 장작으로 사용되어지기 위해서 모두 부숴졌다. 벽에 남아 있는 전선들은 없었다. 유리창은 오래 전에 사라졌고, 지붕에는 뻥뻥 뚫린 구멍들로 가득 차 있었다. 변기와 하수구는 막혀서 넘쳐나고 있었으며, 죽은 쥐들이 물을 운반하는 파이프들을 막고 있었다. 우물 펌프와 방아 기계는 녹슬어 사용할 수 없게 되었고, 전구는 오래 전에 사라진 것 같았다.

깡패들과 도둑들이 이 지역을 배회하였고, 밤중에는 건물들에 총을 쏘기도 했다. 주술사들이 마을 구석구석을 돌아다니면서 북을 치며 노래를 불렀다. 우리가 후에 발견한 일이지만 악한 영들이 어린이들을 질식시키고 겁에 질리게 만들기 위해 그들의 방으로 들어오곤 했다. 아무도 읽거나 쓸 줄을 몰랐다. 이들에게는 사랑도, 보호도, 희망도 없었다.

또한 이 모잠비크의 어린이들에게는 장래성도 없었다. 10년 전에 러시아와 독일인들이 도와주겠다고 약속했으나, 결코 돌아오지 않았다. 이 아이들은 "지극히 작은 자들," 이 지구상에서 버림받은 아이들, 누구에게도 인정받지 못하는 아이들이었으며, 그들의 삶은 그들이 아는 한 아무에게도 가치를 인정받지 못하는 삶이었다.

나는 이 마을에 존재하는 교회의 지도자들로부터 그 아이들에게 관심을 기울이는 것은 시간낭비를 하는 것이라는 말을 듣기까지 했다. 또한 나는 다음과 같은 말을 듣기도 했다. "그들은 못된 아이들입니다. 당신은 그들을 결코 변화시키지 못할 것입니다. 그리고 당신은 이곳의 어떤 아이들에게도 영향력을 미치지 못할 것입니다. 차라리, 도시에서 교회에 다니고 학교에 다니는 좋은 아이들을 돌보아 주는 편이 나을 것입니다. 그리고 당신은 이 나라를 바꿀 수 있는 목사님들이나 지도자들과 대부분의 시간을 보내야 할 것입니다."

나는 내가 전에 그러한 말들을 어디에서 들었었는지를 생각해 보았다. 이러한 말들은 2세기 전에 나의 할아버지께서 중국의 쿤밍(Kunming)에 살고 있던 동료 선교사들과 지역 목사님들로부터 들었던 것과 똑같은 것들이었다. 나의 할아버지와 할머니는 중국의 남서쪽의 어느 외진 곳에 도착하셨으며, 또한 잃어버린 양들을 찾기 위해서는 지구 끝까지라도 갈 결심을 하고 계셨었다. 하지만, 나의 할아버지께서 "실제적인"선교를 시작하려 노력하는 동안에, 할머니는 쿤밍지역의 중국식 아파트 밖에 위치한 빈민굴에서 죽어가고 있는 거지 아이들을 데려오기 시작하셨다. 할머니는 그들의 상처를 씻기셨고, 그들에게 깨끗한 옷을 주고, 음식을 먹여 주었다. 하지만 어떤 식으로든 셋 중 둘은 수일 내에 죽었다. 하지만, 나의 조부모는 약 50명의 아이들을 돌볼 수 있는 "아둘람"-구약 성서에서 다윗이 사울의 위협을 피하여 안전하게 피했던 동굴의 이름-이라 명명되는 고아원을 운영할 수 있게 되었다.

하지만, 그 어린이들은 처음에는 특별히 감사함을 표시하는 것과 같은 어떤 반응도 보이지 않았다. 단지 놀기만을 원했다. 그들은 정해진 예배에 참석해야 했지만, 사실 거의 이해하지 못하고 앉아있었다. 그러던 중 어느 날 성령님께서 아이들에게 임했고, 압도적인 힘으로 그들의 죄를 깨닫게 하셨다. 그 후로 아이들은 나가서 놀고자하는 욕구를 잃어버렸다. 그들은 바닥에 무릎을 꿇고, 가구 밑에 숨어서 밤이 깊도록 또 며칠 동안 자기들의 죄를 아파하며 울부짖었다. 그들은 지옥으로 끌려가는 환상을 보게 되었고, 그 안에서 악한 영들은 절망 속에 빠진 아이들을 조롱했다. 그들은 자기들이 알고 지냈던 다른 사람들이 불 속에서 타고 있는 것을 보았다. 그들이 그 불타는 구덩이로 던져질 찰나에, 천사들이 그들을 구출하여 천국으로 인도했으며, 그들에게 예수 복음의 영광을 설명해 주었다.

계시와 아름다움과 능력과 사랑의 장엄한 시간들이 이렇게 시작되었다. 아이들은 몇 주 동안 혹은 몇 달 동안 이상을 보면서, 먹고 자는 시간을 가능한 한 줄이고 있었다. 그들은 성경에 대해서 아무것도 모르고 있었지만, 그들이 본 이상들을 통하여 구약에 나오는 이야기들과, 십자가 위의 예수님, 대환란, 최종적인 부활, 어린양의 혼인잔치, 천국에 있는 우리의 대저택들, 과거 현재 미래의 다른 많은 장면들을 상세히 묘사하곤 했다.

나는 수년 동안 나의 할아버지께서 이러한 성령의 쏟아 부어주심에 대해서 쓰셨던 책〈베일 너머의 이상들〉이 지속되어지기를 갈망해오고 있었다. 하지만, 그러한 멋진 일들을 보기 위해서는 내가 하나님의 가치 시스템을 가져야 할 것이라고 믿고 있었다. 하나님은 자신의 마음을 보여주고 싶어하신다. 그분은 가치 있는 것들을 부끄럽게 하시기 위하여 가치 없는 것들을 사용하신다. 하나님은 완전히 길을 잃은 채 외롭게 사는 이들을 찾기까지 쉬지 않으신다. 하나님은 사탄이 저지를 수 있는 최악의 일들을 역전시키심으로써 자신을 영화롭게 하신다.

나는 치항고에 서서 어린아이들을 바라보면서 안타까움으로 한숨을 짓던 한 날을 기억하고 있다. 이 아이들이 예수님께서 이 나라 전체를 변화시키기 위하여 사용하시는 도구들인가? 이렇게 텅 비고 무감각한 마음을 가진 아이들이 지극히 높으신 하나님을 담을 수 있는 그릇들이 될 수 있을까? 지금은 훈련도 받지 못했으며 인격도 덕목도 갖추지 못한 이렇게 쓸모 없어 보이는 아이들의 간증을 통하여 장관들과 기업가들과 장군들과 단체장들의 삶이 변할 수 있을까?

그리고 하이디와 내가 그들을 위해 어떠한 영향을 줄 수 있을까? 하이디와 나는 15년 동안 오직 우리의 작은 가족을 위해 믿음으로 살아왔다. 우리가 이 주요 기관을 수리하고 유지함으로써 그것을 이 나라에 희망을 줄 표본으로 어떻게 만들 수 있올까? 이 일을 계속해 나갈 수 있기 위하여 우리는 사랑과 믿음과 인내를 어디에서 받을 수 있을까? 모잠비크 전체에는 지금 우리가 데리고 있는 아이들과 같이 극도로 힘든 생활을 하고 있는 수천의 아이들이 있다.

하지만, 나는 너무도 기쁘다. 여기에서 이러한 나의 삶이 복음의 능력을 증명해주는 멋진 테스트였다. 나는 내가 누군가에게 어디에서라도 설교할 수 있기를 원하고 있었다. 나는 예수님 한 분이 이 지역과 모잠비크 전체를 위해 충분하다고 확신한다. 나는 내 할아버지께서 하셨던 것처럼, 이 사회의 밑바닥에서부터 시작하여 위로 올라가기로 결심하였다. 그 일을 위해 치항고는 완벽한 곳이었다.

하지만, 나는 오직 나의 아내 하이디와만 이러한 모험을 시작하였다. 하나님은 가난한 자들을 위한 믿음과 마음을 그녀에게 주심으로 평생 동안 모잠비크를 위해 그녀를 준비시켜오셨다. 그녀의 이야기가 다음 장에서 시작될 것이다.

2

부 르 심
The Calling

나(하이디)는 항상 사람들의 내면을 알기 원했었다. 사람들의 스타일과 멋진 장식품, 혹은 누더기 옷과 주름살과 같은 외면을 통과하여 그들의 내면을 바라볼 때에 과연 그들은 어떠한 사람들로 비쳐질 것인가? 나는 하나의 꾸밈도 없는 진실함으로 어떻게 그들을 사랑할 수 있을까? 남 캘리포니아 해변의 부유층 사회에서 자라면서 보아온 십대들의 모든 허위와 사회적 책략들을 내가 어떻게 넘어설 수 있을까?

나는 버려지고 무시되어진 덜 유명하고 덜 아름다운 사람들에게 관심을 갖게되었다. 나는 외롭고 잊혀진 그러한 사람들과 앉아서 그들의 이야기를 듣고 싶었다. 나는 다른 문화와 언어들, 특별히 가난한 자들의 그러한 것들에 항상 관심을 가지고 있었다. 나는 단지 집에 앉아서 나와 나의 세상에 몰두할 수 없었다.

나의 부모님들은 나를 멕시코 여행에 자주 데리고 가셨으며, 그들은 가난한 자들에게 특별한 민감함을 갖고 계셨다. 우리 가족은 티주아나(Tijuana)와 다른 지역들에 들러, 쓰레기 더미와 판잣집에 사는 마을들을 방문하면서 옷을 나누어주곤 했다. 나는 또한 중국에 선교사로 다녀온 적이 있는 나의 6학년 선생님에 의하여 많은 영향을 받기도 했다. 그녀는 아시아로부터 막 돌아오셔서, 홍콩에 있는 빈민굴들을 찍은 생생한 사진들을 우리 학급에게 보여주셨다. 나는 그곳에 사는 사람들을 위해 울었다. 심지어 그 때에도 나는 그곳에 가서 그들을 돕기 원한다고 하나님께 기도했다.

나는 성장하면서 항상 하나님을 원해 왔으며, 밤중에 침대에 누워서 "하나님 어디에 계세요?"하고 묻곤 했다. 나는 어머니가 다니시던 성공회교회에서 가르침 받았던 모든 기도서를 외웠다. 나는 항상 기도했다. 내가 성찬을 받을 때에 성령님께서는 나를 강하게 만지셨다. 나는 준비되어지면서 부름을 받고 있었다.

13살이 되었을 때에 나는 1년 동안 교환학생으로 스위스에 갔다. 나는 독일어를 배웠고, 스키를 타고, 댄스를 공부하는 등 좋은 시간을 가졌지만, 궁핍함을 경험할 필요가 없었다. 16살이 되었을 때에 나는 야외 학업을 위해 미시시피에 있는 촉토(Choctaw)인디안 거주지에 가게 되었다. 거기에서 나는 또 하나의 문화적 모험을 할 계획이었다. 하지만 이번에는 내가 미국에서 전에 결코 경험해보지 못한 가난이라는 환경 속에서 그렇게 할 계획이었다.

봄방학 동안 나는 촉토 기숙사에서 거의 홀로 남아 있게 되었고, 기숙사 안에 있는 바퀴벌레를 소탕하라는 임무를 받게 되었다. 나는 매일매일 구석구석에 살충제를 살포했다. 바퀴벌레는 날다가 죽어서 내 위로 떨어졌다. 끔찍한 일이었다. 어느 토요일 저녁에 한 학생이 인디안 보호 지역에서 열리는 부흥집회에 참석하자고 나에게 건의했다. 나는 바퀴벌레를 피하기 위한 어떤 일에라도 준비가 되어 있었다. 그 때까지 나는 내가 미시시피에서 무엇을 하고 있는가? 하고 고민하고 있었다. 나는 스스로를 항상 유명한 사람으로 생각하고 있었지만, 이 학교에서는 내가 소수 인종에 속했고, 사람들은 나를 싫어하며 피해 다니고 있었다. 나는 외로웠고 비참함도 느꼈다.

그날밤에 폭풍이 있었지만, 나는 개의치 않았다. 나는 비를 맞고 진흙 투성이가 되어 교회에 도착하였으며, 안으로 몰래 들어가려 했다. 하지만, 나는 비에 흠뻑 젖은 금발머리를 하고 참석한 유일한 백인 소녀로서 눈에 띄일 수밖에 없었다. 설교자는 나바호족 원주민으로서 밝고 여러 가지 색깔로 된 원주민 옷을 입고 있었다. 그는 인디안 권력 운동에 참가했었던 자신의 삶과, 자신이 얼마나 백인들을 싫어했는지에 대해서 이야기하고 있었다. 나는 매우 불안함을 느끼기 시작했다. 하지만, 그는 사람들의 내면을 어떻게 보고, 어떻게 사랑해야하는지에 대해서 가르쳐 준 어떤 사람을 만났다는 이야기를 했다. 사실 이것이 내가 평생 원해왔던 것이었다. 그는 우리의 죄와, 예수님 안에서의 용서와 믿음의 필요성에 대해서 이야기했다. 그리고는 사람들을 강단 앞으로 초대했다. 하지만 아무도 앞으로 나가지 않았다.

그 때에 나는 어떤 손이 나의 옷을 잡고 앞으로 끄는 것과 같은 느낌을 가지게 되었다. 나는 마음이 무너져 내리는 것을 느끼면서 울기 시작했다. 나는 약 500명의 인디언들이 보고 있는 앞에서 울면서 강대상 앞으로 달려갔다. 그 목사님의 아내가 나를 진정시키려 노력하면서 괜찮다고 말해주었다. 나는 울면서 "괜찮지 않습니다. 내가 죄인이에요"라고 말했다. 그 때가 1976년 3월 13일이었다.

피아노 반주자 글렌다가 달려와서 나를 꼭 안아주었다. 그녀는 "나는 당신이 구원받아서 얼마나 행복한지 몰라요. 하지만, 이제 당신은 성령님이 필요해요"라고 말하였다. 나는 성공회의 기도문을 통해서 성령님에 대한 어떤 것을 기억하고 있었다. 그리고 나는 모든 것을 원하고 있었다. 글렌다는 다음날 밤에 그녀의 거룩한 오순절교회(Pentecostal Holiness Church)로 나를 초대했다. 나는 영화를 보러

갈 예정이었으나, 더 이상 그러고 싶은 마음이 없어졌다. 그 다음날에 나는 나비처럼 가볍고 자유로움을 느꼈다. 꽃들과 하늘이 매우 아름답게 보였다. 내 기분이 완전히 변화되었다. 나는 나에게 일어난 모든 일들에 대해서 이야기하면서, 그들도 이와 같은 것을 경험하기 원한다고 말해주었다. 나는 계속해서 예수님을 찬양했다. 나는 그분과 사랑에 빠지게 되었다. 나는 그날밤 교회에 가는 것을 기다릴 수도 없었다.

약 30명 정도가 그 교회에 있었다. 내가 그 교회의 첫 방문자인 것 같았다. 모든 시선들이 청바지와 짧은 상의를 입고 있는 캘리포니아 소녀에게 집중되었다. 나는 강대상 앞으로 나가려 하지 않았다. 하지만, 그들이 나를 앞으로 초청하였다. 이번에도 어떤 손이 나를 끌고 있었다. 내 심장이 빨리 뛰기 시작했다. 30명 모두가 내 위에 손을 얹고 내가 성령세례를 받을 수 있도록 기도했다. 갑자기 모든 것이 어두워졌다. 나는 그렇게 어두운 것을 경험해 본적이 없었다. 그러다가 몇 분이 지나서 모든 것이 밝아졌다. 이 번에는 내가 눈을 감고 있는데도 찬란하게 타오르는 빛을 느낄 수 있었다. 나는 영어로는 한 마디도 말할 수 없었다. 내가 할 수 있는 모든 것은 방언으로 말하는 것이었다. 그들은 "이제 당신은 물세례를 받아야 합니다"라고 말하였다. 나는 이해할 수 있는 식의 의사소통을 할 수 없었기 때문에 단지 고개를 끄덕였을 뿐이다. 사람들은 욕조와 물을 가져왔고, 그 안에서 내가 세례를 받게 되었다.

나는 예수님을 위한 확실한 스폰지가 되었다. 나는 내가 할 수 있는 영적인 모든 것을 빨아들였다. 나는 그 주에는 매일밤마다 교회에 갔다. 나는 성경말씀을 갈급해 하고 있었다. 나는 독서 장애를 가지고 있어서 읽는데 서툴렀다. 그래서 교회는 킹제임스 성경을 담고 있는 테이프를 나에게 가져다주었다. 그리고 그후 그것이 나에게는 가장 소중한 재산이 되었다. (나는 후에 극적으로 치유를 받게 되어서, 두꺼운 안경을 쓰고 볼 필요가 없게 되었다. 나는 모든 과목에서 A학점을 받게 되었고, 남 캘리포니아 대학에서 가장 빨리 읽는 학생이 되었다.) 나는 그 테이프들이 늘어질 때까지 들었다. 로어크 목사님과 그의 아내는 나를 감싸 안았으며, 나를 위해 그들의 집을 개방하였다. 그들은 나에게 금식하고 기도하는 방법을 가르쳐 주었고, 성경말씀을 설명해 주는 등 나를 그들의 제자로 만들어 가고 있었다. 나는 그들에게 딸과 같은 존재가 되었고, 매우 행복함을 느꼈다. 나는 그렇게 멋진 어떤 일이 나에게 일어났다는 것을 거의 믿을 수 없었다. 내가 무엇을 입을 수 있고 무엇을 입을 수 없는지에 대한 그들의 많은 규칙들도 나에게는 전혀 문제가 되지 않았다. 그들은 내가 더 이상 춤을 출 수 없다고 말했지만, 내 생각은 온통 예수님이 얼마나 사랑스러운지에 관한 것이었다. 나는 댄서가 되고자하는 꿈을 마침내 예수님의 상처난 발 앞에 내려놓게 되었다.

나는 학교를 계속 다니면서 착토와 원주민 예술들을 배웠고, 기숙사의 학생들을 예수님께로 인도했다. 사역자가 되겠다는 생각은 전혀 해보지도 못했다. 왜냐하면 내 평생 여자 설교자를 본적 없기 때문이다. 한 학기가 끝나갈 무렵의 어느 오월에 하나님께서 내가 어떠한 삶을 살기 원하시는지 알고싶어서 5일 동안의 금식에 들어갔다. 다섯째 날 저녁에 나는 로어크 목사님의 작은 오순절교회에 가서 강대상 앞으로 나아갔다. 무릎을 꿇고 주님을 향해 손을 들었다. 갑자기 새로운 천상의 장소로 이끌리고 있다고 느끼게 되었다. 로이크 목사님은 설교를 하고 계셨지만, 나는 크고 힘있는 그의 목소리를 전혀 들을 수 없었다. 하나님의 영광이 정결하고 밝은 하얀빛으로 나를 감싸면서 나에게 다시 임했다. 나는 그분이 누구인지에 의해서 압도당하였다. 내가 그렇게 사랑 받는 존재라고 느껴본 적이 없었다. 그래서 울기 시작했다. 이번에는 하나님께서 내가 직접 들을 수 있는 소리로 다음과 같이 말씀하셨다. "나는 네가 목사와 선교사가 되기를 원한다. 아프리카와 아시아와 유럽으로 가라." 나의 심장은 고동치고 있었다. 내가 죽을 것만 같았다.

그 후 예수님께서는 내가 그분과 결혼할 것이라고 말씀하셨다. 예수님께서 내 손에 키스하셨고, 나는 마치 따뜻한 기름이 내 팔로 흘러내리는 것 같은 느낌을 받았다. 나는 그분을 향한 사랑으로 가득 채워졌다. 그 순간에 나는 내가 어느 때든지 어느 곳에 가서 그를 위해서라면 어떤 일이라도 할 수 있을 것이라는 것을 알게 되었다. 나는 나를 그분 자신에게로 부르시는 예수님의 강력한 사랑과 자비에 의하여 이 세상에 대해 죽게 되었다. 나의 울부짖음에 그렇게 강력하게 응답하시는 그분에 의하여 나는 거의 경악할 정도였다. 그분의 임재가 걷혀지기 시작했을 때에 내가 눈을 떴다. 오직 글렌다와 로어크 목사님만 남아있었다. 그들은 내가 손을 들고 몇 시간 동안 무릎을 꿇은 채 전혀 움직이지 않고 있었다고 말해주었다. 나는 피곤하지도 않았고 팔이 아프지도 않았다. 나는 명료하게 말할 수는 없었지만, 엄청난 기쁨으로 웃고 있었다. 그 기쁨은 하나님께서 나와 같이 보잘것없는 자를 부르셔서 목사와 선교사로 그분을 섬기게 하셨다는 생각으로 인한 것이었다.

나에게 주신 하나님의 말씀이 너무도 강력했기 때문에 내가 다음날부터 선포하기 시작했다. 나는 나의 소중한 예수님과 우리를 향한 그분의 강렬한 사랑에 대해서 모든 사람들에게 말했다. 예수님은 나로 하여금 형언할 수 없는 그분의 영광을 보게 하셨으며, 나는 결코 뒤를 돌아다보지 않았다. 나는 나의 전부를 그분을 위해 드려왔다. 이것은 위대한 교환이었다. 나는 내가 하는 모든 일들을 사랑 때문에 하고 있다. 그분에게는 어떤 것도 너무 어렵지도 않고, 너무 단순하지도 않다. 그분은 자기의 거대한 품안으로 나를 끌어 안으셨다.

나는 내가 할 수 있는 모든 사람들에게 – 인디안 보호구역에서, 기숙사에서, 라구나에 있는 나의 고등학교에서 – 예수님에 대해 전하기 시작했다. 그리고 나는 주님의 음성을 들으면서 예언하기 시작했고, 전도 소책자를 나누어주기도 했다. 어떤 목사님들도 설교를 위해 나를 초대하지 않았기 때문에 나는 거리에서 설교하기 시작했다. 내가 하나님을 알기 위해 처음 기도한 후로 그랬던 것과 같이, 하나님에 대한 나의 배고픔은 계속해서 증가해가고 있었다.

나는 하나님의 나라를 위해 사람들에게 다가가고 싶어졌다. 나는 라구나에 있는 우리 성공회 신부에게 다가가서 내가 기독교인들을 위한 커피 하우스를 열기 위해 건물을 사용할 수 있는지 알아보았다. 그는 나에게 매우 관대했고, 나를 위해 한 교구실을 개방해 주었다. 나는 몇 년 동안 매 금요일 저녁마다 마약 중독자들과, 알코올 중독자들과, 노숙자들과 귀신들린 사람들을 위한 사역을 하였다. 나는 귀신을 어떻게 쫓아내고, 병든 자를 위해 어떻게 기도해야 하는지를 알고 있었다. 성령께서 나의 스승이셨다.

동시에 나는 남 캘리포니아 대학, 지금은 뱅가드 대학이라는 불리는 학교에 다니기 시작하였다. 그 학교에 등록하러 갔을 때에 내가 처음 본 사람은 베이브 에반스였다. 그녀는 바지를 입고 있었고, 화장을 짙게 하고, 큰 고리 모양의 귀걸이를 하고 있었다. 이곳에 잘못 왔다는 생각이 들었다. 그녀는 "예쁜 아가씨, 생일이 언제지요?"하고 물었다. 내가 생일을 알려주자, 그녀는 "그게 아니고요. 당신의 영적 생일 말이예요!"라고 말했다. 그 날은 내가 회심하던 날로부터 정확히 일년이 되던 1977년 3월 13일이었다. 베이브는 "생일 축하해요! 예수님께서 오늘이 당신 생일이라고 말씀해주셨어요!"하고 축하해주었다.

그 즉시 하나님은 나를 원칙주의라는 율법으로부터 자유케 하셨다. 나는 중요한 것은 마음 안에 있는 내면의 사람이지, 외양이 아니라는 것을 배웠다. 하나님은 나로 하여금 모든 외양의 것들을 내려놓게 하심으로 오직 그분만을 갈망하게 하셨다고 말씀하셨다. 그분에게 중요한 것은 오직 내 마음이었다.

나는 한 청년과 데이트하기 시작하여 사랑에 빠지게 되었다. 우리는 결혼할 계획까지 세웠다. 하지만, 결혼하기 6주전부터 불안함을 느끼게 되었다. 나는 깊고 강렬한 고뇌에 빠지게 되었다. 나는 복음적인 댄스와 드라마를 하면서 선교여행을 하기 위해 팀을 구성하여 유럽에 가기 원하고 있었다. 하지만, 나는 그곳에 가는 대신에 결혼하기로 결심했다. 나는 그 사람을 온전히 사모하고 있었다. 나는 그 사람이 아주 멋진 사람이라고 생각하고 있었다. 그는 예수님을 사랑했고, 아주 멋지게 생긴 사람이었으며, 나와 나의 소명을 매우 존중하고 있었다. 그는 나와 함께라면 어디라도 기꺼이 가겠다고 말했다.

하지만, 결혼날이 가까워오면서 나의 불안함은 더욱 가중되었다. 나는 생전 처음으로 예언적인 말씀이 필요함을 느끼게 되었다. 하지만, 내가 기도할 때에 들은 모든 말들은 예스, 노, 예스, 노, 예스, 노였다. 나는 "나에게 어떠한 말씀이라도 해주십시오"하고 하나님께 기도했다.

그 때에 나는 대학에서 학생 사역을 책임지고 있었다. 내 책임들 중의 한 부분은 채플 예배가 끝난 후 강사를 모시고 점심식사를 하는 것이었다. 생전 처음으로 느끼는 이렇게 강렬한 불안함의 시기에 강사는 여자였다. 나에게는 학교 전체에 말할 자유가 주어졌지만, 우리는 전에 결코 여자를 강사로 모셔본 적이 없었다. 나는 그녀를 모시고 나가기를 고대하고 있었다. 나는 6주 후면 결혼할 것이지만, 또한 선교여행에 정말로 가고 싶다는 나의 마음을 그녀에게 전달했다. 그녀는 내가 지금도 기억하는 강렬한 눈길로 나를 바라보면서, "그것은 하나님께서 원하시는 것이 아닙니다"라고 말해주었다.

나는 그 말이 하나님께로부터 온 것임을 알았다. 하나님은 내 마음이 영국과 유럽에서 복음을 전하고자 하는 열기로 가득 차 있을 때에 내가 결혼하기를 원하지 않으셨다. 하나님께서 나의 마음을 사로잡으시면서 다음과 같이 말씀하셨다. "너는 나를 위해, 나의 영광을 위해, 너의 삶에 대한 나의 부르심을 위해 그 남자를 제단 위에 바칠 것이다."

그것은 마치 나의 오른팔을 자르는 것과도 같았다. 나는 채플 안으로 들어가서 울기 시작했다. 나는 거의 3시간 이상 동안 흐느껴 울면서 내가 사랑하는 그 남자를 예수님 앞에 내려놓았다.

주님은 "이 남자를 내려놓고, 그 남자에 대한 너의 마음을 죽이겠느냐?"하고 물으셨다. 내가 응답했다. "주님! 내가 당신을 따르겠습니다. 당신 가는 곳에 내가 가고, 당신이 하는 것을 내가 하겠습니다. 비록 이해하지 못한다 해도, 나는 당신만을 신뢰하겠습니다."

주님은 항상 순종하는 자들을 찾고 계신다. 그분은 "누가 자기를 부인하고 죽을 것인가? 누가 순종할 것인가?"하고 항상 질문하신다. 그리고 주님께서 명령하실 때에는 항상 가장 좋은 이유들이 있다는 것을 기억해야 한다. 나의 약혼자는 가난한자들을 위해 외국에서 사역하는 일로 부름을 받지 않았다. 예수님은 그러한 부르심을 받은 누군가를 나에게 데리고 오실 참이었다.

나는 파혼 후 내가 할 수 있는 모든 사역에 전념하기 시작했다. 방학 때에는 팀을 조직하여 세계 곳곳으로 선교여행을 다녔다. 한번은 멕시코로 가게되었다. 나는 다른 두 사람들과 작은 방을 함께 쓰게 되었다. 아무것도 없는 그 방에 있는 한 침대 위에는 오직 헤어진 담요 하나만 있었을 뿐이었다. 그 작은 방은 열여섯 명을 위한 집이었다. 그 방이 너무 작았기 때문에, 그들은 교대로 잠을 자야했다. 하지만 그것도 모자라서, 우리가 그 지역의 빈민가에서 사역을 하는 동안 그들은 그 방을 우리에게 내 주었다.

우리가 그 지역을 떠나기 전 날에 나는 어느 작은 멕시코교회 안에 들어가쏘다. 내가 주님을 예배하는 일에 깊이 빠져있을 때에, 갑자기 하나님은 내 삶에 대한 그분의 계획들을 매우 상세하게 말씀해 주셨다. 그러한 계획들 중에서 하나님은 내가 인도네시아에 가서 멜 타리(Mel Tari) - 이 사람은 죽은 자들을 살리는 능력을 가지고 있었다 - 라는 인도네시아의 유명한 복음 전도자와 함께 설교를 할 것이라고 말씀해 주셨다. 그 때까지 나는 그를 만나본 적이 없었다.

하나님은 또한 내가 그 해에 대학을 마칠 것이라고 말씀하셨는데, 그 것은 보통보다 일년 먼저 마치는 셈이었다. 그리고 내가 롤랜드 베이커와 결혼할 것이라고 말씀하셨다. 나는 교회 스키 여행에서 그를 딱 한 번 만나본 적이 있었다. 우리는 이런저런 이야기를 나누었지만, 결혼과 같은 것에 대해서는 결코 생각해 본적이 없었다. 그 중 한 이유는 그가 나보다 12살이나 많았기 때문이었다. 나를 정말로 놀라게 했던 것은 하나님께서 롤랜드의 성을 명확하게 말씀하셨다는 것이었다. 그랬기 때문에 혼동이 있을 여지가 없었다.

다음날 나는 나의 팀을 공항으로 인도했다. 우리가 세관을 통과하려할 때에, 내 비자가 내 여권 안에 없었기 때문에 그들은 나를 비행기에 오르지 못하게 했다. 나는 어떤 아이들에게 내 여권을 가지고 노는 것을 허락했었는데, 아마 그 때에 비자가 없어진 것 같았다. 나를 제외한 모든 팀원들이 비행기에 올랐다. 나는 우리를 초대했던 분들의 집으로 돌아가야 했다. 내가 그곳에 도착했을 때에 롤랜드로부터 온 여섯 장의 사랑스럽고 낭만적인 편지들을 발견하였다. 내가 비행기에 탔더라면 그 편지들을 결코 받아보지 못했을 것이었다. 나는 롤랜드를 다시 보기를 고대하면서 그에게 답장을 해주었다.

나와 롤랜드의 관계에는 내가 아는 것 이상의 어떤 것들이 있었다. 미국에 돌아와서 중국 식당에서 그와 함께 점심식사를 하는 동안에, 나는 내가 회개와 구원을 알기도 전에 내 마음속에 선교에 대한 열정을 심어주셨던 6학년 선생님에 대해서 그에게 이야기하고 있었다. 언젠가 그녀를 다시 만나서 나에게 이 씨앗을 심겨 준 것에 대해서 감사하고 싶다고 롤랜드에게 말했다. 나는 시간이 지난 그 때에도 중국어로 숫자 세는 것을 기억하고 있었다. 나는 그녀가 위험을 무릅쓰고 기독교 학교가 아닌 사립 고등학교에서 자기의 선교여행에 대한 이야기를 나누었다는 것을 알고 있었다. 그녀는 내 삶에 큰 영향력을 끼쳤다. 롤랜드는 그녀의 이름을 알고 싶어했다. 내가 "마조리 베이커(Marjorie Baker)"라고 말했을 때에, 그는 "그분은 내 엄마예요! 그녀는 중국에서 막 돌아오셨고, 당신은 그녀의 첫 수업 시간에 있었던 거네요"하고 말해 주었다.

그 후 언젠가 내가 내 사무실에서 예배를 드리고 있는 동안에, 주님께서 "오늘밤에 롤랜드가 청혼을 할 것이다"라고 아주 똑똑하게 말씀해주셨다. 그날밤 10시가 되었을 때에 통행금지 시간으로 인하여 나는 기숙사로 돌아가야 했다. 나는 조용히 기도했다. "주님, 롤랜드에게서 아직 아무 말도 듣지 않았는데요. 이제 기숙사로 돌아갈 시간이에요." 그 순간 롤랜드가 "당신의 남은 인생을 나와 함께 보내지 않겠습니까?"하고 청혼했다.

나는 그 학기에 보통의 두 배가 되는 30학점을 수강하고 있었다. 주님께서 내가 올해에 학교를 마칠 것이라고 말씀하셨기 때문이다. 해야 할 공부가 너무 많았기에 나는 일주일에 한 번, 매주 수요일 3시에서 5시 사이에만 그를 볼 수 있었다. 가끔씩은 주일에도 만날 수 있었다.

내 어머니께서 모든 결혼 과정을 준비하셨다. 나는 단지 결혼장소에 나타나기만 했을 뿐이다. 우리는 모든 사람들에게 "결혼 선물을 원하지 않습니다. 은그릇이나 도자기와 같은 것도 원하지 않습니다. 우리에게 정말로 필요한 것은 인도네시아로 갈 비행기 표입니다"라고 말했다. 우리는 결혼 2주 후에 인도네시아를 향해 떠날 예정이었다. 하지만 우리에게는 돈이 없었다. 우리는 어떤 교회로부터도 도움을 받지 않고 있었다. 하지만, 우리는 하나님으로부터 말씀을 듣고 있었다.

후에 알았지만 멜 타리는 롤랜드의 친한 친구였으며, 우리 결혼식에서 신랑 들러리가 되어주기도 했다. 그는 나와 롤랜드에게 인도네시아에서 있을 그의 집회에 와서 설교해줄 것을 요청하였다. 우리 친구들은 매우 관대했고, 우리는 인도네시아에 갈 수 있는 거의 충분한 돈을 갖게 되었다. 단지 500달러만 더 있으면 되었다. 어느날 밤 우리는 백만 장자인 우리 친구들과 이야기를 하면서 우리 계획에 대해 들려주었다. 갑자기 그들은 "우리가 당신의 스테레오를 500달러에 사고싶다"고 제안했다. 롤랜드는 아주 좋은 스테레오를 가지고 있었다. 그것은 우리가 소유하고 있는 귀중한 재산들 중의 하나였다. 주님은 "나는 그것을 그들에게 그냥 주기 원한다. 값을 받아서는 안 된다"라고 내게 말씀하셨다. 나는 충격을 받았다. 그들은 그들이 원하는 만큼 많은 스테레오를 살만한 여유가 있는 사람들이었다. 게다가, 그들은 우리가 필요로 하는 정확한 액수를 제안했다. 나는 롤랜드를 보면서 작은 쪽지 위에 글을 써 주었다. 그는 고개를 끄덕였다. 우리는 그 스테레오를 그들에게 준 후, 큰 기쁨을 가지고 집으로 돌아왔다. 왜냐하면 우리가 줄 수 있는 기회를 놓치지 않았기 때문이었다. 다음날 아침 우리에게는 비행기 표를 위한 나머지 돈이 필요했지만, 부족하지 않을 것이라는 것을 알고 있었다.

바로 그 때에, 멜이 롤랜드에게 전화했다. "사진사가 우리 집회에 못 오겠다고 연락이 왔다. 너도 우리 집회에서 설교를 하겠지만, 너도 사진사이니까 우리를 위해 사진사의 일을 해주는 것이 어떻겠니? 그 일을 위해 5백 달러의 예산이 잡혀있다!" 우리는 두 장의 편도 티켓을 구입했고, 약 30달러의 돈이 우리 수중에 남게 되었다. 그 때가 1980년 여름이었다. 그 후 우리에게는 항상 부족함이 없었다.

우리는 어떻게 후원자들을 구하고, 어떻게 사람들로부터 돈을 얻을 수 있는지에 대해 걱정해 본 적이 없다. 우리는 가는 곳마다 부유한 복음을 공짜로 전하는 것으로 인하여 큰 기쁨을 얻고 있었다. 우리는 왕의 대사들이며 연인들로서, 아무 대가없이 최고의 것을 제공하고 있었다. 이 보다 더 좋은 일은 없다! 예수님은 보답으로 그의 몸된 교회들을 통해 아름답게 역사하심으로 우리가 필요한 모든 것을 공급해주셨다. 그분은 세상에 존재하는 많은 사람들의 마음속에 자기 자신의 관대함을 심어 놓으셨다. 그렇기 때문에 우리는 정말로 부족함이 없을까하는 염려를 할 필요가 없는 것이다. 배고픈 적도 있었다. 밤마다 어디에서 잘지도 모른 채로 이곳저곳을 돌아다니기도 했다. 자가용도 없이 수년 동안을 그렇게 다녔다. 때로 우리에게는 콜라 한잔 사 마실만한 돈도, 전화 한 통화 할 수 있는 돈도 없었다. 하지만, 우리가 하나님께서 원하시는 것을 감당하고 있을 때에는 항상 부족함이 없었다.

  7년 동안 우리는 아시아를 돌아다니면서 설교했고, 기독교 댄스와 드라마를 통하여 복음을 전하였다. 우리는 우리의 모임들을 통하여 수천의 사람들이 주님을 알게되는 것을 보아왔다. 그것은 열매가 풍성한 사역이었으며, 그 안에서 우리는 예배의 표현으로서 우리의 창조적인 재능들을 자유롭게 사용할 수 있었다. 그러는 동안에 우리 아이들 엘리사와 크리스탈린이 태어났다.

  그 후 주님은 우리를 새 방향으로 돌리시기 시작하셨다. 우리는 우리의 부르심에 더 많은 어떤 것이 있음을 감지하고 있었다. 나는 하나님께서 내 안에 두시기를 원하시는 그분의 마음에 관한 어떤 것이 있음을 알고 있었다. 예수님께서 "이제 너는 멈추고 가난한 자들을 보거라"라고 우리에게 말씀하셨다. 선한 사마리아인처럼, 우리는 단 한 사람을 위해서도 멈추어야 한다. 우리는 한 사람 한 사람을 바라볼 필요가 있다. 주님은 가난한 자들을 볼 때마다 우리의 마음을 상하게 하셨다. 우리는 인도네시아에 가서 빈민가에 살게 되었다. 나는 이슬람교의 여인들을 위한 한 직장 프로그램에 들어갔다. 그들은 종이 박스와 양철과 쓰레기들로 만들어진 집에 살고 있었다. 주님은 내 마음속에 "음식이나 돈을 가져가지 마라. 그리고 거기에서 일하는 동안 두 벌의 옷만을 입어라"고 말씀하셨다. 나는 일년 동안 똑같은 두 벌의 옷만 입었다. 빈민가에 사는 나의 친구들이 그들의 언어를 나에게 가르쳐 주었다. 나는 매일 종이 박스로 지어진 그들의 집에서 먹고, 그들의 물을 마셨다. 나는 많은 이질을 앓게 되었으나, 그들을 가르치려 노력하는 대신에 그들로 하여금 나에게 가르치게 함으로써 예수님을 위한 그들의 마음을 얻을 수 있었다. 내가 인도네시아 언어로 유창하게 말할 수 있게 된 후에, 주님은 "이제 그들에게 보물을 가져다줄 때이다"라고 말씀하셨다. 그 지역 사회 안에 있는 거의 모든 여인들이 치유 받고 구원을 받게되었다.

　우리는 매우 어둡고 악한 영이 득실거리는 발리로 이주했다. 거기에서, 정부가 우리의 비자를 취소함으로 그 나라를 떠나라는 48시간의 기간을 줄 때까지 우리는 강렬하고 열매있는 사역을 1년 동안 즐길 수 있었다. 우리는 홍콩으로 가서 또 다른 언어로 완전히 새로운 시작을 해야했다. 그 때 주님은 "내가 너에게 보여주는 것을 계속 하기만 해라. 공원에 앉아서 사람들로부터 광둥 말을 배워라"라고 말씀하셨다. 그 공원은 나이든 불교 신도들이 모이기에 딱 좋은 장소였다. 그들은 예수님에 대해 듣고 싶어하지는 않았지만, 나에게 광둥어를 기꺼이 가르치고 싶어했다. 내가 그들에게서 배우는 동안에 나는 자연스럽게 예수님에 대해서 나누기 시작했고, 그들이 아플 때에는 치유를 위해 기도하기도 했다. 주님은 그 공원에서 그들을 치유하기 시작하셨다. 주님은 나에게 나이든 여인들을 위한 큰사랑을 주셨고, 그들은 나의 친한 친구들이 되었다. 그들은 또한 예수의 이름에 대해 한번도 들어본 적이 없는 홍콩의 잃어버린 자들이었다.

많은 할머니들이 치유를 받았기에 우리는 우리가 "할머니 교회"라고 다정스럽게 부르는 것을 시작하였다. 그리고 그 교회는 성장하기 시작했다. 그들은 자신들이 가지고 있었던 불교의 우상들을 가지고 와서는 그 공원에서 산산조각을 내기도 했다. 우리는 또한 마약 중독자들과 노숙자들을 돌보기도 했다. 우리는 그들에게 음식과 사랑을 주었고, 그들은 우리에게 언어를 가르쳐 주었다. 우리는 배우는 자와 종으로서 왔고, 가난한 자들은 접대와 관대함에 대하여 우리를 가르쳐 주었다.

주님은 나의 좋은 친구 레슬리 레이톤을 보내서 롤랜드와 내가 우리 교회를 섬기는 일을 돕게 하셨고, 거리에서 우리와 함께 일하게 하셨다. 예수님은 그녀를 통해 우리 사역 안에 자비와 민감함과 계시를 부어주셨고, 우리는 함께 가난한 자들 사이에서 풍부하고 따뜻한 한 가족을 세워나갔다. 우리는 그 가족을 중국어로 "사랑스러운 그리스도인들의 집"이라고 명명했다.

홍콩에서는 잭키 풀링거 토(Jackie Pullinger-To)의 가난한 자들을 위한 사역이 우리에게 큰 영향을 주었다. 오후에는 우리의 할머니들을 그녀의 교회에 항상 모시고 갔다. 우리는 그녀와 매우 친밀한 관계를 갖게 되었다. 잭키는 "가난한 자들과 함께 일하려면 당신도 빈민굴에서 살아야 합니다"라고 설교했다. 롤랜드는 집회 인도를 위해 멀리 떨어져 있었다. 나는 그에게 전화하여 "롤랜드! 우리 빈민굴로 이사할까요?" 하고 말하였다. 그는 우리에 대한 주님의 부르심을 이해했기 때문에 나와 동의했다. 나는 세계에서 가장 붐비는 도시의 한 지역에 있는 더럽고 어두컴컴한 방을 발견하였다. 그 방은 오랜 건물 위에 증축된 것이었고, 물론 엘리베이터도 없었다. 우리 주변에 사는 가장 처절한 사람들도 이런 곳은 원하지 않았다. 그곳은 아주 작았고, 페인트칠도 되어 있지 않았으며, 전기선이나 부엌의 하수구도 제대로 되어 있지 않았다. 양철로 된 지붕은 바람이 불면 요란한 소리를 내었다. 학교에 가기 위해서 우리 아이들은 향내로 가득 차고 불교의 우상들로 가득 찬 어두운 층계를 이용하여 9층이나 올라갔다 내려갔다 해야 했다. 우리 이웃들은 대부분 매춘부와 깡패들이었다. 하지만, 맨 꼭대기 지붕이 우리 집이었다. 우리는 그것을 수리하고는 완벽하다고 생각했다.

우리는 내가 너무 아파서 층계를 오르락내리락 할 수 없을 때까지 4년 동안 홍콩에서 사역했다. 나의 면역 시스템에 심각한 문제가 생겼다는 진단을 받았다. 온 몸이 쑤셨다. 시력이 약해져서 책도 읽을 수 없었고, 빛은 나의 눈을 더욱 아프게 했다. 어떤 때에는 몇 달 동안 몸의 열이 내리지 않기도 했다. 임파선은 부어서 심한 통증을 주었고, 어지럼증 때문에 자주 넘어지기도 했다. 나는 다른 사람들에 의해 돌보아지는 일에 익숙하지 않았다. 나는 나의 영적인 어머니이자 인도자인 알라스카의 훼어뱅크에 살고 있는 쥬니타 빈슨과 함께 머물게 되었다. 그녀는 내가 만났던 사람들 중 첫 여성 설교자였다. 기적들과 끝없는 사랑으로 가득 찬 그녀의 삶은 나에게 항상 감동을 주어왔다. 그녀와 그녀 교회의 몇몇 여성들이 4달 이상 동안 나를 돌봐주었다. 나는 더 이상 나의 교회와 나의 가족을 돌 볼 수 없었다. 심지어 성경도 읽을 수 없었다. 나는 어두운 방의 침대에 누워서 기도하며 성경 테이프를 들었다. 이러한 시간들은 나에게 매우 소중한 것이었다. 나는 주님께서 나를 그의 품안에 안으시는 것과, 내가 그를 위해 행한 것이나 혹은 그를 위해 행할 것 때문이 아니라, 그냥 현재의 내 모습 때문에 나를 사랑하시는 것을 느낄 수 있었다.

그러는 동안에 그 어두운 방에서 하나님은 나에게 영국에 가서 박사과정을 공부하며, 그곳에서 노숙자들을 위한 교회를 개척하라고 말씀하셨다. 내가 너무 아파서 읽을 수도 걸을 수도 없는 이 때에 공부하라는 말씀을 주셔서 좀 이상함을 느꼈다. 하지만, 하나님은 그분을 더 신뢰하는 것에 대해서 나를 가르치고 계셨다. 우리가 그분만을 신뢰하면 우리가 필요한 모든 것에 항상 부족함이 없을 것이다.

나는 점점 좋아져서 홍콩에 돌아가서 다시 사역을 시작할 수 있게 되었다. 롤랜드와 나는 런던 대학의 킹스 칼리지(King's College)에 등록했고, 조직 신학에서 박사학위를 받을 계획이었다. 우리는 할 수 있는 한 모든 것을 배우려 했고, 폭넓은 사고를 접하기 원했다. 우리 둘 다 합격되었다.

1991년 가을에 런던으로 이주했다. 낮에는 저명한 신학자들과 씨름을 했고, 밤에는 우리가 발견할 수 있는 가장 가난한 잃어버린 자들, 어느 집의 출입구와 다리 밑에 몰려드는 노숙자들, 스트랜드와 탬즈 강변을 따라 텐트와 박스로 만든 집안에 거하는 사람들에게 복음을 전하려 했다. 거리에 사는 많은 사람들은 담요도 없이, 단지 얇고 헤어진 외투만 걸치고 있었다. 그들은 거의 잠도 잘 수 없었고, 몇 달 동안 목욕도 하지 않고 지내고 있었다. 어떤 사람들은 단지 자기들의 쓰레기 더미 속에 앉아있었고, 그들의 상처 난 부위는 곪아터지고 있었으며, 그들의 영혼은 죽어가고 있었다.

조금씩 성장하고 있는 우리 모임의 식구들 중 몇몇 사람들이 군 감자들에 치즈를 발라서 그러한 사람들에게 나누어주곤 했다. 하지만, 우리는 단지 거리로 달려나가서 음식을 나누어주는 그러한 일만 하지 않았다. 우리는 함께 머물면서 이야기도 하고, 친구가 되어주면서 기도도 해주었다. 우리는 요한복음을 나누어주면서 따뜻한 저녁과 교제와 예배와 성경의 가르침을 위해 모든 사람들을 우리 가정모임에 초대했다.

그들의 이야기가 우리의 마음을 비통하게 했다. 어느 날 밤 우리가 많은 사람들과 섞여 교제하는 동안, 스티브라 불리는 젊은이가 나를 붙잡고 기도해 달라고 요청했다. 그는 매우 간단히 말했고, 매우 침착한 것처럼 보였지만, 나는 그가 나에게 말한 것에 대해 전혀 준비가 되어 있지 않았다. 그의 아내와 자녀들이 아일랜드에서 아이리쉬 공화국 군대(IRA)에 의한 폭격으로 최근에 살해되었다. 그는 충격 속에서 그의 누이가 사는 런던으로 이주해왔다. 하지만 또 얼마 전에 그의 누이는 몸이 만신창이가 되기까지 강간을 당하고 매를 맞았다. 그녀는 몇 달 동안 식물인간으로 살다가 세상을 떠났다. 하지만, 그는 나와 함께 기도했고, 예수님께서 그의 마음에 찾아오셨다. 그는 그의 생애를 주님을 위해 살기로 결심했다. 그는 직장을 찾았고, 그의 마음과 영과 혼이 치유되기 시작했다.

알코올 중독자를 위한 회복 센터에서 도망 나와서 피묻은 칼을 손에 들고 있었던 헤리라는 사람도 예수님의 기쁨을 발견하게 되었다. 지팡이에 몸을 기댄 채 원한을 품고 살던 크리스티나라는 여인도 사람들을 돕기 위해서는 무슨 일이라도 할 사랑이 풍성한 자비로운 사람이 되었다. 장애인으로서 알코올 중독자이며 당뇨병을 앓고 있었던 말콤이라는 사람은 예수님 안에서, 그리고 우리의 런던 가족 안에서 자기 가정을 발견했다. 그의 옛 아내의 남자 친구를 살해하고, 가능한 한 많은 사람들을 죽이기 위해서 외인부대에 지원했던 데이비드라는 사람은 성령님의 능력으로 인하여 성숙해져갔다. 피터는 네 번이나 자살하려 했지만, 예수님께서 우리로 하여금 그를 죽음과 지옥에서 건져내게 하였다. 롤랜드, 디거, 스타브, 데릭, 미키, 트레버, 헨리, 조, 에본, 메리, 로버트, 그리고 다른 많은 사람들도 온전히 변화된 사람들이다. 하지만, 이들은 교회 성도의 숫자나 교회 성장을 자랑하고자하는 통계가 아님을 말하고 싶다. 그들은 세상의 어느 것보다 예수님의 사랑을 필요로 하는 완전히 몰락한 외로운 사람들이었다. 우리는 그들로 하여금 예수님을 발견해서 그를 예배하고 그로부터 은혜를 받을 수 있는 장소를 그들 가운데에 주었다.

우리가 런던에서 모임을 갖던 초창기에는 저주와 욕지거리와 위협과 도둑질과 폭력과 같은 공격을 받기도 했다. 사람들은 우리가 말씀을 전하는 동안에 중단시키고, 야유하고, 조롱하기도 했다. 범죄자들은 우리집에 침입하여 칼로 위협을 했고, 모든 창문들을 부수겠다고 말하기도 했다. 정신적 장애를 가진 사람들은 밤중 내내 우리 문을 두드리기도 했다. 우리집 전화는 어떤 새로운 위기 사건들로 인하여 몇 분 간격으로 울려댔다. 하지만, 우리는 우리가 보물처럼 소중하게 여기는 교회 가족을 발전시켜 나갔다. 런던의 춥고 약하고 가난한 자들이 도시를 가로질러 우리의 가정모임과 교회에서 찾아왔으며, 하나님의 사랑에 잠기면서 늦게까지 우리와 함께 머물곤 했다. 우리는 생일과, 결혼과, 크리스마스와, 부활절을 함께 축하했다. 우리는 하나가 되어서 노래했으며, 함께 웃기도 하고 울기도 했다. 도시의 변호사들과 대학의 지성인들이 단순하고 가난한 자들과 함께 앉아서 성찬을 나누기도 했다. 우리는 그리스도의 몸의 단면도였고, 우리 하나님과 사랑에 빠져있었다.

1992년 9월에 롤랜드는 다음과 같이 썼다.

    거리로 나가기 위해 지하철역을 빠져나갈 때 우리는 이제 놀라운 일을 발견하게 된다. 몇 달 전만 해도 여기의 사람들은 말 그대로 완전히 노숙자들이었다. 그들은 말없이, 침통해 하고 있었으며, 상처를 가지고 있었다. 하지만, 이제 우리가 그곳에 도착하면 한 군중들이 흥분 속에서 우리를 기다리고 있다. 우리가 우리의 친구들을 포옹할 때면 서로를 반기는 소리들로 웅성거린다. 그들이 하는 말은 더 이상 불평이나 저주가 아니었다. 그것은 다음에는 어떤 가정모임에 갈 것인지, 지난주 설교가 무엇이었는지, 그들이 누구를 새로 데리고 왔는지, 돕기 위해서 그들이 무엇을 할 수 있는지에 관한 것이었다. 믿는 자들을 위한 센터(Believer's Center)는 그들의 교회, 즉 그들의 가족이었다. 그들은 전도지를 나누어주는 일을 도와주었다. 그들은 우리가 어떻게 지내는지를 알기 원했다. 그들은 우리를 위해 기도했다. 물론 그들은 따뜻한 차와 우리가 가져오는 음식 때문에 열심히 모이기도 했다. 우리는 우리가 가지고 있는 성경과, 복음과, 전도지를 나누어주었다. 우리가 할 수 있을 때에는 절대적으로 필요한 자들에게 옷과 담요와 이불을 나누어주기도 했다.

우리는 각 사람들의 삶 속에 깊숙이 관여했다. 우리는 들어주고, 함께 이야기하고, 기도하기도 했다. 예수님은 희망과 온기, 또 좋은 아이디어들과 창의력을 가져다 주셨다. 몇 달 전에는 분노와 자기 연민으로 가득 차 있었던 자들이 이제는 새로운 그리스도인들이 되어서 우리의 일을 열정적으로 도와주는 것을 보는 것은 특별한 기쁨이었다. 이제 그들은 온전한 회심의 간증들에 의해서 감동을 받고 우리 모임에 새로 들어오는 자들에게 불을 붙여주고 있다.

믿는 자들을 위한 센터는 많은 관심을 필요로 하지 않는 잘 적응하고, 자급 자족하며, 소위 "정상적인" 사람들로 가득 채워진 곳이 아니었다. 보통 끔찍한 과거를 가지고 있던 사람들을 예수님과 친밀하고 신뢰하며, 극복하는 삶을 사는 사람들로 인도하기 위해서 우리는 속도를 늦추고 시간을 가지면서 단계적으로 각 사람들을 인도해야 했다. 그것은 긴 과정이었다. 주님은 우리에게 엄청난 인내를 보이셨고, 우리는 그로부터 배워야만 했다. 우리는 매 예배 때마다 새로운 열매를 볼 수 있었다. 지난 주일에는 특별히 강력한 찬양과 경배의 영이 향내로서 주님께 드려졌다.

> 주 예수여 비추소서 이 땅을 아버지의 영광으로 채우소서
> 성령의 불꽃이여 우리의 마음을 타오르게 하소서.
> 강물을 흐르게 하사 은혜와 자비로 이 나라를 적시소서
> 주님! 당신의 말씀을 보내사 빛이 있게 하옵소서.

한때는 그렇게 완고하고 쓴 마음을 가지고 있던 자들이 하나님의 생명과 사랑으로 가득 차 있는 모습을 보는 것은 얼마나 멋진 일인지 모른다.

1993년 1월에 우리는 우리가 직면하고 있는 모든 것들과, 예수님께서 우리 가운데에서 행하고 계신 것을 대표해 주는 한 간증문을 기록했다.

케니가 어제 이곳에 왔다. 그는 자기 이야기를 들려주겠다고 이미 전화를 했었다. 우리는 그를 도와주기 원했다. 케니는 에이즈로 죽어가고 있었고, 종기들이 그의 온 몸에 퍼졌다. 그는 고통스러운 약을 복용하고 있었다. 조그마한 감염이라도 그에게는 큰 위협이 되었다. 그는 오랫동안 병원에서 지낸 후 지난주에 퇴원했고, 마지막 시간들을 보내기 위해서 그의 외로운 집으로 돌아왔다. 하지만, 이미 다섯 명의 무단 입주자들이 그곳에 거하고 있었고, 영국의 희한한 법으로 인하여 그는 28일 이내에는 자기 집을 되찾을 수 없었다. 그래서, 케니는 거리를 돌아다녀야 했다.

그는 지난 토요일 탬즈 강변에서 우리 교회에서 나간 몇몇 사람들을 만나서, 예수님에 관한 이야기를 듣게 되었다. 케니는 그들에게서 인내와 돌봄을 느낄 수 있었다. 그는 하이디에게 질문을 하면서 자기가 기대하지 못했던 응답들에 의하여 감동을 받게 되었다. 그에게 있어서 교회와 종교는 항상 허망한 사기꾼과 같은 것이었다. 교회가 운영하는 학교에 다녔던 그는 성적 학대와 극도의 처벌들이 자주 일어나는 것을 보면서 치를 떨게 되었다. 성직자들은 가면적인 태도들과 차가운 분위기로 그를 대하곤 했다. 심지어 병원의 원목조차도 상스러운 소리로 그를 대하였다. 그에게는 아무도 "당신을 사랑합니다"라고 말하지 않았다. 그의 가족도 마찬가지였다. 그는 생일 케이크를 받아본 적이 없다. 그는 하이디에게는 따뜻하게 반응하였지만, 그날밤에는 최악의 수준에 이르기도 했다. 그가 현관문에서 떨고 있을 때에, 어떤 지나가는 사람이 마치 그가 쓰레기보다 못한 듯이 그의 위에 소변을 누었다. 그는 자살하기로 결심했다.

다음날 밤에 그는 가까스로 믿는 자들을 위한 센터까지 올 수 있었다. 사람들이 그에게 몰려들어서 그에 대한 진정한 관심을 표현하였다. 그는 뉴욕출신이면서 죄와 마약으로 찌든 죄의 삶으로부터 구원받은 빌리 화이트의 간증에 의해 감명을 받게 되었다. 하지만, 그는 어떤 돌파구도 찾지 못한 채 떠났고, 다시 외톨이가 되었다. 그가 자살하기 위해서 한 병의 약을 삼키려하는 찰나에 분명한 말씀이 그의 마음 가운데에 떠올랐다. "당신의 구속자가 살아 계신다는 것을 기억하라." 그는 계속해서 "너의 구속자가 살아 계신다"라는 말을 듣게 되었다. 그는 성경을 알지 못하고 있었고, 이 구절을 전에 들어본 기억도 없었다. 그날 밤 내내, 이 말들이 그에게 계속해서 들려옴으로 죄를 깨닫게 되었고, 한숨도 잘 수 없었다. 마침내 아침이 되었고, 그는 화장실에 들어가 앉아서 하나님께 회개를 하였다. 엄청난 평화가 그 위에 임하여 그를 깜짝 놀라게 하였다. 즉시 그는 우리에게 전화를 했고, 우리는 구속자는 예수님이시며, 성령님께서 그를 만지셨다고 설명해주었다. 그 후에, 우리는 우리 거실에 앉아서 구원에 대해서 그에게 자세히 설명해주었다. 그는 자신이 느꼈던 그 엄청난 평화에 대해서 이야기하는 것을 멈출 수 없었다. 그의 유머 감각이 살아났다. 그의 긴장도 풀렸다. 정부 기관들과, 의사들과, 성직자들과, 무단 침입자들과 다른 사람들을 향한 그의 분노가 사라졌다. 집과 소유에 대한 염려도 사라졌다. 그는 우리를 포옹했고, 우리와 함께 어린아이처럼 기도했다. 우리는 〈베일 너머의 이상들〉이라는 책과 성경을 그에게 주었으며, 스코틀랜드에 있는 그의 가족에게 돌아갈 수 있도록 도와

주었다. 우리는 그에게 편지를 쓸 것이며, 성령님께서 그가 예수님을 대면하여 볼 때까지 케니 위에 머물도록 그를 위해 기도할 것이다. 우리 구속자가 살아 계신다!

치 항 고
Chihango

롤랜드가 모잠비크에서 발견한 아무도 원하지 않는 이 아이들로 인하여 내 마음이 불타고 있었다. 나는 그곳에 빨리 도착하고 싶어서 안달이 나있었다. 롤랜드는 1995년 1월에 짧은 기간 동안 그곳에 다녀왔다. 그 후 우리는 모잠비크 정부에 연락해서 치항고를 우리가 운영할 수 있게 해달라고 요청하기 시작했다. 나는 내 박사과정을 모두 마쳤고, 8월에 롤랜드는 자기가 박사과정을 끝마치고 있는 동안에 내가 그곳에 먼저 가도 된다는 것에 동의했다. 우리는 완전히 새로운 선교현장에서 모든 것을 다시 시작해야 했다. 우리는 계획도 돈도 없었으며, 그렇게 극도로 궁핍한 사람들을 돌보기 위해 충분한 지원을 어떻게 얻을 수 있을 지에 대한 어떤 좋은 생각도 없었다. 하지만 우리는 하나님께서 우리의 길을 인도해주실 것을 믿으면서 앞으로 나아갔다.

내가 아프리카를 향해 떠나기 전 날에, 나는 비행기표와 남아프리카의 경매장에서 발견한 4륜 구동 트럭을 사기에 딱 맞는 돈이 나에게 주어졌다. 나는 나의 친구들인 조핸과 메릴리와 함께 모잠비크를 향해 운전해갔다. 그 때에는 그 나라의 언어도 지역도 모르고 있었다. 내가 우리 고아원을 본 적이 없지만, 하나님께서는 우리가 상처입고 버려진 아이들을 돌보기 원하신다는 것을 알고 있었다. 나는 아프리카에 가는 것을 위해 20년 동안 기도해 왔다.

또 하나의 가뭄이 모잠비크를 강타했다. 150만 명이 굶주림으로 죽어가고 있었다. 모든 지역의 땅이 갈라지고, 옥수수 줄기가 시들어 버렸다. 마푸토는 살기 위해 필사적인 모험을 감행하는 강도들로 가득 차 있었다. 도둑들은 내가 거기에 도착한 첫날밤 만해도 내 차를 세 번이나 훔쳐 가려했다. 어떤 선교 단체는 세 대의 트럭을 도난 당하기도 했다. 나의 친구는 자신의 새 트럭을 좀 더 안전한 북쪽에서 일하고 있는 선교사들에게 보내버렸다.

나는 즉시 치항고를 향했다. 내가 경험했던 가장 울퉁불퉁한 먼지투성이의 도로 위를 달리고 있는 동안 나의 심장은 고동치고 있었다. 마침내 센터에 도착했다. 그것은 내가 상상할 수 있었던 것보다 훨씬 열악한 모습이었다. 어떤 방들에는 염소들이 매어있었고, 아이들의 방도 그러한 방들과 별로 다를 것이 없었다. 배설물들은 아무 데나 널려있었다. 그곳은 악취가 가득했고, 영양 공급을 제대로 받지 못하는 아이들은 하루에 한 컵의 옥수수만 먹고 있었다. 그들의 배는 튀어 나왔고, 발과 발가락 사이에는 벌레들이 기어다녔다. 그들은 멍하니 앉아서 거의 조금도 움직이지 않고 있었다. 그러한 비참한 곳을 위한 충분한 사랑과 음식과 치유와 생명이 어디에 있는가?

나는 트럭에 반 봉지쯤 들어 있는 포테이토칩을 가지고 있었는데, 아이들이 즉시 그것을 눈치채고 있었다. 그들에게 그것을 건네주자마자 폭동이 일어났다. 아이들이 너나 나나 할 것 없이 미친 듯이 그 봉지를 잡으려 했고, 칩은 사방으로 흩어지게 되었다. 아이들은 바닥을 살살 쓸면서 자기들이 발견한 작은 과자 부스러기들과 그것들에 붙어 있는 먼지까지도 먹었다. 나는 "하나님!~" 하고 조용히 울부짖었다.

우리는 돈도 음식도 없었고, 머물 장소도 없었다. 나는 한 푼의 돈도 가지고 있지 않았기에 성경 학교라는 곳에 들러서 내가 한번도 만나 본 적이 없는 한 여인에게 그녀의 집을 봐 드려도 되냐고 물었다. 그녀는 떠나면서 자기 음식을 나에게 먹으라고 했다. 그렇지 않으면 쥐들이 먹을 것이라고 덧붙였다. 그녀는 6주 동안 돌아오지 않았다. 그녀가 돌아오기 몇 일전에 주님은 내가 도시에 작은 집을 세 낼 수 있는 충분한 돈을 공급해 주셨다.

하나님께서 매일매일 공급해 주셨기 때문에, 우리는 고아들을 축복할 수 있었다. 나는 마푸토에 나가 전도하며 더 많은 거리의 아이들을 데려오기 시작했다. 11월이 되었을 때에 우리는 160명의 아이들을 가지게 되었다. 치항고는 또한 교회가 되었고, 사람들은 교회에 참석하기 위해서 마푸토 전역에서 몰려왔다. 우리는 구원을 위한 초대를 했고, 모든 아이들이 응답을 하였다. 아무도 혼동하거나, 두 번씩 앞으로 나오지 않았다. 나는 예수님과 사랑에 대해 그렇게 배고파하는 사람들을 본적이 없었다. 이 아이들은 사실 교회로 달려왔다. 그들은 더 많은 것을 위해 다시 함께 모이는 일을 기다릴 수 없었다. 그들은 나와 나의 친구들, 그리고 우리의 직원들을 사랑하게 되었다. 그들은 우리가 그들을 가르치기 위해서 운전해 들어올 때마다 우리를 맞기 위해서 달려나왔다. 그들은 하루 종일 웃고 찬송을 부르면서 놀았다. 다른 어떤 곳에서 무슨 일이 일어난다 할지라도 나는 그 센터에 있는 동안은 기쁨으로 가득 차 있었다. 나는 정말로 행복했다.

치항고에는 어린아이들을 위한 시설이 전무했다. 도둑들이 아이들의 방에 있는 모든 것을 훔쳐갔기 때문에 방은 그야말로 텅 비어있었다. 그들은 담요도, 베개도, 매트도 없이 시멘트 바닥에서 잠을 잤다. 그들은 등에 걸친 옷 외에는 아무 것도 가지고 있지 않았다. 완전히 무

소유였다. 그들 중 많은 아이들은 의사의 도움을 받아야 했다. 어떤 아이들은 지뢰의 폭발로 인하여 다리와 팔을 잃기도 했다.

나는 아이들에게 컵과 접시를 사주었는데, 그들에게는 그것이 생전 처음 사용하는 것들이었다. 그들은 수년 동안 나무 그릇을 사용하여 음식을 먹었고, 수도꼭지에 입을 대고 물을 마셨다. 우리는 칫솔도 가져왔다. 우리는 수년 전에 치항고에 세워졌던 제빵소를 수리해서 하루에 700개의 빵을 굽기 시작했다. 일부는 우리를 위해서, 또 다른 일부는 도시에 나가 팔기 위함이었다. 우리는 정화조를 청소했고, 전기를 설치하고 벽에 페인트도 칠했다. 우리는 오래된 군용 트레일러를 사용하여 남아프리카로부터 콩과 쌀을 들여왔다. 우리는 이 센터의 행정과 자금 조달에 대한 전적인 책임을 떠맡았다. 이 센터는 거리의 문제 아이들을 위한 교정 기관으로 여겨졌으나, 우리는 절망적이며 아무에게도 사랑받지 못하는 아이들을 위한 복음 센터로 바꾸었다. 우리는 길을 잃고 죽어 가는 아이들을 찾기 위해 밖으로 나갔다.

영국으로부터 와서 우리를 돕던 사람들 중의 한 사람인 레이첼은 길거리를 배회하고 있던 베아트리스라는 아이를 발견했다. 이 아이는 보기에도 민망할 정도로 괴상하게 보였고, 수척했으며, 거의 죽어가고 있는 상태에 있었다. 그 때에 그녀는 열 살이나 열 한 살쯤으로 보였지만, 분별하기가 어려웠다. 그녀의 배는 불룩 튀어 나와있었다. 파리들이 그녀의 병든 눈가 주위에 고인 액체를 보고 달려들었다. 터져서 줄줄 흐르는 고름들이 그녀의 얼굴을 찡그리게 만들었다. 그녀의 발은 벌레들로 가득 차 있었다. 이와 벼룩들이 그녀를 온통 둘러싸고 있었다. 아무도 그녀의 주위에 있기를 원하지 않았다.

그녀는 수 차례나 강간을 당하였다. 그녀의 어머니는 세상을 떠났고, 아버지는 폭군이며 알코올 중독자였다. 그는 자신의 비참한 생활을 한탄하며 살고 있었기 때문에 자기에게 하나밖에 없는 자식조차도 돌볼 수 없었다.

베아트리스는 혼자서 나무 아래를 피난처로 삼고 살고 있었다. 하지만, 이제는 생존을 위한 힘조차도 잃고 있었다. 내가 그녀를 처음 보았을 때에 나의 마음은 찢어지는 것만 같았다. 나는 상처 입은 이 아이를 향한 엄청난 사랑을 느끼게 되었다. 그녀를 바라보았을 때에 나는 그녀의 눈에서 예수님을 보았다. 나는 그녀를 옆에 끼고 집으로 데리고 왔다.

레이첼과 나에게도 이와 벼룩이 옮았지만, 그러한 것은 별로 문제가 되지 않았다. 더 중요한 것은 베아트리스를 꼭 안아주면서 그녀가 얼마나 소중하며 사랑 받는 존재인지를 알려주는 것이었다. 누군가가 그녀를 만져주고 소중하게 여겨주고 포옹해주는 것이 그녀에게는 최고의 것이었다. 그 때에 열살이었던 나의 딸 크리스탈린은 "엄마, 예수님께서는 나의 가장 좋은 옷을 베아트리스가 입기 원해요"라고 말하였다. 내 딸은 꽃 모양의 소맷부리를 가지고 있는 자기의 가장 멋진 드레스를 베아트리스에게 주었다. 베아트리스는 그 드레스를 보물처럼 소중하게 여기면서 그것이 다 달아 헤어질 때까지 입었다.

베아트리스는 즉시 일그러진 그녀의 얼굴에 흐르는 눈물로 하나님께 응답했다. 그녀는 예수님께서 그녀를 사랑하시며, 우리가 그녀를 사랑하며, 더 이상 강간당하지 않을 것이며, 더 이상 거리에서 자지 않아도 된다는 것을 알고는 기쁨을 감추지 못했다. 의사들은 그녀가 살 수 없을 것이라고 말했지만, 지금도 살아있다. 주님께서 그녀를 치료하셨고, 6주만에 온전히 건강한 사람이 되었다.

콘스탄시아라는 또 다른 여자아이가 우리 제빵소의 계단 앞에 버려졌다. 그 때에 그 아이는 아마도 대 여섯 살쯤 되었던 것 같다. 버려진 그 아이는 극도로 놀란 나머지 말도 할 수 없었다. 주님은 그녀에게로 가서 그녀를 꼭 안아주라고 말씀하셨다. 그 아이는 나로 하여금 그녀를 안게 해주었다. 그 아이는 비명을 지르거나 울지도 않았다. 다만 움푹 들어간 그녀의 뺨에 눈물만이 조용히 흘러 내렸다. 나는 그 아이가 잠들 때까지 안고 있었다. 주님의 마음을 이해할 수 있었다. 주님은 사랑으로 그 아이에게 다가가서 자기 품에 그 아이를 안고 싶어하셨다. 이 아이는 형언할 수 없는 슬픔으로 가득 차 있었다.

이러한 슬픔과, 아무에게도 원해지지 않으며 사랑 받지 못하는 것이 어떤 것인지를 알고 있는 베아트리스가 사랑과 자비로운 마음으로 콘스탄시아에게 다가갔다. 콘스탄시아가 비록 말은 할 수 없었지만, 베아트리스는 그녀의 손을 잡고 함께 걸으면서 끊임없이 콘스탄시아에게 말을 해주었다.

어느 날 나는 콘스탄시아가 세례를 받기 위해 줄 서 있는 것을 보고 깜짝 놀랐다. 나는 "말도 하지 못하는 아이에게 내가 어떻게 세례를 준단 말인가? 그녀가 어떻게 이해할 수 있겠는가?" 하고 생각하고 있었다. 내가 그 아이에게 "세례가 무엇을 의미하는지 정말로 알고 있니?" 하고 물었다. 그날은 약 120명의 사람들이 줄을 서 있었다. 나는 오래된 빨래통 안에 서 있었다. 그때에는 그 안에서 세례를 받은 많은 사람들로 인하여 물이 짙은 초록색으로 변해 있었다. 내가 콘스탄시아에게 다시 물었다. "하나님께서 너의 마음속에 말씀하고 계신 것을 정말로 아니? 정말로 세례 받기를 원하니?" 그녀가 고개를 끄덕였다.

나는 이 약하고, 상처받고, 매맞은 작은 소녀를 들어서 물 속에 잠기게 했다. 아버지와 아들과 성령의 이름으로 세례를 주었다. 그녀는 물 속에서 나오면서 우리 가운데에서는 처음으로 미소를 지었다. 그녀의 얼굴은 하나님의 영광을 반사하고 있었다. 그날 그녀는 갑자기 말을 하기 시작했고, 나에게 어린이 성가대를 인도하고 싶다고 말했다.

그녀는 후에 자기 부모들이 총을 맞고 그들의 머리가 잘리는 것을 보았다고 말해주었다. 그 때까지 우리는 어떤 공포가 그녀를 사로잡고 있었는지 전혀 알지 못하고 있었다. 하지만, 예수님께서는 그녀가 세례를 받을 때 찾아 오셔서 그녀의 슬픔을 기쁨으로 바꾸셨다. 베아트리스와 콘스탄시아는 선교사가 되기를 원하고 있으며, 그들의 삶을 주님을 위해 내려놓았다.

또 다른 아이들이 전쟁의 상처와, 폭력과 가난으로 인한 결과들을 짊어지고 이곳으로 계속해서 몰려왔다. 1996년 3월에 한 아버지가 매우 슬픈 얼굴을 한 채로 두 살 된 자기 아들 발렌티노를 우리에게 데리고 왔다. 아 아이의 엄마는 이 아이를 품에 안은 채로 세 명의 강도들에 의해 죽도록 얻어맞았다. 아무것도 가진 것이 없는 이 아버지는 우리를 찾아 올 수밖에 없었다. 발렌티노는 내려놓아질 때마다 비명을 질렀다. 우리는 계속해서 눈물을 흘려야 했다. 우리는 다시 한번 왜 우리가 아프리카에 있어야 하는지를 알게 되었다. 우리는 극도로 잔인한 사탄에게서 귀중한 인간들을 구출해냄으로써 하나님의 마음을 연장해주는 육체적인 존재들이다. 나는 몇 달 동안 내가 할 수 있을 때마다 발렌티노를 안아주었다. 이제 그는 우리 중에서 가장 행복한 아이들 중의 하나가 되었으며, 거의 항상 사진을 가장 잘 받는 아이이기도 하다.

우리는 이렇게 작은아이들을 더 많이 찾기 위해서 계속해서 거리로 나갔다. 예수님에 의하여 잊혀진 사람들은 하나도 없다. 나는 1996년 6월에 다음과 같은 글을 썼다.

> 마푸토는 종종 약속의 땅처럼 보인다. "잃어버린" 많은 아이들이 이곳에 몰려들고 있다. 우리는 수 개월 동안 버려진 소중한 아이들을 찾아왔다. 우리의 치항고 가족은 그들을 위한 희망의 장소이다. 거리에서는 쉽게 신뢰를 얻을 수 없다. 말은 쉽다. 하지만, 이 아이들은 우리 가족의 일부가 되기 위해 지켜보면서 기다리고 깊이 생각한다. 오

늘은 행복한 날이었다. 여섯 명의 어린 아이들이 하나님 나라 백성이 되었다. 아우구스토, 조안, 아드리아노, 마리오, 알베르토, 구왐베가 살아 계신 하나님의 자녀들이 되었다. 그분이 그들을 지키시고, 그들에게 먹을 것을 제공해주시며, 그들 마음의 공허한 부분을 채워주실 것이다. 아마도 버림받은 그들의 고통은 새로운 가족인 치항고에 의해서 감싸안아지면서 서서히 사라질 것이다.

지난주에 나의 딸 크리스탈린과 내가 빵을 사기 위해 거리에 나갔다. 우리는 거리에서 누더기 옷을 입고, 몸에는 종기로 가득 찬 움직임이 없는 남자아이를 만나게 되었다. 우리는 이 소중한 아이가 죽었다고 생각했다. 내가 그에게 다가가서 그의 어깨에 손을 얹었다. 그는 잠에서 깨어나면서 깜짝 놀랐다. 그에게 빵을 주면서 자기 이야기를 해달라고 청했다. 에베리스타는 말을 잘 하지 못했다. 그는 오랫동안 말을 하지 않았다. 그는 자기 나이도 모르고 있었다. 학교에 다녀 본 적도 없었다. 그는 자기 부모들이 죽었다는 것과, 자기가 혼자이며 배고프다는 것만을 알고 있었다. 거리의 다른 아이들은 그를 이상하게 생각하며 발길질을 하기도 했다. 그의 몸은 수년 동안 받은 학대의 흔적을 지니고 있었다. 그는 불안할 때마다 손가락을 물어뜯어 상처가 나 있었다. 그는 인간이라기보다는 차라리 동물처럼 달음질했다. 나는 그에게 우리와 함께 살기 원하느냐고 물었다. 나는 치항고에 있는 우리 대가족에 대해서 그에게 말해주었다. 그의 눈에 빛이 났다. 그를 집에 데려다가 상처들을 씻어주었다. 크리스탈린은 몇 벌의 옷과 가지고 놀 수 있는 것들을 그에게 주었다. 우리는 그를 포옹하고 기도해주면서 그가 사랑 받고 있다는 것을 알게 해 주었다.

10월 1일에는 다음과 같이 썼다.

어두운 구름들이 마푸토의 침울한 거리와 조화를 이루었다. 어린 아이들은 담배를 조금이라도 더 팔기위해 이동하는 차 앞으로 달려 다니는 위험을 무릅썼다. 나이든 과부들이 몇 센트를 받고 석탄을 팔면서 쭈그리고 앉아있었다. 약간의 빵을 살만한 충분한 돈을 벌기 위해서는 하루종일이 걸릴지도 모른다. 쥴리아(13살), 조세(8살), 아멜리아(5살), 모이세스(13살), 보아스(11살)가 도시의 거리와 쓰레기 더미에서 음식을 찾으면서 하루를 시작했다. 이 아이들은 나의 친구들이었다. 그들은 종종 내 사무실에 들렀고, 우리는 이야기하면서 함께 빵을 나누기도 했다. 이 아이들에게는 엄마들이 있었지만, 그들의 아버지들은 그들을 버렸고, 그들은 학교에 다녀 본적이 없었다. 내일 그들은 우리에게로 와서 함께 살 것이다. 그들이 공부를 할 수 있고, 담요를 덮고, 배부른 상태에서 잠을 잘 수 있다는 생각을 할 때에 그들의 얼굴에 비치는 기쁨이 우리가 하는 모든 일을 더욱 가치 있게 했다. 이사야 14장30절이 떠올랐다: "가난한 자의 장자는 먹겠고 빈핍한 자는 평안히 누우려니와." 주님은 가난한 자들과 버려진 자들을 긍휼히 여기신다. 우리가 거리의 아이들과 친구가 되면서 우리 가족은 올해에 80명으로부터 300명으로 증가하게 되었다. 치항고를 확장하고자 하는 특별한 예산이나 계획이 없었지만, 우리는 아무도 되돌려 보내지 않았다. 잠잘 수 있는 방은 가득 찼지만, 수천의 아이들이 버림을 받아 고아가 된 채로 거리를 배회하고 있었다. 모잠비크의 아이들을 위해 기도해주기를 바란다. 우리에게는 단지 하나님께서 우리에게 보내시는 이 소중한 보물과 같은 아이들을 돌볼 더 많은 하나님의 사람들과 더 큰마음이 필요할 뿐이다.

치항고는 빨리 채워지고 있었고, 1996년 12월이 되었을 때에는 거의 한계에 이르렀다고 생각했다. 우리는 "더 이상은 안 돼. 이미 가득 찼다"고 말하고 있었다. 우리 장소는 300명이 넘는 아이들로 터질 것만 같았다. 그들 중 많은 아이들은 거리로부터 새로 들어온 아이들로서 우리의 작은 인력으로는 돌보기가 거의 불가능했다.

하지만, 치항고는 이미 마푸토의 거리에서 유명해졌다. 우리가 운전하며 가는 곳마다 아이들은 우리 차를 알아보고 우리에게 소리지르곤 했다. 어느 날 5명의 아이들이 도시를 가로질러 와서 우리의 작은 사무실 현관 앞에 앉아있었다. 그들은 우리가 나타나서 그들을 치항고까지 데려다 주기를 인내하며 기다리고 있었다. 우리는 "그래. 강해지자. 일단 그들의 이야기라도 들어보자"라고 말하였다.

첫 번째 아이는 타니아로서 13살이나 14살쯤 되어 보였다. 그녀는 자기 아버지가 어디에 있는지도 모르고 있었다. 그녀의 엄마는 죽었다. 모잠비크의 내전이 진행되고 있는 동안에 그녀는 많은 사람들이 총과 칼에 의하여 살해당하는 것을 보았다. 그녀는 3년 동안 몸을 팔면서 거리에서 생존하였다. 우리가 어떻게 이 아이를 거절할 수 있단 말인가?

그 다음에는 아나벨르라는 10살 된 아이와 이야기를 나누었다. 이 아이는 학교에 가본 적이 없었다. 그녀의 아버지는 전쟁 중에 죽었고, 어머니는 병으로 죽었다. 그녀는 3년 동안 거리에서 살고 있었고, 지난해에는 먹을 것을 위해 몸을 팔면서 살아왔다. 그녀는 키가 작았기 때문에 또 다른 놀림을 받으며 살아야 했다. 이 두 아이는 심각한 성병을 앓고 있었다. 이러한 이유로 우리가 여기에 있는데, 어떻게 그들을 거절할 수 있겠는가?

에드슨은 2학년까지만 공부했던 13살 된 아이였다. 그의 엄마는 기차에서 떨어져 죽었고, 그의 아버지는 남아프리카로 도망갔다. 그는 약간의 돈을 받으면서 거리에서 차를 지켜주는 일을 하고 있었다. 그의 등에 있는 감염된 화상이 눈에 들어왔다.

브라이스는 단지 1년의 교육만을 받은 10살 된 아이였다. 그의 엄마가 죽었을 때에, 그의 아버지는 브라이스가 집에 있길 원하지 않는 다른 여자와 살게 되었다. 그래서 그의 아버지는 그가 도망갈 때까지 매로 때렸다.

알프레도는 자기 나이도 모르고 있었다. 그는 북쪽에 위치한 작은 도시, 빌란쿨오스로부터 왔다고 누군가가 그에게 말해주었다. 그는 전쟁으로 인하여 부모들과 이별하게 되었고, 그들의 생사 여부도 모르고 있었다. 그는 자기가 알고 있는 한 거리에서만 살아왔다. 그래서 우리는 그들 모두를 받아들이기로 했다.

우리는 하나님의 은혜로 치항고가 새로워지는 것을 볼 수 있었다. 이 곳은 굶주림과 잔인함으로 악명 높은 곳이었는데, 이제는 끔찍한 과거로부터 구출되어진 약 350명의 행복한 아이들을 위한 번성하고 희망으로 가득 찬 집으로 변화되었다. 그들은 믿음을 가지고 있었다. 그들은 일용할 음식을 위해 기도했다. 그들은 어떻게 예배해야하는지를 알고 있었다. 그들은 전도하기 위해서 여러 마을들과 마푸토의 거리들로 우리와 함께 나갔다. 우리는 한 때는 매를 맞고, 학대당하며, 굶주렸던 우리의 아이들을 위한 확실한 비전을 갖게 되었다. "슬퍼하는 자에게 화관을 주어 그 재를 대신하며 희락의 기름으로 그 슬픔을 대신하며 찬송의 옷으로 그 근심을 대신하시고 그들로 의의 나무 곧 여호와의 심으신 바 그 영광을 나타낼 자라 일컬음을 얻게 하려 하심이니라"(사 61:3).

세계 곳곳에서 돕고자하는 여러 팀들이 몰려들었다. 우리 직원들도 늘어나기 시작했다. 우리는 성령 안에서 악한 영들의 공격과 말라리아와 난폭한 깡패들의 악한 일에 대항했다. 우리의 음식 공급은 여러 어려움들이 있었지만 우리 아이들과 세계 도처에 있는 친구들의 기도를 통하여 안정되어졌다. 우리는 치항고를 우리 집으로 만들었다. 우리는 바다 옆에 바람이 잘 통하고 모래가 있는 센터를 세우기 위한 계획을 가지고 있었다. 우리 스케줄은 거의 불가능할 정도로 꽉 짜여 있었지만, 더 정상적인 삶을 계획하기 시작했다. 1996년의 남반구 겨울 날씨 속에서 우리는 다음과 같은 글을 남겼다.

> 은빛 안개가 황금빛의 새벽 빛 속에서 치항고의 풀 위와 언덕에 낮게 드리우고 있었다. 밝게 빛나는 푸른 하늘은 천국에서 빛나고 있는 다이아몬드를 위한 배경과도 같았다. 예리하게 수놓아진 새 달빛과, 강렬한 새벽별, 그리고 강하지 않은 우아한 별빛들. 떠오르는 태양으로부터 나오는 따뜻한 색의 배열이 수평선 둘레의 우아한 구름들 위에 비추고 있었다. 생명체의 부드러운 소리들이 인접한 마을들의 판잣집에서 들려오기 시작했다. 또 다른 날을 위한 음식 준비가 시작되면서 연기 구름들이 장작 불 위로 올라가고 있었다.
> 치항고의 어린이들은 일찍부터 일어났다. 우리는 그들이 외치는 소리를 우리집으로부터 들을 수 있었고, 그들이 나무 사이를 오가며 장난치는 것도 볼 수 있었다. 나는 그들이 어떻게 잤는지 궁금했다. 왜냐하면 밤중에는 꽤 추었으며, 아직도 많은 아이들은 얇은 매트 말고는 담요도 없었기 때문이었다. 하지만, 하루가 멋지게 시작되었다. 우리는 전쟁과 싸움과 무질서, 그리고 사탄이 남긴 모든 악한 것들로부터 멀리 벗어난 것 같은 느낌을 가졌다. 성령님의 평화가 이 땅과 이 사람들 위에 부드럽게 그리고 향기롭게 내려앉기를 위해 기도한다.

우리는 창세기에서 소망에 관한 하나님의 약속에 대해 말하면서, 또 "무지개"를 포르투갈어로 말하면서 치항고에 머물고 있었다. 그 날 이른 아침에 나는 해변을 따라 아이들을 태우고 운전하고 있었다. 한 차례의 폭풍이 지나갔고, 이제는 구름이 걷히고 있었다. 상쾌한 바람은 깨끗했고 기분을 들뜨게 해주었다. 모든 것이 매우 아름답게 보였다. 잔물결이 이는 푸른 바다, 젖은 나무들과 푸른 풀들, 오렌지색과 엷은 자주색으로 물든 채 솟아오르는 구름의 모양들은 아름답기 그지없었다. 게다가 눈부시게 빛나는 쌍무지개는 온 세상을 품고 있는 것 같았다. 치항고와 우리의 모든 일들이 하나님의 신실하심과 영광 안에 놓여 있는 것 같았다. 얼마나 멋진 장관이었는지! 우리는 하나님의 아름다움과, 선하심, 그리고 그 손의 일을 한껏 즐기고 있었다. 하지만, 우리의 삶은 전혀 일상적인 과정이 되지 않을 것 같았다. 왜냐하면 사실 우리는 아주 철저한 조사를 받을 참이었기 때문이다. 우리는 하루에 18시간씩 일을 하고 있었으며, 종종 타락한 정부 관료들과 싸워야 했다. 우리는 빨리 쇠약해져가고 있었다. 나는 20년 이상 동안 기쁨과 열정을 가지고 주님을 섬겨왔다. 나는 모잠비크에서 주님을 기쁘게 할 수 있는 것으로 내가 할 수 있는 모든 것을 하고 있었다. 예수님은 놀라운 일들을 하고 계셨다. 하지만 나는 지쳤고, 점점 약해져서 질병에 걸리게 되었다. 나를 그들의 "엄마 아이다"(Mama Aida)로 바라보고 있는 300명 이상의 아이들에 대한 지속적인 책임감이 나를 녹초가 되어버리게 했다. 나는 다양한 전염병과 이질로 인하여 두 달 동안에 여섯 번이나 항생제를 복용해야 했고, 급기야는 폐렴까지 겹치게 되었다. 의사들은 내가 결핵을 앓고 있지는 않은지 걱정하고 있었다. 나는 재충전이 필요하다는 것을 느꼈기 때문에 캐나다의 토론토 공항 교회에 가고픈 충동을 느끼게 되었다. 그 교회는 특별하고 강력한 성령의 역사를 경험하고 있는 교회였다. 그곳은 다시 타오르게 할 불이 필요한 세상의 모든 사람들을 위한 영적 "중환자실"이 되었다. 그래서 거기에 가고싶었다.

나는 병원에서 나와서 바로 토론토행 비행기를 탔다. 육체적으로 나는 의사의 충고를 무시한 채 이렇게 긴 여행을 함으로써 하나의 모험을 하고 있는 셈이었다. 내 허파에는 물이 가득 고여 있었기에 숨도 쉬기 곤란했다. 재정적으로도 매우 빈곤했다. 하지만, 나는 가야만 했다!

롤랜드는 하나님과의 극적인 만남을 가진 후 토론토에서 막 돌아왔다. 그는 믿음과 자비로 가득 차 있었고, 이것이 나로 하여금 더욱 그곳에 가고 싶은 마음이 들게 했다. 나는 나의 부모님들을 보기 위해 잠시 캘리포니아에 들렀는데, 다시 거기에서 입원해야했다. 나는 거의 걸을 수도 없었다. 숨쉬기도 곤란했지만, 내가 생각할 수 있는 모든 것은 내가 하나님의 만지심을 얼마나 배고파하고 있는가 하는 것이었다. 나는 매우 아팠고 지쳤기 때문에 단순하고 스트레스가 없는 그러한 직업을 갈망하게 되었다. 나는 10년 동안 고등 교육을 받았다. 하지만, 이 시점에서 나는 더 이상 무엇을 가르칠지를 알지 못했기 때문에 가르치는 것조차 원하지 않고 있었다.

토론토 공항교회에 도착해서 첫 집회에 참석했을 때에 치유를 받았다. 주님은 자비롭게도 내 허파를 여셨고, 수주만에 처음으로 내가 힘들이지 않고 숨을 쉴 수 있게 하셨다. 나는 사역팀에 있는 사랑의 손길들로부터 기도를 받으면서 몇 시간을 보냈다. 그렇게 오랜 세월 동안 설교하고 가르친 내가 이제는 다른 사람들로부터 기도를 받게 되었다. 특별히 캐롤 아노트와(Carol Arnott) 샤론 라이트(Sharon Wright)는 몇 시간 동안이나 나를 위해 기도해 주었다. 나는 그렇게 사랑이 많고, 자비로우며, 서두르지 않는 기도 사역자들을 경험해 본 적이 없었다.

토론토 공항교회에 있는 동안 나는 종종 움직일 수 없어서 하나님 앞에서 누워 있어야 했다. 그의 임재가 나에게는 너무도 무거웠다. 어느 날 밤 모임이 끝날 무렵에 나는 또 움직일 수 없었다. 나는 강대상 뒤에 숨어서 좀 불안해지기 시작했다. 왜냐하면 경비원 베티가 "자 이제 모두 나갈 시간입니다!"라고 외치고 있었기 때문이다. 주님은 내 마음속에 말씀하셨다. "내가 너를 구해 줄 소중한 종을 보내주겠다." 나는 나의 손가락도 움직일 수 없었다. 베티가 나에게 다가와서는 나에게 어떠냐고 부드럽게 속삭였다. 그녀는 나를 옮겨줄 두 사람을 데리고 왔다.

그녀로부터 흘러나오는 사랑과 자비는 생명을 불어 넣어주는 그러한 것이었다. 주님은 내가 어찌할 수 없이 약해있는 동안에 많은 것을 가르쳐 주셨다. 하나님의 임재가 내 위에 매우 강력하게 임했기에 나는 물에 젖은 담요가 내 위에 덮여 있는 것과 같이 느꼈다. 하나님은 자신이 나의 유일한 힘이시라는 것을 입증해 주셨다. 그분이 나의 희망이다. 나는 그분만을 의존한다. 그분 없이는, 그리고 그리스도의 몸인 교회 없이는 아무 것도 할 수 없다.

어느 날 밤 나는 모잠비크의 아이들을 위해 기도하면서 신음하고 있었다. 수천 명의 아이들이 나를 향해 오고 있었고, 나는 "주님, 안됩니다. 저에게는 이미 너무 많은 아이들이 있습니다"라고 외쳤다. 그때 나는 예수님에 대한 극적이고 분명한 이상을 보게 되었다. 내가 그분과 함께 있었고, 셀 수 없이 많은 아이들이 나를 둘러싸고 있었다. 나는 그분의 빛나는 얼굴과, 강렬하게 타오르는 사랑의 눈길을 볼 수 있었다. 나는 또한 그의 몸을 보았다. 그 몸은 멍이 들고, 뼈들은 부서져 있었으며, 옆구리에는 구멍이 나 있었다. 예수님은 "내 눈을 보거라. 그들에게 먹을 것을 주거라"라고 말씀하셨다. 그리고 예수님은 자신의 찢겨진 몸의 부분을 떼어서 나에게 건네주었다. 그것은 내 손에서 빵이 되었다. 내가 그것을 아이들에게 나누어주었을 때에, 내 손에서 빵이 계속 증식되었다. 주님은 또 내게 말씀하셨다. "내 눈을 보거라. 그들에게 마실 것을 주거라." 그리고는 그의 옆구리에서 흘러나오는 한 잔의 피와 물을 나에게 주셨다. 나는 그것이 비통함과 기쁨의 잔이라는 것을 알고 있었다. 내가 그것을 마셨고, 그 후 아이들이 마실 수 있도록 나눠주었다. 컵은 계속 채워졌다. 이 때에 나는 주체할 수 없을 정도로 울기 시작했다. 나는 사랑으로 불타는 그분의 눈에 의해 완전히 녹아 내렸다. 나는 예수님께서 우리 모두에게 그러한 영적인 그리고 육적인 음식을 제공하기 위해서 어떤 값을 치르셨는지를 깨닫게 되었다. 주님은 내 마음속에 말씀하셨다. "내가 죽었기 때문에 항상 부족함이 없을 것이다."

　나는 새힘을 얻었고 모잠비크로 돌아갈 준비가 되어 있었다. 나는 새롭고 놀라운 기적의 파도를 즉시 보고 싶었다. 하지만, 오히려 지옥의 권세들이 판을 치고 있었다! 우리는 모잠비크 정부와 꽤 좋은 관계를 맺고 있다고 생각했었는데, 이러한 것이 하룻밤 사이에 무너져 내려서 충격에 사로잡히게 되었다. 우리는 우리로 하여금 모잠비크를 위한 전반적인 사역 센터로 치항고를 개발하는 것을 허락해줄 마푸토의 교육부와 공동 사업을 하기 위해 오랫동안 논의하고 있었다. 그러나 우리가 제안한 계약서들은 거부를 당했을 뿐 아니라, 정부는 우리가 치항고에서 일하기 위한 조건들을 만들어서 통보해 왔는데, 그 센터에서의 모든 종교적 활동들을 즉시 중지해야 한다는 것이었다. 우리 아이들은 심지어 나무 아래에서 기도하는 것조차도 허락되지 않았다. 기독교적인 가르침과 찬양 그리고 예배를 드리는 것도 허용되지 않았다. 또한 우리는 학교를 나와서 갈 곳이 없는 나이든 아이들을 고용할 수 없다는 통보를 받게 되었다. 우리는 더 이상 거리의 아이들을 데리고 올 수 없었고, 옷이나 약도 나눠줄 수 없게 되었다. 치항고에서 영적인 모든 것을 제거할 목적을 가진 수 페이지의 금지사항들이 우리에게 날라 왔다.

　기도하거나, 예배를 드리거나, 노래를 하면 즉시 그곳에서 추방될 것이라는 통보를 받았시만, 치항고의 아이들은 열정적인 기도와 예배로 응답했다. 그들은 그러한 명령들에 반항하여 심지어 찬양을 하며 춤을 추기도 했다. 모든 아이들이 우리와 연합하였으며, 다시 매맞고 굶주리며 예수님을 예배하는 것으로부터 방해받는 곳에 머물러 있느니, 물도 전기도 없지만 차라리 우리와 함께 들에서 텐트를 치고 살겠노라고 이야기했다.

마을 사람들은 내 생명을 취하는 자에게 20달러를 주겠다는 말이 나돌고 있기 때문에 나의 가족과 함께 가능한 한 빨리 그곳을 떠나야한다고 말해 주었다. 전쟁 후 그들의 총과 탄약을 포기하기 원하는 자들은 거의 없었다. 따라서 AK-47소총과 수류탄과 같은 것들은 쉽게 구할 수 있는 것들이었다. 기꺼이 나를 죽이려하는 사람들을 발견하는 것은 쉬운 일이었다. 하지만, 나는 내가 20달러 이상의 가치가 있는 사람이라고 항상 주장했다.

우리 치항고 가족에게 48시간 안에 그곳을 떠나라는 통보가 주어졌다. 아이들은 그들이 뒤에 남기고 가는 것은 어떤 것이라도 도둑맞게 될 것이라는 것을 알고 있었다. 우리 동역자들은 가져갈 수 있는 모든 것, 특히 침대, 매트리스, 옷, 연장, 의약품과 같은 것들을 챙기려 노력했다. 우리는 새로운 팀들과 거리의 아이들을 위한 준비를 위해 치항고 안에 엄청난 돈을 쏟아 부었다. 아이들이 긴 줄을 지어서 침대의 틀들(사서 운반하기에는 너무 비싼 것들이었다)을 풀밭을 가로질러 우리 보관용 컨테이너에 싣는 장면이 나를 매우 슬프게 했다.

그 마지막 날에 치항고는 그보다 결코 더 아름다울 수 없었다. 밝은 햇살과, 산들바람, 위엄 있게 줄지어 있는 유칼리나무들 뒤에서 경외심을 일으키는 구름들은 아름다움 그 자체였다. 해질 무렵이 다가오면서, 그리고 우리가 거기에서 경험했던 모든 능력과 기쁨들을 기억하면서, 나는 하나님께서 우리가 있기를 원하는 곳, 즉 천국과 지옥 사이의 전투지에 우리를 두셨다는 것을 이해할 수 있었다. 책임 있는 사람들이라면 어떻게 이러한 아이들을 그렇게 잔인하게 대할 수 있겠는가? 하지만, 우리는 모잠비크에서의 우리 이야기가 끝이 나려면 아직도 멀었다는 것을 알고 있었다. 우리의 왕이시며 온 우주의 창조자이신 그분은 여전히 사랑스러운 우리 하나님 아버지이시다. 그분은 결국에 그분의 뜻을 이루실 것이며, 우리는 그분으로 인하여 크게 기뻐할 것이다.

치항고를 빠져 나오기 위해서, 우리 동역자들은 짐을 싸고 이 건물 저 건물 청소하느라고 밤낮으로 일했다. 그들은 비와 흙탕물 속에서, 새벽 서너 시까지 트럭과 트레일러에 짐을 실었고, 우리 친구들이 제공해준 마푸토의 어느 여유 공간으로 우리의 소유물들을 운반하였다. 처음에는 우리 모두가 갈 수 있는 오직 한 장소가 있었다. 그곳은 마푸토에 있는 우리의 작은 사무실이었다. 그곳에는 작은 안뜰과, 물건들로 가득 찬 차고, 그리고 뒤편에는 세탁실이 있었다.

우리 사무실은 도움이 가장 필요로 하는 아이들 – 가장 어리고 거리의 고아들로서 찾아갈 수 있는 친척들이나 친구들도 없는 – 로 넘쳐 났다. 그들은 맨발로 15마일을 걸어서 우리의 작은 집으로 몰려들어왔다. 그들은 찬양을 부른 것으로 인하여 큰 막대기로 맞았다고 우리에게 말해주었다. 그들은 하나님을 예배할 것이기 때문에 우리가 가는 곳에 그들도 따라가겠다고 말했다. 내가 그들을 위한 장소가 없다고 말했을 때에, 그들의 단순한 대답은 이랬다. "하지만, 엄마! 우리에게는 항상 부족함이 없을 거라고 말했잖아요?"

내가 무슨 말을 할 수 있겠는가? 그들은 계속해서 몰려왔고, 이내 수백 명 가까이 되었다. 우리는 황폐하고 작으며, 거미줄과 기름때로 가득 찬 곳에 침대들을 쑤셔 넣었다. 빌린 군대용 침대들이 우리 마당과 길 이곳저곳에 넘쳐 났다. 소변이 복도에 넘쳐 났다. 우리는 호스로 물을 뿌려 아이들을 씻겨수었다. 우리의 모든 문들과 창들에는 얼굴들로 가득 넘쳐 났다!

우리는 어떻게 해야할지 몰랐다. 우리가 필요로 하는 음식이나 요리, 그리고 위생 시설과 같은 것이 전혀 없었다. 박스들과 옷들과 여행 가방들이 여기저기에 쌓여있었다. 모든 사람들이 완전히 녹초가 되었다. 모든 것이 엉망진창이었다. 그럼에도 불구하고 더 많은 아이들이 우리

문으로 들이 닥치고 있었다. 우리의 힘을 모두 소진하고 있었으며, 아이들이 계속해서 몰려드는 모습을 보면서 하나님께 호소했다. 나는 심지어 토론토의 경험을 했음에도 불구하고 심각한 질문을 던져야 했다: "하나님께서 정말로 우리를 돌보시는가? 그분은 도대체 어떤 분이신가?" 나는 하나님께서 우리를 이와 같은 상황에 남겨 놓으시리라고는 결코 생각도 못했다.

우리 딸 크리스탈린도 배가 고파서 울기 시작했다. 우리는 요리를 위한 큰 후라이팬도 갖고 있지 않았다. 어쨌든 우리는 이 모든 아이들을 먹일 준비가 되어있지 않았다. 미 대사관으로부터 한 여인이 음식을 가지고 우리에게 왔다. "내가 당신의 가족을 위해 음식을 좀 가져왔습니다." 그녀는 우리 네 식구에게 딱 맞는 음식을 가져 와서는 그렇게 다정하게 말하였다. 우리는 며칠 동안 음식을 먹지 못하고 있었다. 나는 문을 열어서 우리의 모든 아이들을 그녀에게 보여주었다. 나는 "이 대가족이 모두 우리 가족입니다"라고 힘없이 말하였다. 그 여인은 심각해진 얼굴로, "충분치 않겠군요. 집에 가서 더 음식을 해오겠습니다"라고 말하였다. 하지만, 나는 단지 그녀에게 음식을 위해서 기도해 달라고 요청했다. 그녀는 당황스러워하면서 "그러지 마세요!"라고 애걸했다. 어쨌든 그녀는 간단히 기도했고, 나는 거리에 나가 음식을 나누어 줄 때 사용하는 종이 접시들과 내가 가지고 있었던 약간의 옥수수 가루를 꺼내었다. 그것들을 나누어주기 시작했다. 우리는 처음부터 접시에 가득 담아주었다. 그런데, 나를 어리둥절하게 하는 멋진 일이 일어나고 있었다. 우리 모든 아이들이 먹었고, 동료들도 먹었고, 나의 친구도 먹었다. 그리고 우리 네 가족 식구들도 먹었다. 모든 사람들이 배불리 먹었다.

그 후로, 우리는 버려져서 고아가 되거나 죽어가고 있는 아이들에게 한번도 "No"라고 말하지 않았다. 지금 우리는 천 명이 넘는 아이들을 먹이며 돌보아 주고 있다. 그들은 하나님의 선하심으로 인하여 원하는 모든 것을 먹고 마시고 있다. 그분이 죽었기 때문에 항상 부족함이 없을 것이다.

④ 한 명까지 돌보라
See them one by one

치항고에서 나온 우리와 3백 명이 넘는 아이들은 하루아침에 집 없는 신세가 되었다. 함께 만날 다른 장소가 없었기에 우리는 치항고에서 1마일 떨어진 곳에 위치한 아름답고 바람이 잘 통하는 들의 나무 밑에서 모였다. 우리가 함께 지내던 시간들과, 하나님께서 우리 가운데에서 행하신 것들을 기억하면서, 그리고 아이들을 위해 상한 심령으로 중보 기도할 때에 눈물이 줄줄 흘러 내렸다. 하지만, 우리 아이들은 배움의 과정에 있었다. 성령께서 그들을 가르치셨고, 그들은 우리에게 손을 얹으면서 위로하기도 했다. 그들은 "엄마 아이다! 걱정하지 마세요. 예수님께서 우리를 지켜주실 거예요! 라고 말하였다. 그리고 예수님은 정말로 우리를 지켜주셨다.

우리는 마을 주민들에 의해서 기증된 땅 위에 나이가 좀 든 남자아이들을 위해 풀을 사용하여 집을 만들었다. 두 개의 선교 단체는 우리가 음식과 연료와 필수품과 옷과 감독을 제공하는 한에서, 제한된 숫자의 아이들을 위해 일시적인 비상 피난처와 매일매일의 학교 공부를 제공해 주었다. 그 후 마푸토의 외곽에 있는 도시 마톨라(Matola)에 살고 있는 사람으로서 열정적인 그리스도인이면서 주요한 의회 의원직을 맡고 있는 어떤 분이 마차바(Machava)의 어느 지역에 있는 50에이커의 땅을 우리에게 기증했다. 우리를 돕는 일에 큰 행복을 느끼고 있었던 그는 우리가 사람들에 의해 환영받고 소중한 존재라고 느끼게 해주었다. 그는 "이것이 모잠비크가 원하는 것입니다. 당신에게 주는 이 땅은 우리가 할 수 있는 가장 작은 일입니다"라고 말하였다.

우리는 잠을 잘 수 있는 공간을 만들기 위해 군용 텐트를 샀다. 몇 달 동안 우리는 1마일 정도 떨어진 곳으로부터 나귀를 사용하여 물을 길어왔다. 땅은 모래와 벌레와 뱀들로 가득 차 있었지만, 아이들은 불평하지 않았다. 우리는 만날 장소가 필요했고, 하이디는 남아프리카에 있는 어느 가게에 들러서 천 명의 사람들을 수용할 수 있는 큰 서커스 텐트를 주문했다. 그것은 특별히 주문하는 드문 물건이었기에 완성하는 데 만도 여섯 달이 걸리는 것이었다. 하지만, 어떤 이유에서인지 어떤 큰 단체가 그러한 텐트를 주문해놓고 찾아가지 않고 있었다. 그래서 그 텐트는 돈만 있으면 즉시 구입할 수 있었다. 일만 달러가 필요했다. 바로 그 날에 캘리포니아에 사는 익명의 사람이 우리 계좌에 일만 달러를 기증했다. 하이디는 그 후 우리가 수년 동안 사용할 파랗고 하얀 색 줄무늬가 있는 아름다운 텐트를 가지고 돌아올 수 있었다. 항상 부족함이 없다는 것이 증명되었다!

우리는 그늘지는 캐슈 나무들로 둘러 쌓인 아름다운 마차바의 땅을 계속해서 개발하고 있었다. 우리를 방문했던 건설 팀이 텐트 밑에 시멘트 바닥을 만들어 주었다. 우리는 우물을 파서 간단한 수동 펌프를 설치했다. 이 우물은 깨끗하고 시원한 물을 우리에게 제공해 주었다. 우리 아이들은 웃고 춤을 추었으며, 감사의 눈물을 흘리기도 했다. "예수님께서 우리를 위해 행하시는 것을 보십시오!" 드디어 우리는 텐트 도시를 가지게 되었고, 거의 매일 버려져서 고아가 된 아이들이 들어오고 있었다.

다섯 살과 열 살된 아이들이 다 떨어진 누더기 옷을 입고, 쓰레기 더미에서 음식을 찾아 헤매면서 마푸토에서 배회하고 있었다. 이들은 뜨거운 햇살이 비치는 날에도 시멘트 도로 위에서 앉아있거나, 비가 쏟아질 때에는 박스로 만든 집에 피해 들어갔다. 우리가 만나는 모든 아이들은 빵 한 조각과 동전 몇 푼을 얻기 위해 필사적이었으며, 웃음이나 사랑의 접촉을 그리워하고 있었다. 우리는 그들을 보고 한 명 한 명 우리 텐트 도시 안으로 데려왔다.

예수님은 오래 전 홍콩에서 나에게 이런 일을 하라고 가르쳐 주셨다. 나는 수천의 사람들에게 설교를 한 후 코울룬(Kowloon)의 뒷거리를 걷기 시작했고, 예수님께서 나의 눈을 열어주셨다. 그 장면들은 내가 생전 처음 보는 것 같았다. 늙은 여인들이 다리 밑에 몰려들었고, 외로운 남자들은 비닐 자루를 입고 있었으며, 중독자들은 나무 밑의 시멘트 바닥에 누워있었다. 하나님께서 나의 마음을 넓게 하심으로 그의 측은한 사랑의 한 부분을 맛보게 하셨다. 그러한 장면들은 끝이 없었다. 그래서 나는 우리의 큰 모임들을 취소하고, 가난한 자들 속에서 일하기 시작했으며, 그들의 친구가 되어주면서 한 사람 한 사람에게 다가갔다. 하나님의 자비와 사랑은 우리가 상상할 수 있는 것보다 훨씬 큰 것이었다. 하나님은 그분의 연장된 손이 되라고 우리를 부르셨다. 하나님은 죽어가고 있는 사람들과 어린이들을 위해 멈춰서라고 우리를 부르셨다. 하나님은 그가 보는 것을 보고 그가 하시는 것을 하라고 우리를 부르셨다. 그분이 이것을 하라고 우리를 부르셨기 때문에 우리가 필요한 모든 일에 부족함이 없을 것이다.

어느 날 기도하는 중에 생생한 이상을 보게 되었다. 어린양의 혼인잔치가 열리고 있었다. 그곳의 음식들은 내가 보아온 가장 멋진 음식들이었다. 탁자들은 아름답고 정교했다. 나는 다음과 같은 주님의 말씀을 계속해서 들을 수 있었다. "교회들이여, 일어나라! 교회들이여, 일어나라! 잔치가 준비되었지만, 교회들은 아직 준비가 되어있지 않다! 가난한 자들이 아직도 잔치에 초대받지 못했다!"

그 후 나는 나와 주님이 마푸토의 쓰레기 더미 위에서 춤을 추는 이상을 보았다. 그 이상 속에서 예수님은 사람들을 자신에게로 부르고 계셨다. 그는 누더기 옷을 입고, 불타는 쓰레기 더미에서 검게 그을렸으며, 곪은 상처들과 불룩 튀어나온 배를 가지고 있는 아이들을 모으고 계셨다. 우리가 한 아이 한 아이를 만질 때마다 그들은 완전한 치유를 얻게 되었다. 그들의 튀어나온 배가 들어갔고, 곪은 상처가 치유되었다. 그들은 깨끗해졌다. 예수님과 내가 아이들 한 사람 한 사람 앞에 설 때마다, 예수님께서 그들에게 아름다운 옷을 입혀주셨다. 각각의 옷이 똑같지 않았다. 빨간색, 자주색, 금색, 은색… 우리는 그들을 쓰레기 더미로부터 혼인잔치 안으로 인도하고 있었다. 그곳은 가장 아름다운 장소로 예수님의 임재가 가득한 깨끗하고 정결한 장소였다. 예수님은 각 아이들의 손을 잡고, 테이블 상석에 앉게 했다.

그 이상 때문에 나는 마푸토 외곽의 큰 쓰레기 더미가 있는 보카리아에서 일하기 시작했다. 그곳은 인간의 눈에는 가장 가난한 자들이 살고 있는 가장 처절한 곳이었다. 그들은 음식을 찾는 일에 혈안이 되어있었고, 그들이 이용하거나 팔 수 있는 모든 것을 찾기 위해 쓰레기 더미를 샅샅이 뒤졌다. 많은 아이들이 이 쓰레기 더미에서 파리들과 함께, 그리고 지독한 냄새와 함께 살고 있었다. 그들의 몸은 피부병으로 가득 차 있었고, 그들의 배는 세균들로 인하여 툭 튀어나와 있었다. 이곳은 우리를 방문하는 많은 사람들이 사역하기에 매우 어려운 장소이다. 그렇기 때문에, 그들이 거기에서 경험하게 될 마음의 상처들을 위해 그들을 온전히 준비시킨다는 것은 불가능한 일이었다. 경험이 부족한 사람들은 그러한 오물과 역겨운 모습에 의해 더 이상 나아가지 못한다. 하지만, 나에게 있어서 그곳은 이 지구상에서 가장 아름다운 곳이다. 그곳의 사람들은 예수님을 배고파한다. 그들은 그분을 원하고 있다. 그들은 그분과의 우정을 원하고 있다. 그들은 그분에게 달려가서 그분을 의존한다. 그들은 예수님을 웃게 만든다.

하나님은 이 쓰레기 더미 위에서 이적들을 행하셨다. 우리가 그곳을 처음 방문했을 때에, 몇몇 젊은 아이들이 우리를 죽이겠다고 위협했다. 깨진 병을 흔들면서 우리의 목을 베겠다고 소리쳤다. 그들은 약국에서 버린 약 – 그들이 발견할 수 있는 모든 약들 – 을 먹고 취해 있었다. 내가 할 수 있는 모든 것은 예수님께서 그들을 만지시고, 사랑하시고, 치유하시고, 혼인잔치로 초대한 바로 그 이상을 기억하는 것이었다.

나는 그 아이들에게 내가 본 이상에 관해서 들려주었고, 그 거친 아이들 중 몇 명이 눈물을 흘리며 무릎을 꿇고, 즉시 구원을 받았다. 그들은 여전히 거칠지만, 우리를 보호해 주고 있다. 사람들은 자기 자식들을 먹여 살릴 수 없기 때문에 쓰레기 더미에 버린다. 작은 열한 살의 아이 니나도 거기에 버려졌고, 이제는 우리와 함께 살고 있다. 그녀는 여러 번 강간을 당했다. 우리가 그녀를 발견했을 때에 그녀는 임질과 매독과 에이즈와 결핵 모두를 앓고 있었다. 하나님은 그녀의 결핵을 치유하셨고, 그녀는 그녀 위에 쏟아 부어지고 있는 진정한 사랑에 마음 문을 열기 시작했다. 그녀는 예수님을 사랑하며 예배하는 것을 기뻐했다. 우리가 쓰레기 더미 위의 우리 친구들 사이를 걸을 때에 그들은 치유를 받고 자유함을 얻었다. 내가 쓰레기 더미 위에서 처음으로 그들에게 말씀을 나눌 때에, 그들 중 아무도 예수님이 누구신지 알지 못하고 있었다. 몇몇 남자아이들은 "그분은 정말 멋진 사람처럼 들리네요! 우리가 그에게 이야기할 수 있도록 그분을 이 곳으로 데리고 올 수 있나요?"라고 말했다.

쓰레기 더미 위의 어느 누구도 예수님을 만나기 위한 초대에 "No"라고 대답하지 않았다. 그들 모두는 생명의 말씀에 주려 있었다. 우리는 검게 물든 작은 건물 안에서 쓰레기 더미 교회를 시작했고, 그 교회는 이 세상에서 내가 가장 좋아하는 교회들 중의 하나가 되었다. 우리는 눈을 따갑게 하는 연기 속에서 노래하며, 설교하며, 예배했다. 우리의 팔 위에는 파리 떼들이 즐겨 앉았다. 깨진 유리들과 쓰레기들이 온 사방에 널려 있었다. 우리는 태양 빛 아래에서 더 잘 견딜 수 있기 위하여 녹슨 지붕 위에 풀들을 얹었다. 그 마을 주위에서 몰려온 맨발의 주름진 노인들이 바닥에 앉아서 기쁨으로 박수를 쳤으며, 영광스러운 간증이 있을 때마다 기쁨의 미소를 짓기도 했었다. 많은 어린이들과 십대들이 몰려왔다. 대부분의 아이들이 회개로 눈물을 흘리면서 두 손을 들고 예배드렸다. 많은 아이들이 병에 걸려 있었고, 굶주렸으며, 어떤 아이들은 수 주일 내에 자신들이 죽을 것이라는 것도 알고 있었다. 하지만, 그들은 자신들의 구원자를 발견한 것에 전율을 느끼고 있었다. 우리는 이곳에 의사와 간호사들을 데리고 왔다. 또한 설교자들과 방문자들도 데리고 왔다. 나는 항상 성찬식을 행했으며, 그 때마다 예수님은 강한 임재로 우리를 만나주셨다. 우리는 매주 사람들이 인근 지역에 갈대와 양철로 집을 짓는 것을 도와주었다. 이러한 일은 그들에게 있어서는 흥미진진한 기적과도 같은 일이었다. 여전히 많은 아이들이 우리와 함께 살기 위해 우리 트럭에 오르고 있다. 예수님은 쓰레기 더미 위에서 우리와 함께 춤을 추고 계신다. 예수님은 상하고 버림받은 아이들에게 사랑의 손을 내미시면서 우리와 함께 거하고 계신다. 그분이 우리를 돌보신다.

쓰레기 더미 다음으로 내가 좋아하는 장소는 마푸토 시내의 거리였다. 나는 그곳에서 사람들과 기도할 때에 행복이 넘쳐났다. 내가 헬레나를 만났을 때에, 그녀는 창녀요, 불구요, 영양 공급을 제대로 받지 못한 열두 살 아이였다. 그녀는 가난으로 인하여 거리에서 몸을 팔며 생명을 유지하고 있었다. 수년 전에 그녀가 할머니 그리고 오빠들과 함께 살고 있었던 갈대로 지은 집이 전소되었다. 그녀는 매우 심한 화상을 입었고, 그녀의 한쪽 다리는 거의 타서 없어진 것처럼 보였다. 나는 그녀 다리가 끝나는 무릎 위에서 불에 탄 흔적을 볼 수 있었다. 헬레나는 불에서 살아났지만, 장애자가 되었기 때문에 할머니는 그녀가 쓸모 없다고 생각했다. 그녀는 그녀 가족에게 짐이 되었고, 가족들은 그녀를 죽이기로 결심했다. 헬레나의 오빠들은 그녀를 들로 끌고 나가서 돌로 쳐서 죽이라는 명을 받았다.

그들은 그녀를 들로 끌고 나가서 기절할 때까지 돌로 쳤다. 그들은 그녀가 죽었다고 생각했다. 그 들판을 지나가던 한 남자가 그녀를 발견했다. 그녀는 심한 상처를 입고 의식을 잃고 있었지만 생명은 붙어 있었다. 그 사람은 그 아이를 병원으로 데리고 갔다. 그러한 경우에는 정부 병원에서 무료로 치료해 주었다. 상처가 회복되는데 6개월이 걸렸다. 그녀가 병원에서 지냈던 그 6개월 동안에 아무도 그녀를 방문하지 않았다.

나는 우리가 거리에 나가서 전도를 하던 어느 날 밤에 헬레나를 만났다. 나는 그녀에게 우리 아버지 하나님의 사랑과 용서에 대해서 말해 주었다. 나는 예수님께서 그녀를 위해서 무엇을 하셨는지 말해주었다. 그녀는 내 팔에 안겨서 흐느끼기 시작했다. 그녀는 "예수님께서 나를 위해 그 일을 하셨나요? 예수님께서 나를 위해서 죽으셨나요? 그것 참으로 멋지네요. 내가 그를 알고 그를 따르고 싶어요"라고 말하였다. 헬레나는 그날밤부터 우리와 함께 살게 되었다.

하나님은 그녀의 마음속에서 깊은 치유를 행하고 계셨다. 그녀의 가족은 주술에 깊이 빠져있었다. 그녀는 악한 영으로부터 자유케 된 후 완전히 변화되었다. 그러한 엄청난 어려움과, 상처와, 조롱과, 학대를 견뎌온 이 어린 소녀가 이제는 하나님의 위대한 사랑에 푹 빠지게 되었다. 그녀는 그분에게 빚을 지게 되었다. 그녀의 즉각적인 반응은 이랬다. "하나님께서 그렇게 많은 나의 죄를 용서해 주셨습니다. 그분이 나를 자유케 하셨습니다. 나는 나의 할머니와 오빠들을 용서합니다. 나는 그들에게 가서 하나님의 사랑에 대해서 말할 것입니다."

헬레나는 생명의 위협을 무릅쓰고 자기 가족들에게 하나님의 사랑을 전하기 위해서 자신을 살해하려 했던 그들을 찾아갔다. 그녀가 세 번이나 그들을 방문했지만, 그들은 그녀를 받아들이지 않았다. 하지만, 헬레나는 포기하지 않았다. 그녀의 할머니는 여전히 우상을 섬기는 일에 깊이 관여하고 있었고, 헬레나에게 아무런 반응도 보이지 않았다. 그녀의 오빠 중 한 사람은 사라졌지만, 한 사람은 그녀의 말을 듣고 있었다. 헬레나는 매일 자기 가족을 위해서 기도하고 있다.

우리의 방문자 중 한 사람이 그녀에게 간단하지만 유용한 인공 보철을 만들어 주었다. 그것으로 인하여 그녀는 목발 없이도 혼자 설 수 있게 되었다. 긴 모잠비크식 치마를 입으면 그녀의 다리가 거의 보이지 않게 된다. 헬레나는 이제 15살이며, 우리 교회에서 가장 기름부음이 강한 중보자 중의 한 사람이 되었고, 소녀들로 구성된 찬양팀을 인도하고 있다.

어느 날 밤에 6살 때부터 거리에서 살고있었던 어네스토를 만나 우리집으로 데리고 왔다. 지금은 12살이다. 그는 여러 번 강간을 당했다. 그가 오랫동안 우리와 함께 지내 온 후, 어느 날 이상 중에 천국에 들림 받게 되었다. 그는 천사들과 함께 춤을 추었고, 천사들은 그를 그들의 어깨 위에 태웠다. 천사들은 그와 함께 계속해서 춤을 추었고, 우리에게 잘 알려진 열정적인 아프리카 찬양을 부르면서 덩실덩실 춤을 추었다. 천사들은 그를 하나님의 보좌로 데리고 가서 주님의 무릎 위에 앉혔다. 주님은 그에게 사랑스럽고 다정한 목소리로 "네가 하고 있는 것을 멈추어라. 내가 너의 고통을 알기에 이곳에 너를 데리고 왔다"라고 말해주었다. 예수님은 그에게 다른 사람들을 욕하거나 때리지 말라고 말씀했다. 예수님은 그를 목사로 사용하기 원하시며, 그를 기적을 행하는 자로 사용하시겠다고 말씀하셨다. 그가 눈먼 자들을 위해 기도할 때 그들이 치유 받을 것이다. 그는 기도에 많은 시간을 투자하며, 어느 날 그의 가족을 만날 것이라는 말을 듣기도 했다. 예수님께서 죽으실 때에 두려워하지 않았기 때문에 그도 두려워해서는 안되었다. 예수님은 "나를 잊지 마라. 그리고 내가 너를 구원했다는 것을 항상 기억하라"고 말씀하셨다.

어네스토가 아프던 어느날, 예수님께서 그에게 기도하라고 말씀하셨고, 그가 기도했을 때에 많은 천사들을 보게 되었다. 그는 온 마음을 다해 천사들과 함께 찬양했고, 천사들은 다시 그를 천국에 데려 갔다. 그는 "너는 구원받았고 치유 받았다"라는 말을 들었다. 그는 이 땅에 다시 오실 것이라고 말씀하신 예수님께로 이끌려졌다. 예수님께서 그를 치료하신 후에, 교회에 그의 이야기를 들려주라고 말씀하셨다. 예수님은 그에게 마을에 내려가서 설교를 하며, 성경 읽는 것을 잊지 마라고 말씀하셨다. 어네스토는 "명심하겠습니다"라고 말하였다.

어린이 센터가 성장하는 동안에 우리가 써온 간증들 몇몇을 여기에 싣고자 한다.

1997년 7월

마푸토의 거리에서 살던 7명의 아이들이 지난주에 우리와 함께 살게 되었다. 그들은 우리의 새 땅에 쳐진 군용 텐트 안에서 잠을 자게 되었다. 그들 중 아무도 자신들의 나이를 모르고 있었다. 남자아이들은 8살에서 10살 정도로 보였다. 그들은 수년 동안 혼자서 지내왔으며, 구걸과, 도둑질과 차를 "지켜주는 일"과 같은 일을 통하여 생존해

왔다. 오늘 그들이 주일 아침 예배시간에 간증을 하였다. 그들 각자는 예수님으로부터 나오는 영광과 은총을 반사하고 있었다. 나는 그들이 그렇게 행복해하는 모습을 보고 얼마나 기뻤는지 모른다!

룰루(Lulu)라는 한 어린 남자아이가 우리에게 말했다. "나는 예수님께서 이 가족을 나에게 주셨기 때문에 그분이 나를 사랑하신다는 것을 알아요. 그리고 예수님께서 나를 사랑하신다면, 그분은 모든 다른 사람들을 사랑하실 거예요." 17살 정도로 보이는 소녀 쉐일라는 정신 장애를 앓고 있었고, 거의 말을 할 수 없는 아이였다. 거리에 살고 있는 동안에 그녀는 우리가 어떤 식으로든 그녀를 도울 것이라는 말을 듣게 되었다. 그래서 온갖 노력을 다해 우리 사무실 문 앞까지 도착할 수 있었다. 그녀는 삐쩍 말라있었고, 누더기 옷을 입고 있었으며, 차갑고 슬픈 얼굴을 하고 있었다. 그녀는 거리에 살면서 몸을 파는 일을 혐오하고 있었다. 우리는 그녀를 우리 센터로 데리고 가겠다고 약속했고, 그녀는 우리가 갈 수 있을 때까지 인내하며 조용히 기다렸다. 우리는 그녀가 얼마나 큰 고통을 당했는지 감히 상상도 할 수 없었다. 하지만, 우리 센터에서 일주일을 보낸 오늘 그녀의 눈에는 빛이 돌았고, 웃음을 멈출 줄 몰랐다. 그녀는 이제 행복하다고 말했다. 그녀는 예수님을 사랑하고, 이제는 완전히 다른 사람이 되었다. 다른 아이들 또한 그들의 비통한 역사를 이야기하면서도 기쁨을 감추지 못했다. 그들은 우리 가족과 함께 주님 안에서 완전히 새 생명을 발견했다는 안도와 기쁨을 감추지 못했다. 그들 모두는 극도로 가난에 찌든 환경으로부터 구출되었다.

1998년 8월

많은 어린이들이 최근에 성령님에 의해 특별한 만짐을 받게 되었다. 우리 동역자들은 주님께서 어린이들의 마음에 인을 치셨으며, 그들 안에 부드러움과 사랑과 협력의 새로운 영이 생겨났다고 우리에게 말해주었다. 아이들은 서로를 위해 기도하며 그 기도를 통해 치유를 받고 있었다. 하나님은 매일매일 꿈과 이상들을 보여주시고 있다.

예수님께서 한 어린아이 폴의 꿈속에서 나타나셔서 도둑질과 비행을 멈추라고 말씀하셨다. 폴은 그 꿈으로 인하여 하룻밤에 변화되었다. 그는 다음 날 교회에서 가장 아름답고 절박한 기도를 드렸다. 그는 다른 아이들에게 죄를 떠나서 예수님을 따르라고 강력하게 촉구했다. 우리의 작은아이들을 돌보는 보모 중의 한 사람인 아멜리아는 이상 속에서 자신이 하나님의 기쁨을 듬뿍 가지고 크고 생동감 넘치는 강가에 서있는 것을 발견하였다. 과거에 가장 심한 학대와 고통을 경험한 아이들은 이제 기쁨으로 웃고 있으며, 그들을 압박했던 악한 영으로부터 자유함을 누리고 있다. 예를 들어서, 지진아이며, 거의 말도 할 수 없었으며, 강간의 결과로 임신을 했던 쉐일라는 이제 자유를 얻어 평화로운 삶을 살고 있다. 성령님을 통하여 그녀는 아름답고 기름 부음이 충만한 기도를 하고 있으며, 한번은 완벽한 포르투갈어로 주기도문을 외우기도 했다.

우리 아이들은 하나님의 직접적인 만짐을 마음으로 그리고 심지어 몸으로 느끼는 영광을 누리고 있다. 우리는 석 달 동안의 가르침 후에 29명의 다른 아이들에게 세례를 주었다. 모든 아이들은 성령 충만했고, 물에서 올라온 후 모두 다 방언으로 기도했다. 어떤 아이들은 기쁨으로 어쩔 줄을 몰라 했으며, 하이디는 이러한 하나님의 임재가 주어진 것에 대해서 감사하며 웃고 울면서 거의 서있을 수도 없었다.

그 후 하루 안에 엄청난 공격이 우리에게 가해졌다. 성령님의 임재가 강력했던 쓰레기 더미에서의 아름다운 예배 후에 빵을 나눠주러 나갔다. 그곳에서 폭동이 일어났다. 우리의 동료 선교사인 케이티는 찰과상을 입었고, 하이디는 얼굴을 얻어맞았다. 그날 후에 한 여인이 사고로 우리의 새 트럭 후미를 들이받았고, 우리 차는 심한 손상을 입게 되었다. 그날 밤 죠엘 스콘스비가 그의 아내와 아들 제프를 태우고 그 사고 난 트럭을 운전하던 중 강도들에 의해 총격을 받았다. A45 캘리버 소총이 제프를 가까스로 빗나갔다. 죠엘과 그의 가족은 우리와 함께 사역을 하기 위해 자신들의 휴가를 포기했고, 우리는 그들의 사랑의 수고와 예수님을 위해 자신들의 삶을 드리는 열정에 의해 엄청난 축복을 누리고 있었다.

공격은 계속 이어졌다. 내 트럭의 창문들이 산산조각 났고, 가방은 도둑 맞았다. 또 다른 트럭에는 불이 붙어서 위험천만했다. 우리 사업을 진행하고 있는 엔지니어의 트럭이 강탈당했다. 마차바의 책임자 제스는(브라질인)롤랜드가 몇 달 전에 그랬던 것과 같이 심각한 말라리아에 걸렸다. 나는 알려지지 않은 바이러스에 감염되어서 병원에 입원하게 되었다. 자네트 또한 폐렴으로 입원하게 되었다. 또 마차바에 거하는 300명의 아이들은 우물 펌프의 고장으로 물 공급을 받지 못하게 되었다.

우리의 매일매일 일은 실망스러운 일들과 그러한 열악한 환경으로 인한 일의 지연들로 가득 차 있다. 이러한 일들은 우리를 방문하는 팀들에게 특별히 큰 영향을 미친다. 이곳에 방문하는 많은 사람들은 자기들의 시간을 최대한으로 이용하기 위해서 빨리 그리고 온 힘을 다해서 일하기를 원한다. 그런데 이곳에서 그들은 저개발 국가들에서 일상적으로 일어나는 물품 공급과, 의시전달과 운송수단이 문제에 부딪히게 된다. 하지만, 하나님은 그들의 마음을 상하게 하신 후, 넓어지게 함으로써 세상의 어느 곳에서도 그들을 적당하게 사용하실 수 있도록 준비시키셨다. 우리는 오직 우리 안에 있는 하나님과 성령님을 원하면서 그분을 위해 우리의 삶을 불사를 때에 결코 시간 낭비를 하지 않는다. 하나님은 우리가 당하는 문제들에 의해서 조금도 방해

받지 않으신다. 우리는 오직 그분에 대한 믿음으로 극복해 나간다. 하나님은 앞에 놓여 있는 길을 알고 계시기 때문에 우리를 선히 인도하실 것이다. 우리가 그분의 성품에 참여할 때에 그분의 영광을 반사할 수 있게 되는 것이다.

1999년 1월

오늘은 세상에서 가장 가난한 나라들 중의 하나인 모잠비크의 거리에서 흔히 볼 수 있는 일상적인 날이었다. 우리 친구들은 박스 위에서 쉬고 있었다. 타고 있는 쓰레기에서 올라오는 연기와 같은 것으로 인하여 앞을 잘 볼 수가 없었다. 썩고 있는 음식이 이 곳 12월 여름의 뜨겁고 습한 공기에 냄새를 한층 더 가중시키고 있었다. 나의 거리 친구들은 나를 맞이하기 위해서 줄을 지어 섰으며, 한 명씩 다가와서는 자기들의 아픈 곳에 대해서 이야기하면서 기도해 달라고 요청했다. 짐페토의 우리 센터 안으로 이사하기 전에 거리에서 수년 동안 살았던 자카리아스와 디노가 내 옆에서 사랑과 믿음으로 함께 기도했다. 그들은 혼자서 그렇게 오랜 시간을 거리에서 보내는 것이 어떠한 것인지를 알고 있었다.

나는 지난주에 내가 기도해 주었던 사람들에 대해 물어보았다. 그들은 구석진 곳에 있는 통로들에 누워있는 사람들에게로 나를 인도해 주었다. 프랜시스코는 숨을 거칠게 몰아쉬면서 쓰레기 더미의 어두운 곳에 누워있었다. 그가 우리를 보았을 때에 그의 눈빛이 반짝반짝 했고, 그의 손을 우리에게 보여주었다. 일주일 전에는 그의 손이 마비된 상태에 있었다. 그런데 지금은 그 손을 움직일 수 있게 되었다. 그는 매우 감사해했고, 더 많은 기도를 원했다. 그의 10살 된 아들 펠리페가 그와 함께 있었는데, 그 역시도 생존을 위해 거리에서 몸부림치고 있었다. 우리는 남아프리카에서 온 또 다른 외로운 남자를 어두움 속에서 발견했는데, 그는 우리의 거리 모임에서 우리와 함께 먹고 노래하고 기도하는 일에 초대받은 것으로 인하여 기쁨을 감추지 못했다. 펠리페는 우리를 따라와서 저녁을 받아 가지고 그의 아버지에게 가져다주었다. 그는 예수님께 자기의 삶을 드린 후에 하늘에 계신 아버지께 기도 드렸다.

우리는 오늘밤 많은 사람들과 함께 이야기하며 기도했다. 우리는 우리의 거리 친구들 앞에 멈추어 서서 기다리며 그들의 이야기를 들어주었고, 그들이 이야기를 할 수 있는 장을 마련해 주었다. 마푸토에 있는 하나님의 보물들은 우리에게 그리고 그분에게 매우 소중한 것이다.

지난 주일 마누엘은 수백 명의 사람들 앞에서 일어나 자기가 본 이상을 담대하게 이야기하였다. 그는 한 마리의 비둘기가 우리 위에 내려오는 것과, 그 비둘기의 입에서 불이 내뿜어졌을 때에 우리 모두가 땅에 쓰러지는 것을 보았다. 그 때에 예수님의 목소리가 들려왔다. "많은 사람들이 아직도 나를 모르고 있으며, 구원받지 못했다. 내가 문 앞에 서서 문을 두드리고 있다. 지금이 나에게 너희들의 마음을 열 때이다. 왜냐하면 내가 곧 임할 것이기 때문이다. 마누엘아! 너는 이제 너와 함께 하는 사람들에게 가서 이 말씀을 외치거라." 그 다음에 라비아라는 아이가 자기가 본 다양한 밭들에 대해서 이야기했다. 어떤 밭은 기름져서 곡식들이 잘 익어있었는데, 또 다른 밭들은 바위로 가득 채워져서 뱀들이 기어다녔다. 쓰레기 더미에서 살고 있던 한 십대 아이는 어둡고 진흙으로 되어있는 웅덩이에 빠져 있는 자신을 보았다. 또 바로 이어서 그는 우리가 그를 그 웅덩이에서 끌어내어 밝게 빛나는 바른 길로 인도하는 것을 보았다.

이러한 계시들을 받는 젊은 남녀 아이들은 성경이나 하나님의 것들에 대해서 잘 모르는 초보 신자들이다. 그들은 성령의 비둘기나, 문

밖에 서서 두드리시는 예수님이나, 씨뿌리는 비유나, 시편에 나오는 진흙 웅덩이와 같은 것들에 관해서 전혀 모르고 있었다. 그래서 그들은 순진하게 "이러한 것들이 무엇을 의미하지요?"하고 우리에게 묻곤 한다. 그러면 우리가 그것들에 대해서 설명해 준다.

에반이라는 아이도 천사들이 그를 천국으로 데리고 가는 한 이상을 보았다. 그들은 예수님 둘레에 함께 앉아서 그를 예배하고 송축했다. 예수님은 우리 센터에 있는 친구들에게 가져갈 강력한 말씀을 그에게 주셨다. 에반은 그 예언적 메시지를 큰 소리로 담대하게 우리 친구들에게 전했다. "예수님께서 곧 오신다! 그런데 우리들 중 많은 사람들이 아직 준비되지 않았다. 우리 모두는 불 혹은 천국을 택해야 한다. 우리는 이제 도둑질이나 마약을 복용하는 것과 같은 일들을 멈추어야 한다. 우리는 준비되어야 한다! 예수님은 우리가 깨끗한 마음과 몸으로 살기 원하신다." 예수님은 또 에반에게 모잠비크로 내려가서 복음을 전파해야한다고 말씀하셨다. 지금은 그가 거리에 있는 우리 교회들의 지도자 역할을 하고 있다.

어느 주일 교회로 돌아오고 있을 때에, 토마시토라는 아이가 갑자기 "보세요, 트럭 옆에 천사들이 있어요!"라고 외쳤다. 또 다른 아이들은 모임 중에서 그리고 그들의 숙소에서 예수님을 보기도 했다. 예수님은 항상 이렇게 말씀하셨다. "나는 너희들이 생각하는 것보다 훨씬 빨리 재림할 것이다. 준비하라!"

우리는 중앙병원 근처의 거리에서 살고 있는 알델토라는 아이를 발견했다. 그는 사람들을 때리고 도둑질하는 일에 익숙해 있는 아이였다. 그러던 어느 날 그가 간질에 걸리게 되었다. 나이가 좀 든 편에 속하는 아이들 중 하나인 노베르토가 그를 설득하여 우리 센터에 오게 했다. 그리고 알델토는 우리 센터에서 진심으로 예수님을 영접하게 되었다. 그의 간질은 치유되었고, 이제는 설교자가 되기를 원하고 있다.

　9살인 어네스토는 오랫동안 거리에서 살고 있었다. 그 또한 항상 때리고 훔치는 아이였다. 그는 특별히 교회의 물건들을 훔치곤 했다. 그는 우리 거리 모임에 와서 우리를 조롱하며, 모든 사람들에게 사라지라고 말하기도 했다. 그는 벌써부터 담배를 피우고, 술을 마시며, 마약을 복용했다. 하지만, 그가 우리 센터에 와서 구원을 얻게 되었고, 이제는 우리 성경 학교에 열심히 참석하고 있으며, 또한 설교자가 되길 원하고 있다.

　집에서 살고 있었던 아마델사라는 아이를 그의 어머니가 교회에 데리고 왔다. 하지만 그는 그가 할 수 있는 모든 것을 훔쳤고, 매우 많은 문제를 일으킨 후에 도망갔다. 그 후 어느날 우리 거리 모임에 그가 참석했다. 그 때에, 예수님께서 그의 마음을 완전히 변화시키셨다. 아델리오 역시 집에서 살고 있었다. 하지만, 너무 많이 매를 맞아서 급기야는 집을 뛰쳐나왔다. 거리에서 그는 훔치는 일을 일삼았으며, 실상 그가 훔친 것들에 대해서 그의 엄마가 그에게 많은 돈을 지불해 주었다. 거리의 친구들은 그 돈을 가지고 자전거를 사라고 말해주었으나, 그는 담배와 맥주와 본드를 샀다. 거리의 그리스도인들이 우리의 거리 모임에 그를 초대했다. 그가 거기에서 예수님을 만났고, 이제는 용서를 위해 그의 엄마에게 다가갈 계획을 세우고 있다.

　아를레타의 엄마는 그녀가 아기였을 때 죽기를 원했다. 사실상, 그녀의 엄마는 사라졌고, 그녀가 성장하는 동안 그녀의 아버지 친구들이 서로 돌려가면서 그녀를 때리고 강간했다. 그들은 심지어 그녀가 토한 것을 먹도록 강요하기도 했다. 마침내 그녀는 거리로 도망 나와서 우리를 만나게 되었다. 그리고 우리를 통하여 예수님을 발견하게 되었다. 오늘날 그녀는 그녀 안에 계시는 성령님으로 인하여 빛나고 있으며, 자기 아버지를 발견하고 용서해 주었다. 그녀는 자기 어머니가 어디에 계신지를 여전히 모르고 있다.

1999년 4월

악한 영들이 이 곳에서 늘 상 그렇듯이 우리에게 싸움을 걸어온다. 우리 대부분의 아이들은 주술에 심각하게 빠져 있는 환경에서 자랐으며, 예수님을 믿는 것 때문에 집에서 쫓겨난 아이들이 꽤 있었다. 부모들은 자식들이 우리와 관련되어 있는 것으로 인하여 그들 위에 저주를 쏟아 부었고, 우리는 심지어 친척들도 다시 보기 원하지 않는 이 어린아이들을 위로하고 함께 기도해야만 했다. 악한 영들은 때로 세례 받을 때에 나타나기도 한다. 하지만, 우리가 기도할 때에 그들은 도망가며, 아이들은 자유와 기쁨으로 가득 찬 채로 물에서 나온다. 그리고 많은 경우에는 방언으로 말하면서 나온다. 지난번에는 악한 영이 한 아이를 거의 익사시킬 뻔했지만, 예수님께서 그 아이를 살리셨다.

우리 아이들은 누군가의 도움 없이도 웃고 재미있게 놀기도 한다. 이러한 것은 그들이 이전에 혼자 살 때와는 완전히 대조적인 모습이다. 그들은 일찍 일어나서 기도하며 노래한다. 그들은 항상 도울 방법을 찾으며, 항상 애정과 열의를 가지고 우리에게 달려옴으로써 예수님 안에서 어린아이와 같아야 된다는 것에 대한 좋은 모델을 우리에게 보여주고 있다. 우리는 예수님께서 우리 안에서 찾고 계시는 모든 것들에 대해서 그들이 배울 수 있도록 노력하고 있다. 예수님은 분명히 그들을 즐거워하고 계신다. 왜냐하면 매주마다, 아니 거의 매일 그들은 예수님을 만나고 천상으로 들려 올리진 꿈과 이상들을 가지고 우리에게 나아오기 때문이다. 그리고 예수님께서 그들을 만나주실 때에 그들이 변화된다. 그들은 그들의 삶으로 예수님을 섬기고, 그들의 마음속에 있는 부정한 것들을 정결케 하는 것에 대해서 매우 진지해진다. 그들은 일어서서, 처음에는 수줍어 하지만 시간이 지나면서 매우 강하고 담대하게 증언한다. 그들은 심지어 어린 나이에도 설교를 하고 있다. 그들은 "하나님의 영광을 나타내기 위해 그분에 의해 심겨진 의의 나무"라고 불려질 것이다.

지난주에 우리는 다시 그들의 간증들을 받아 적었다. 여섯살된 작은 소녀 베라는 기도하고 있는 동안에 예수님과 한 천사를 만나게 되었다. 12살인 레인하 페르난도와 같은 다른 아이들은 예수님께서 악한 살인자 사탄에게서 그들을 어떻게 구원하셨는지 생생하게 볼 수 있었다. 15살인 모이세스 시토는 일백 명의 천사들이 사다리를 오르락내리락 하면서 "하나님께 영광"이라고 찬양하는 것을 보았다. 10살인 에드가스 고브는 꿈속에서 한 큰 천사로부터 성경을 받았다. 13살인 폴로 마차바는 한 천사와 함께 노래하며 춤추고 있는 자신을 발견하였다. 종종 예수님과 천사들은 아이들이 우리로부터 배운 것과 똑같은 노래들을 아이들과 함께 부르기도 한다.

가난하고 절망적인 지역에서 사역함으로 따라오는 극도의 스트레스와 무질서에도 불구하고, 우리는 예수님께서 기뻐하시며, 우리의 연약함에도 불구하고 우리와 함께 하신다는 것을 느끼고 있다. 우리는 우리를 대신하여 많은 지역에서 행해지고 있는 아름다운 중보와 당신들의 반응에 의해, 특별히 우리의 왕이신 예수님께서 "비천한" 우리 아이들에게 직접 찾아오시는 것으로 인해서 큰 힘을 얻고 있다. 그들은 그분에게 보물이시며, 우리에게도 보물이 되었다. 그들은 하나님께 중요한 것이 무엇인시에 내해서 의미심장한 가르침을 우리에게 주고 있다.

1999년 8월

[마리아]: "나는 텐트 교회 안에 있었다. 그곳에서 매우 하얗고 광채 나는 한 빛을 보았다. 성령께서 오셔서 나를 천상으로 데리고 가셨

다. 우리는 예수님을 보러 갔다. 예수님은 매우 큰 의자에 앉아 계셨고, 나는 그의 사랑을 받고 있었다. 그 이상의 후반부에서 나는 다비딘호와 함께 해변에 갔다. 우리가 물 속에 들어갔을 때에 다비딘호가 말하고 놀고 걷기 시작했다"(다비딘호는 최근에 말라리아와 뇌수막염으로 인하여 뇌에 손상을 입은 어린아이였다. 다비딘호는 몇달 동안 뇌사 상태에 있었지만, 지금은 완벽한 건강을 회복했으며 예수님 안에서 행복한 삶을 살고 있다!)

[이사벨] "나는 기도하면서 울고 또 울었다. 나는 엄마 아이다와 패브리시오를 보았다. 한 천사가 우리를 하늘로 데리고 갔다. 나는 '예수님, 나는 죄인이예요'라고 말했다. 그는 '내 딸아, 내가 너의 모든 죄를 용서해 주었다'라고 응답하셨다. 하늘에서 돌아왔을 때에 교회는 깨끗하고 맑은 물로 가득 차 있었다. 모든 사람들이 이 물이 어디에서 왔느냐고 물었다. 나는 그것이 성령님으로부터 왔다는 것을 알고 있었다. 예수님은 이 물을 가지고 기적을 행하시기 원하신다!"

이사벨과 같은 많은 아이들이 이상 속에서 우리 땅에 강물이나 많은 물이 있어서 그 안에 들어가는 자들을 축복하고 치유하는 것을 보았다. 그것은 "어린양의 보좌로부터 흘러나오는 생명수의 강물"(계 22:1)과 "강물이 흐르는 곳마다 모든 것들이 살고"(겔 47:9)라고 기록하고 있는 하나님 말씀의 맛을 보는 정도에 불과한 것이다.

우리는 쓰레기 더미와 거리에서 절망 속에서 살아가고 있는 모든 아이들을 찾는 "보물찾기"를 하고 있다. 예수님의 창고는 결코 떨어지지 않는다. 예수님은 자기를 기쁘시게 하는 자들에게는 끊임없이 공급해 주시는 분이시다. 우리는 항상 그분의 마음속에 있는 것을 행하는데 있어서 그분과 연합할 준비가 되어있어야 한다. 우리 동역자들은 자주 나에게 불만을 품으며, 우리 모두가 계속해서 압박을 받지만, 우리는 결코 뒤로 후퇴할 수 없다. 나는 내가 받은 이상을 결코 부인할 수 없다. 그리고, 우리가 자신감을 완전히 잃은 후에 그분의 얼굴을 바라볼 때면 우리에게 항상 넉넉함이 있어왔다.

5 폭   발
Explosion

    지금 우리는 롤랜드의 할아버지께서 중국의 고아들 사이에서 보셨던 부흥의 연속을 아프리카에서 보고 있다. 그것은 지속적인 열매를 가져오지 않는 그저 순간적인 성령의 역사가 아니었다. 나와 롤랜드는 그 안에서 하나님의 마음을 보게 되었다. 우리는 그분께서 잃어버리고 잊혀진 자들에 대해 어떤 마음을 품고 계신지를 보았다. 우리는 하나님께서 자신의 일을 성취하시기 위해서 절망에 빠져서 어찌할 줄 모르는 사람들을 사용하시는 일을 얼마나 기뻐하시는 지를 보았다. 우리는 하나님께 감사할 줄 아는 겸손하고 심령이 가난한 자들에게 자신을 나타내시는 그분의 기쁨을 보았다. 우리는 부흥을 일으키시기 위해서 단순한 어린이들을 사용하시는 그분의 능력을 보았다. 이제 우리는 하나님께서 모잠비크에서 그와 똑같은 일을 하고 계시는 것을 보고 있다. 하나님께서 우리 어린이 센터에서 행하고 계신 것들이 우리로 하여금 더욱 더 부흥을 사모하게 하는 불을 붙여 주었다.

    우리는 단순히 하나님을 더욱 갈망하고 있다. 어린이들이 본 이상들이 우리에게 큰 힘을 주고있지만, 우리는 온 나라가 하나님 앞에 돌아오는 것을 보고 싶다. 롤랜드와 나는 하나님의 임재를 너무도 사모했기에 그분께서 자기의 영을 쏟아 부어주시는 모든 곳에 우리가 있기를 원했다. 미국에서 집회 인도를 위해 초대를 받을 때마다, 우리는 그 집회 장소가 토론토와 가까운지를 계산해 본다. 왜냐하면 우리는 우리의 집회를 마치고 토론토에 들르기를 원하기 때문이다. 1998년 1월에 랜디 클락이 그곳에서 사도적 기름부음과, 우리의 삶을 내려놓는 것, 그리고 하나님의 거룩한 불에 대해서 선포하고 있었다. 그는 나를 지적하면서 "하나님께서 '네가 모잠비크를 원하느냐?'라고 묻고 있다"고 말하였다. 나는 하나님의 불이 내 위에 떨어지는 것을 경험했다. 나는 너무 뜨거워서 정말 문자 그대로 타서 죽을 것만 같았다. 나는 "하나님, 죽을 것만 같아요!"라고 외쳤다. 나는 하나님께서 내 마음속에 분명하게 "좋다. 나는 네가 죽기를 원한다!"라고 하시는 말씀을 들었다. 하나님은 내가 나를 완전히 비움으로 자신의 더 많은 영을 내 안에 불어 넣어주실 수 있기를 원하셨던 것이다.

일주일 동안 나는 전혀 움직일 수 없었다. 롤랜드가 나를 들어 운반해야만 했다. 나는 화장실과, 호텔과, 집회 장소로 운반되어져야만 했다. 그분의 영광의 무게가 나를 누르고 있었다. 나는 몸이 너무 무거워서 머리도 들 수 없었다. 지나가는 사람들은 그렇게 오랫 동안 바닥에 달라붙어 있는 나를 보고 우습게 생각하는 것 같았다. 나는 의자에 앉혀지면 저절로 의자 밑으로 미끄러져 내려갔다. 나는 그야말로 완전히 무력한 사람이었다. 나는 그 일주일 동안 거의 말도 할 수 없었다. 이 거룩하고 두려운 하나님의 임재가 내 삶을 완전히 바꾸어 놓았다. 나는 그렇게 낮아지고, 그렇게 가난하고, 그렇게 무력하고, 그렇게 취약해진 적이 결코 없었다. 나는 심지어 물을 마시기 위해서도 도움이 필요했다. 그러나 그러한 일주일은 나에게 가장 거룩한 시간이었다. 나는 10년의 신학 공부를 통해 배운 것보다 그 일주일 동안에 더 많은 것을 배웠다.

하나님은 지배권을 그분에게 온전히 맡기라고 나에게 말씀하셨다. 하나님은 그리스도의 몸인 교회의 중요성에 대해서 말씀해 주셨다. 우리가 네 개의 교회를 개척하는 데 17년이 걸렸다. 그리고 그들 중 둘은 매우 약한 상태에 있었다. 내가 그의 임재 앞에 누워있는 동안에 하나님은 수백 개의 교회들이 모잠비크에 세워질 것이라고 말씀하셨다. 나는 그 약속이 성취되려면 내가 200년은 살아야 될 것이라고 생각하면서 웃었던 것을 기억한다.

하나님은 내가 예수 그리스도의 몸의 다른 부분들과 함께 일하는 것을 배울 필요가 있다는 것을 보여주셨다. 하나님은 에베소서 4장을 내 마음속에 심으셨다.

> 그러므로 주 안에서 갇힌 내가 너희를 권하노니 너희가 부르심을 입은 부름에 합당하게 행하여 모든 겸손과 온유로 하고 오래 참음으로 사랑 가운데서 서로 용납하고 평안의 매는 줄로 성령의 하나 되게 하신 것을 힘써 지키라 몸이 하나요 성령이 하나이니 이와 같이 너희가 부르심의 한 소망 안에서 부르심을 입었느니라 주도 하나이요 믿음도 하나이요 세례도 하나이요 하나님도 하나이시니 곧 만유의 아버지시라 만유 위에 계시고 만유를 통일하시고 만유 가운데 계시도다(엡 4:1-6).

나는 성급하고 경쟁적인 A형의 행동양식을 가진 사람이었기 때문에 하나님은 나를 부수어 겸손하게 만드셔야 했다. 하나님은 내 자신의 힘으로는 아무것도 할 수 없다는 무력함을 보여주셨다. 7일 동안 움직일 수 없었던 경험이 다른 사람들의 도움 없이는 아무것도 할 수 없다는 것을 내게 가르쳐 주었다. 나는 사람들이 지나가면서 내가 사지가 마비된 장애인이라고 동정을 보내는 속삭임을 여러 번 들었던 것을 기억한다. 나는 다른 사람들에게 의존하는 것을 결코 좋아하지 않았다. 나의 어머니는 심지어 내가 유치원에 다닐 때에도 내가 다른 아이들을 줄 세워서 인도했다고 말했다. 하나님은 내 안에 있는 많은 것들을 제거함으로써 그분께서 내 안에서 그리고 나를 통하여 어떤 일을 하실 수 있기를 원하셨다.

나는 교회를 개척하는 데 있어서 하나님을 의존해 왔었다고 생각했다. 하지만, 실상은 내 자신의 능력을 더 의존했었다. 그렇기 때문에 일들은 아주 천천히 움직였다. 우리가 하나님을 위해 하나님의 일을 할 수 있다고 생각하는 것은 우스운 일이다. 모든 것이 은혜이다. 하나님은 우리가 그분과 동참하는 것을 허락하신다. 그렇기 때문에 항상 부족함이 없다. 하나님은 내가 그분과 그리스도의 몸을 얼마나 필요로 하는지를 보여주셨다. 하나님은 우리가 완전히 겸손해지고 부드러워지라고 말씀하신다. 그것은 결코 우리에 관한 것이 아니다. 그것은 항상 그분에 관한 것이다. 우리는 오래 참고, 사랑 안에서 서로를 참아주고, 사랑받을 수 없는 사람들을 사랑할 수 있을 때까지 우리가 사역을 통해 만나는 모든 사람들에게 인내해야 한다.

그분만이 우리의 소망이시며, 그분이 우리의 주이시다. 우리는 믿음으로 인하여 우리의 삶을 내려놓고, 세례를 통해서 자신에 대해서 죽는다. 그리고 그리스도 안에서 새로운 피조물이 된다. 하나님은 우리 각자에게 그분이 주시는 은혜와 자비 안에서 걸으라고 명하시고 있다. 하나님은 섬기는 일을 위해 우리를 준비시키시고 있다. 우리는 그분이 보는 것을 보고 있는가? 우리는 그분이 느끼고 있는 것을 느끼고 있는가? 우리는 잃어버린 자들을 향한 그분의 외침 소리를 들을 수 있는가? 이것이 심령의 가난함이다. 하나님은 심령이 가난해지길 원하신다. 우리의 심령이 가난해질 때에, 우리는 더 이상 경쟁하지 않게 된다. 우리는 더 이상 지위를 놓고 다투지 않는다. 우리가 알려지거나 인정 받고자하는 욕구를 갖고 있지 않을 때에는 다른 사람들이 관심을 가져주지 않는 것에 의해서도 상처를 받지 않게 된다. 우리는 사역을 성취함으로서 그 안에서 어떤 만족을 찾으려 하지 않는다. 그러면 우리는 우리 자신들보다 다른 사람들을 더 위에 두면서 일치 속에서 함께 일할 수 있게 될 것이다. 우리의 유일한 욕구는 우리 주님의 겸손한 종이 되어 그를 사랑하는 삶을 사는 것이다.

그러한 변화의 경험 후에 내 사역의 모든 것이 변하였다. 하나님은 나로 하여금 그분을 온전히 의존하게 만드셨다. 내가 모잠비크로 돌아왔을 때에, 나는 사람들을 사역의 현장으로 내보내기 시작했다. 나는 심지어 8살 밖에 안되는 어린아이들 안에서도 잠재적인 사역자들의 모습을 인식하기 시작했다. 나는 통제권을 포기하고 책임을 위임하기 시작했다. 하나님은 우리를 돕기 위해서 세계 여러 곳으로부터 선교사들을 불러오기 시작하셨다. 젊은 남녀 종들이 모잠비크 전역으로부터 사역을 위해 부름을 받기 시작했다. 나는 내가 다른 사람들로 하여금 하나님 안에서 그들의 잠재력을 발휘할 수 있도록 놓아주는 것이 중요하다는 것을 발견했다. 내가 작아지고 그분이 커짐으로써 사역은 깜짝 놀랄만한 속도로 성장하게 되었다.

1997년에 우리는 마푸토의 북쪽에 위치한 짐페토에 새로운 부지를 구입했다. 그 땅은 전기가 닿는 큰 도로 상에 있었고, 우리는 마차바보다 그곳을 더 잘 개발할 수 있었다. 우리는 믿음으로 대지 설계를 하였고, 하와이에서 온 건설팀이 우리의 첫 집짓는 일을 도와주었다. 우리는 1998년 초에 가장 어린아이들을 마차바로부터 이곳으로 옮겼고, 계속해서 더 많은 숙소들을 짓고 있었다. 그 다음에는 교실들과, 직원들과 방문객들이 묵을 수 있는 숙소들을 지었다. 현재 두 센터를 가지고 있는 우리는 심지어 더 많은 아이들을 돌볼 수 있게 되었고, 더 좋은 행정기지를 갖출 수 있게 되었다.

우리는 우리의 큰 텐트를 마차바로부터 짐페토로 옮겨 놓았다. 성령의 불이 우리 모임에 떨어졌다. 짐페토에서의 하나님의 임재를 경험하기 위해서 영적으로 배고파하는 자들이 우리의 예배와 사역에 참여하기 위해서 북쪽에서 내려왔다. 거리들과 쓰레기 더미 위에서 사는 어린이들과 십대 아이들은 우리의 주말 텐트 모임에 타고 올 운송 수단을 얻기 위해서 그들이 할 수 있는 모든 것을 했다. 사실상 이 곳에 오는 모든 아이들이-일주일에 백 명 정도 된다-그들의 삶을 주님께 드렸다. 그들은 그들이 항상 필요로 했고 원했던 분이 바로 예수님이라는 것을 발견하고는 먼지 속에서 그리고 태양열 아래에서도 온 힘을 다해 그분을 찾으려했다. 여기에 그 당시에 쓴 글이 있다.

우리는 너무 많이 사용해서 더러워지고 찢어진 큰 텐트 안에서 모임을 갖고 있다. 우리는 낡은 군용 벤치를 의자로 사용하고 있다. 그것들 중 대부분은 부러지고 굽어지고 녹이 슬었다. 바람과 비가 오갔다. 우리가 노래하며 춤을 추는 동안에 먼지 구름이 자욱하게 꼈다. 우리는 땀으로 흠뻑 젖었다. 밤중에는 한 두 개의 형광 튜브에서 나오는 빛을 통하여 희미하게 볼 수 있을 뿐이다. 하지만 예수님은 여기에 있고 싶어하신다. 무엇보다도 우리는 그분 앞에서 회개하고, 그분의 아름다움을 보며, 그분으로 하여금 우리가 그분을 사랑하며 그분만을 원하고 있다는 느낌을 드리고 싶다. 우리는 하나님께서 우리의 간소한 예배당-이 곳에서 우리에게 귀한 것은 오직 성령님이시다-으로부터 올라가는 예배의 향기를 흠향하시기 원한다.

또 하나의 글이 있다.

우리는 짐페토의 동틀 무렵에 우리가 알고 있는 가장 청명한 소리를 들을 수 있다. 그것은 바로 온 마음을 다해 우리 아이들이 예수님께 드리는 간단한 찬양이다. 우리와 함께 있는 그들은 여전히 가난 속에서 살고 있다. 갈아입을 옷은 한 벌이나 두 벌밖에 없으며, 소유물이라고는 전혀 없다. 그들은 손가락을 사용하여 음식을 먹는다. 그들은 흙 속에서 논다. 그들의 학교는 이엉으로 엮어진 지붕을 하고 있는 오두막이다. 그들은 서로를 사랑한다. 그들은 미소짓고, 웃으며, 기뻐서 뛰기도 한다. 그들은 천국을 향해 나아가고 있으며, 그들도 그것을 알고 있다. 그들은 예수님 안에서 평안과 사랑을 느끼고 있다. 그렇기 때문에 그들은 이 세상에서 가장 부한 자들이 되었다.

롤랜드와 나는 하나님의 나라가 이와 같이 우리 앞에 펼쳐지기를 위해 20년 동안 기도해왔다. 예수님은 이 아이들에게 자신을 드러내셨다. 그들은 이상 중에서 천사들과 함께 춤을 추며, 왕의 보좌에 이끌리기도 했다. 그들은 모잠비크를 위해 중보하고 있다. 그들은 깡패들 앞에서 그리고 정부의 관료들 앞에서도 담대하게 증언한다. 지구상에서 가장 가난한 나라를 위한 하나님의 해결책을 위해 가장 중요한 열쇠가 바로 이들이다.

하나님은 우리와 함께 하고 계시며, 우리의 아이들을 통해 모잠비크 정부라는 가장 높은 수준에 영향을 미치기 시작하고 있다. 고위 관리들이 우리의 계발 사업과 지원 프로그램을 보았다. 그리고, 우리 센터를 방문했을 때에 어떤 종류의 도움도 받을 수 없을 것 같은 이 가장 작은 자들에게 쏟아 부어지는 하나님의 사랑을 보고 그들이 눈물을 흘리게 되었다. 우리는 우리가 정부 부서들로부터 기대했던 차가운 무관심이나 적대감 대신에, 심지어 대통령의 사무실로부터도 협조해주겠다는 제안을 받게 되었다.

지역 교회들과 목사님들도 이 어린이 센터에 의해서 감동을 받고 있다. 그들은 하나님의 사랑과 자비가 "실제로 드러나는 것"을 보았다. 거기에서의 사역을 통하여 우리는 부흥을 일으키고자 하는 불이 붙어 있는 복음 전도자들과 또 다른 지도자들과 접촉하게 되었다. 우리는 모잠비크의 놀라운 복음 전도자 수프레사 시트홀을 만났다. 그의 아버지는 마법사였다. 하나님은 육성을 통하여 악한 영들이 우글거리는 집에서 그를 불러내셨다. 그리고, 잦은 이상과 계시를 통하여 그가 모잠비크의 중부 지역에 교회들을 개척하고 인도할 때까지 수년 동안의 어려운 시간들을 통과하게 하셨다. 수프레사를 통하여 세워진 90개의 교회들이 1998년에 우리의 사역에 연합하여 우리의 지도와 감독을 받을 수 있는지 요청해왔다. 우리는 우리 교회들을 포르투갈 말로 "추수 안에 있는 공동체"(Comunhao na Colheita)라는 이름으로 정부에 등록하고 있었으며, 그러한 움직임을 우리가 어떻게 받아들여야 하는지 알기 위해서 주님께 간구 했다.

그해에 롤랜드는 한 전도 여행에서 아프리카의 오지에 위치해 있는 많은 시골 교회들을 방문하기 위해서 수천 마일을 여행했다. 그와 수프레사는 4륜 구동 트럭을 이용하여 좋지 않은 길을 하루에 몇 시간씩 운전했고, 끝없는 길을 걸어서 여행했으며, 심지어 악어들이 들끓는 강을 건너서 믿음으로 부요해진 가난한 마을 사람들에게 복음을 전했다. 성령님은 이 나라 인구의 70퍼센트가 살고 있으며, 전통적인 도시의 교회들이 가기를 원하시 않는 모짐비크의 외곽지역으로 옮겨가셨다.

나는 그 직후에 북쪽으로 가서 베리라는 도시에서 목사님들을 위한 첫 집회를 인도했다. 나는 훈련을 거의 받지 못한 이 단순한 목사님들에게 예언과 권면을 하면서 온 힘을 다해 설교하였다. 성령님께서 그들 위에 임하셨다. 그들은 보통 정부를 두려워하고 있었지만, 남쪽 치항고에서 우리가 겪은 고난들 후에 정부에 의해서 우리에게 주어진 호의를 보고 깜짝 놀라했다. 그들은 충분한 가르침을 받을 수 없었기에, 우리가 그들을 방문해주길 갈망하고 있었다.

우리는 이 나라의 목사님들을 준비시키기 위해 짐페토에서 성경학교를 시작하였다. 우리는 단지 우리 숙소의 중심 지역에 학교 책상들을 갖다 놓았다. 우리 교실은 더웠고, 사람들로 가득 찼으며, 항상 깨끗하거나 상쾌하지도 않았지만, 하늘문이 열렸다. 어떤 어려움도 그들이 하나님의 것들을 배우는 일에 방해가 될 수 없었다. 많은 사람들이 그들의 아내와 자녀들을 빈약하고 불안정한 상태에 둔 채로 이 곳에 와야했다. 하지만, 그들은 모든 염려들을 주님께 맡겼고, 엄청난 영적 배고픔을 가지고 이 곳에 왔다. 그들은 한번에 석 달씩 머물렀고, 3년 동안 일년에 한 번씩 올 계획을 가지고 있었다. 첫 모임에는 단지 12명의 목사님들만 참석했지만, 그 후로 50명, 90명, 120명 그리고 그 이상으로 증가했다. 그들은 아침 4시에 일어나서 기도하고 몇 시간씩 큰 소리로 찬양했다. 그들은 우리의 모든 모임에 참석했다. 그들은 우리가 그들에게 가르치는 모든 것을 소화했다. 그들은 열정으로 불타올랐다. 그들이 자신들의 마을로 되돌아갔을 때에, 어떤 것도 그들이 가지고 있는 성령의 불길을 다른 마을들로 옮기는 것을 막을 수 없었다.

레고 목사님은 이러한 목사님들 중의 한사람으로서, 소팔라 지역의 베이라 외곽에 위치한 돈도에서 사역을 하고 있었다. 그는 가난과 배고픔에 익숙해 있었다. 그는 하나님 나라를 위해 열심히 일하면서 물질적인 보상에는 관심도 없이 풀과 흙으로 지어진 집에서 살고 있었다. 그의 유일한 관심은 잃어버린 자들이 예수님께 돌아오는 것을 보는 것이었다. 그는 자기 자신의 한계를 잘 아는 사람이었다.

우리 모임들 중의 하나가 끝날 무렵에 나는 레고와 또 다른 목사님 조니에게 그들이 죽은 자들을 살릴 것이라는 예언을 해 주었다. 나는 그들에게 그들이 발견하는 모든 죽은 사람들을 위해 기도하기 시작하라고 권면했다.
  레고 목사님은 그 말에 순종했다. 그는 주님을 섬기는 일을 위해 자신의 삶을 온전히 바친 사람이었다. 당신은 그의 이야기를 듣는 동안에 하나님에 대한 그의 열정을 그의 눈 속에서 볼 수 있을 것이다.

  우리 나라는 이제 직업을 찾을 수 없는 그러한 상황에 놓여있다. 많은 사람들이 병원이나 어떤 다른 곳에 갈만한 형편이 안 된다. 그들에게는 의사를 만날만한 돈이 없다. 내 교회는 새롭게 시작하는 힘든 교회이다. 나는 우리집에서 교회를 시작했다. 사람들은 아무도 우리 교회에 오지 않을 것이며, 대신에 더 아름다운 교회에 갈 것이라는 말을 자주 들었다. 하나님은 나에게 한 이상을 보여주시면서 말씀하셨다. "이 일을 해라. 그러면 내가 네 교회에 사람들을 보내줄 것이다."
  나는 성경을 펴고, 그곳에 쓰여있는 대로했다. 교회에서 기적이 일어날 때에 많은 사람들이 몰려올 것이다. 당신이 기적을 행할 때에 사람들은 "우리가 성경 시대에 살고 있다"라고 말할 것이다. 나는 사람들에게 그들이 왜 치유 받았는지 말해준다. 그것은 하나님께서 살아계시다는 증거이다. 그러면 그들은 가서 다른 사람들에게 증거할 것이다.
  내가 나의 교회에서 첫 기적을 보았을 때에, 정말 많은 사람들이 몰려왔다. 어떤 어머니가 죽음에서 부활했을 때, 나는 내 사역에 엄청난 힘이 더해지는 것을 느꼈다. 그리고 매일 매일 아픈 사람들이 몰려와서 치유를 받았다. 그리고 가서 다른 사람들에게 전했다.
  한 선교사가 우리 교회 바로 옆에 교회를 세웠으나, 아무도 그 교회를 가지 않았기에 떠나야 했다. 그는 마하야(mahaya - 옥수수 가루로 만들어졌으며 모잠비크 사람들이 좋아하는 음료수)를 만들었으며, 그가 제공하는 것들로 많은 사람들을 불러모을 수 있을 것이라고 희망하면서 음식도 만들어 주었다. 하지만, 사람들은 기적이 일어나는 교회로 몰려들었다.

우리는 사람들에게 매력을 주기 위해서 그들에게 줄만한 어떤 것도 갖고 있지 않다. 하지만, 우리는 그 선교사가 줄 수 있는 것보다 더 많은 것들이 일어나는 것을 보았다. 사람들은 음식과 음료수를 마다하고 우리 교회로 몰려들었다. 그리고 치유를 받았다. 그래서 우리 교회는 급속히 성장하고 있다. 우리는 성경이 가르쳐 주는 방법대로 살아가고 있다.

선지자라고 부르는 사람들이 있는 교회들이 있으나, 그들은 우리가 하는 방식과 매우 다르게 행한다. 그들은 치유 받기 위해서는 바다로부터 물이나 우유를 얻어야 한다고 사람들에게 말한다. 우리는 단지 성경을 열고, 예수님께서 행하신 것에 대해서 말하고, 또한 우리도 그것을 행한다. 제자들도 그렇게 했다. 그리고, 우리는 병든 자들을 위해 기도한다. 그러면 모든 악한 영들이 떠나간다. 사람들은 하나님의 능력을 받기 때문에 우리 교회에 더 오고 싶어한다.

최근에 나는 우리 교회의 몇몇 형제들과 함께 있었다. 우리는 하나님께서 우리에게 물도 음식도 먹지 않고 기도하며 금식하라고 말씀하시는 것을 느꼈다. 금식 이틀 째 저녁에 어떤 사람이 나의 집을 찾아왔다. 나의 집은 교회 바로 옆에 있었기 때문에 우리는 그와 교회에서 이야기를 나누었다. 그의 이름은 아멜리아였고, 교구의 비서직을 맡고 있는 분이었다. 그는 그의 아내가 죽었다고 말했다. 나는 나의 아내와 다른 사람들에게 내일 일을 위해 준비하라고 말한 후에 그와 함께 그의 집으로 갔다.

우리가 그 집에 도착했을 때에 모든 사람들이 울고 있었다. 나는 안으로 들어갔다. 그의 아내의 얼굴은 이미 덮여져 있었다. 갑자기 나는 무엇이 나를 만지는 것을 느꼈다. 나는 "하나님! 지금 나에게 기적을 일으킬 수 있는 능력을 주옵소서"라고 기도했다. 나는 베드로가 기적을 행했던 것을 기억했다. 우리가 이것을 할 수 없다고 말하는 사람이 누구인가? 나는 일어섰고, 커다란 힘과 능력이 내 안에 들어오는 것을 느끼기 시작했다.

나는 모든 사람들에게 조용히 하라고 말하면서, 죽은 이 여인이 그리스도인이기 때문에 더 이상 울지 말라고 했다. 우리는 우리의 죄를 용서해 달라고 주님께 요청할 필요가 있었다. 아무도 조용히 하려 하지 않았다. 나는 다시 이제 제발 조용히 해달라고 요청했다. 그들은 계속 울고 슬퍼하기를 원했지만, 결국 그곳이 조용해졌다.

우리는 주님을 찬양하며 예배했다. 그 때 나의 친구이자 우리 상담자들 중의 한 사람인 프란치스코가 또한 하나님의 능력을 느끼기 시작했다.

내가 이 죽은 여인의 옆에 다가갔다. 나는 그녀의 얼굴을 덮었던 보자기를 걷은 후 기도하기 시작했다. 나는 한 시간 이상을 기도했다. 그녀는 매우 차가웠다. 두 시간 째 되었을 때에 나는 그녀 안에 온기가 있는 것을 느끼게 되었다. 나는 그녀의 몸이 따뜻해지는 것을 느낄 수 있었다. 나는 그녀의 발끝까지 만지면서 기도했다. 내 손이 그녀의 발에 이르렀을 때에, 발바닥은 아직도 차가웠다.

나는 그녀를 들어 올렸다. 그러자 그녀가 눈을 떴다. 그녀는 계속해서 토하기 시작했다. 그녀는 하얀 가래를 내 뱉었고, 하얗고 노란 것들을 도해내기도 했다.

나는 한 여인에게 "여기에 앉아서 이 여인을 붙잡아 주라"고 말했다. 그리고 계속해서 기도하자고 말했다. 그녀의 다리가 따뜻해지기 시작했다. 우리는 계속해서 기도했다. 세 시간 째가 되었을 때에 그녀의 온 몸에 온기와 움직임이 있었다. 그녀가 살아난 것이다.

거기에는 많은 혼동들이 있었다. 어떠한 걱정들이 내게 몰려오기 시작했고, 나는 교회를 위해 힘을 갖게 해달라고 기도했다. 하나님은 그의 영광을 보여주기 원했고, 나는 그가 그의 영광을 보여준 후에 그녀를 다시 데려가지는 않을까 하는 걱정이 들었다.

그녀는 말할 수 없었다. 우리 교회에 나오는 어린 소녀가 "나의 엄마는 교회에 가야만해요. 엄마가 만약에 병원에 간다면 살지 못할 거예요"라고 말하였다. 아무도 입을 열지 않았다. 사람들은 하나님께서 그 아이의 입에 말씀을 주셨다는 것을 알고 있었다. 그래서 우리는 그녀를 교회로 데리고 갔다. 그날은 토요일이었다. 우리는 온 밤을 기도하며 보냈다. 그리고 그녀가 말하기 시작했다.

그녀가 죽음으로부터 부활했다는 것을 알지 못한 이웃들과 친구들은 그녀가 죽었기 때문에 직장에 가서 말한 후 집에 돌아왔다. 하지만, 그들이 돌아왔을 때에 죽은 시체가 없었다. 그들은 그녀가 교회에 있다는 소리를 듣고는 "왜? 그녀가 살아 났나요?"하고 물었다. "예! 그녀가 살아났습니다!"

그래서 그들 모두가 교회로 몰려왔다. 그녀의 남편은 즉시 주님을 영접했다. 주일 예배 후에 모든 사람들이 이 여인을 집으로 데려다 주었다. 이제 우리 교회는 차고 넘치는 교회가 되었다. 이것이 우리 교회를 성장시키는데 도움이 된 놀라운 기적이었다. 그녀는 에이즈로 인하여 죽었었다. 병원에서는 그녀가 에이즈에 걸렸기 때문에 받아주지 않았었다. 하지만, 그녀는 부활했다. 내가 어제 전화를 해 보았다. 그녀는 아직도 살아있다! 그녀의 다섯 자녀와 모든 친척과 가족들이 우리 교회에 나오고 있다.

하나님은 죠니 목사님을 통해서 또한 죽은 자를 일으키셨다. 그분의 교회는 치모이오 근처로서, 짐바브웨로 가는 고속도로의 북쪽에 위치해 있다. 어느 날 밤, 북쪽에서 섬기고 있는 우리의 동료 선교사들 중의 한 분인 타네켄과 내가 죠니 목사님의 흙과 이엉으로 만들어진 초라한 교회에서 사역을 하고 있었다. 여섯 자녀를 두고 있는 로사라 불리는 한 여인이 나를 보며 흥분하여 말하였다. 그녀는 "당신이 내가 꿈속에서 본 바로 그분이에요"하고 외쳤다. 그녀는 몸을 흔들고 소리치면서 자기 이야기를 쏟아내었다. 그녀는 콜레라로 인하여 심하게 앓고 있었다. 그리고 그녀는 죽어가고 있는 동안에 한 이상 속에서 나와 죠니 목사님을 보았다. 그녀는 남편에게 "내가 죽으면 죠니 목사님을 불러와 주세요"하고 부탁하였다.

오전 10시경에 정말로 그녀가 죽었다. 그녀의 남편이 죠니 목사님을 찾으러 갔다. 죠니 목사님은 무척 피곤했지만, 그럼에도 남편과 함께 왔다. 그는 로사의 가족들이 서서 울고 있을 때에도 몇 시간 동안 찬양하며 예배하며 기도했다. 새벽이 되었을 때에, 로사가 움직이기 시작했고, 그 다음에는 기기 시작했다. 마침내는 일어나서 밥을 먹기도 했다. 그녀는 "나는 천국에 가서 큰 문을 보았습니다. 하지만, 나는 아직 그 문으로 들어갈 수 없다는 한 목소리를 들었습니다. 아직 내 때가 아니었기 때문에 다시 돌아와야만 했습니다"라고 말하였다. 이제 로사는 예배자가 되었고, 예수님을 위한 열정으로 가득 찬 사람이 되었다. 그리고 죠니는 마푸토에 있었던 목사님들을 위한 집회에 내려와서 확신과 열정을 가지고 이 이야기를 들려주었다.

다른 사람들도 또한 죽음에서 일으켜졌다. 내 생전 처음으로 동공이 완전히 하얗고 완전히 죽은 눈이 색깔이 변하면서 완전히 정상적인 건강한 눈으로 바뀌는 것을 보았다. 우리는 하나님의 말씀을 분명하게 선포하기 위해서 최선을 다한다. 기적과 이사들이 따르면서 아프리카 오지에서 잊혀져서 잃어버린 채 살아가던 사람들이 교회에 더해지고 있다. 1999년이 끝날 무렵까지 우리는 구석진 오지들에 200개의 교회를 개척했고, 내년에는 400개의 교회들이 세워질 것이라는 이상을 보았다. 거리의 아이들을 위한 먼지투성이의 평범한 작은 센터가 온 나라의 부흥을 위한 센터가 되었다.

  그 당시에는 하나님께서 다음에는 무엇을 허락하실 지에 대해 상상할 수도 없었다. 모잠비크는 인류 역사상 가장 최악의 홍수로 인하여 무릎을 꿇게 되었다. 하나님의 사랑을 가지고 홍수로 인한 피해자들을 도우면서 우리는 우리의 예언적 식견과 기대를 훨씬 능가하는 하나님의 역사를 위해 부르짖었다. 그 후로 이 가난한 나라의 사람들이 구원자를 향해 파도처럼 밀려왔다. 이것은 지금 생각해도 감격스러운 일이 아닐 수 없다.

6
모잠비크의 홍수
Floods in Mozambique

2000년 2월에 홍수가 일어났다. 비가 수일 동안 짐페토의 양철과 석면 지붕을 세게 내려쳤다. 밤새도록 천둥이 쳤다. 비로 인한 급류들이 우리 대지에 깊은 골짜기를 만들었다. 방들에는 물이 가득 찼고, 이곳저곳이 새었으며, 전기도 나갔다.

그 때에 우리는 나이가 좀 든 편에 속하는 200명의 어린이들이 거주하고 있는 마차바 센터로부터 전화를 받았다. 그곳은 우리 센터로부터 약 30분 정도 떨어진 곳에 위치해 있다. 우리 땅이 완전히 물에 잠겼고, 모든 사람들이 피난해야 했다. 그곳의 책임자들로 수고하는 제시와 라켈은 홍수로 인한 물과, 진흙과 침전물로 넘쳐나며, 때로 허리와 어깨 정도의 높이까지 물이 차는 도로 아래로 아이들을 인도해 내었다.

그들은 우리가 가능한 한 많은 트럭과 구조 장비들을 가지고 그들에게 가는 동안 몇 시간을 걸어야 했다. 주요 도로가 차단되었다. 콘크리트가 씻겨 내려가서, 사나운 급류를 일으키게 되었다. 당분간은 그들에게 갈 수 없을 것처럼 보였다. 하지만, 마침내 지역 인도자들의 도움을 얻어서 그곳에 가는 우회도로를 찾게 되었다. 우리는 4륜 구동의 트럭에 몸을 싣고, 차가 지나가기에 가능한 깊이의 물을 가로지르며 나아가다가 물에 흠뻑 젖은 어린아이들을 만날 수 있었다. 그들은 등에 짊어진 그들의 옷 외에는 아무 것도 들고 있지 않았다.

  그러는 동안에, 우리 주위에 있던 지역 주민들은 자기들의 오두막집들이 휩쓸려 내려가는 것을 보았다. 그들은 가방들과, 의자들과, 그들이 옮길 수 있는 모든 것들을 가지고 어디로 가야할 지 모른 채 큰 도로로 옮겨갔다. 비상 구조대의 신호나, 헬기의 소리도 없었고, 경찰들도 보이지 않았으며, 우리가 아는 한 어떤 도움의 손길도 없었다. 우리는 무방비의 가난한 얼굴들을 바라보고만 있을 뿐이었다.

  우리는 우리의 왕이신 하나님의 인도를 받아야 했다. 환란이 우리에게 임했고, 우리는 "주님! 당신의 길을 보이소서. 당신의 길을 보이소서. 우리에게 이 사람들을 위해 무엇인가 할 수 있는 길을 열어 주옵소서! 이 무력한 사람들을 도와주소서!"라고 외쳤다.

● 지옥으로부터 온 홍수(A Flood from Hell) ●

  모잠비크는 갑자기 하나님의 영광을 나타낼 수 없을 것만 같은 장소가 되어버렸다. 이 홍수는 모잠비크에 50년만에 임한 최악의 것이었다. 일년 강수량의 3분의 2가 3일만에 다 내려버리면서, 그렇지 않아도 비참할 정도로 가난한 이 나라의 약 50만 채의 집을 초토와 시켰다. 이 나라의 수도인 마푸토에만도 십만 명 이상의 사람들이 모든 것을 잃었다. 이 나라의 모든 작물들이 물에 잠겼다. 우리 근처에 있는 수만평의 농장이 물에 잠겼다. 음식의 공급량이 급격히 줄었고, 가격은 급등했다. 물이 오염되었다. 이 나라의 모든 사람들이 현저한 기근과 전염병에 의해 위협을 받고 있었다.

　정맥과 같은 수송 시설들이 끊겼다. 거리와 재산들이 심한 타격을 입었다. 온 주위가 정체된 물과 하수 오물들로 인하여 심한 악취를 풍기고 있었다. 모기들이 창궐하게 되었고, 말라리아의 발병률이 급증하였다. 정화시설 공장에도 물이 넘쳐 나서 가동될 수 없었다. 마푸토의 중앙 병원에는 환자들로 가득 찼지만, 의약품이 전혀 없었다. 세계 보건기구는 거의 백만 명에 이르는 사람들이 콜레라와 수막염에 전염될 위기에 처해있다고 경고했다.

　신문들은 이 나라의 계발이 수년 전으로 후퇴하게 되었다고 보도했다. 이 나라의 빈약한 기본적 시설들이 황폐화되었다. 마침내 경제적인 성장을 이루었던 마푸토 근처에 있는 주요 산업 공장들도 문을 닫아야 했다. 게다가 인도양으로부터 다가오는 새로운 태풍으로 인하여 더 많은 양의 비가 계속해서 쏟아지고 있었다.

　마푸토에는 단지 몇 개의 주요 도로만 있었는데, 그들 중 몇 개는 깊은 협곡이 되어버려서 수년 동안 사용되어질 수 없게 되었다. 우리는 도시에 이르기 위해서 그리고 이 센터에서 저 센터로 가기 위해서 훨씬 먼 우회도로를 사용하기 시작했다. 우리 주위에서 집과 재산을 잃은 수천 명의 사람들은 학교들과, 공장들과, 창고들, 그리고 가능한 모든 곳으로 피난해갔다. 그러한 시설들은 보통 아무것도 갖추고 있지 않았으며, 또 폐허가 되어 있었다. 그들은 나무 상자들과 물통 옆에 그리고 자신들이 가져올 수 있었던 다른 모든 것들 옆에 둘러앉았다. 우리는 몇몇 국제 지원단체들의 트럭들과 인력들을 볼 수 있었지만, 피난민들은 먹을 것이 없어 배고파했고, 무엇을 해야할지 모르고 있었다. 대부분의 사람들이 의사들의 치료를 받아야 했다.

　우리가 살면서 새로운 숙소들을 짓고 있었던 짐페토 부지도 급류에 의해서 침식되었지만, 그리 심한 정도는 아니었다. 하지만 더 큰 마차바 센터는 아주 심한 손상을 입었다. 우리 교회 건물의 창문까지 물이 차 올랐다. 갈대로 만든 우리 오두막집들이 물위에 둥둥 떠다녔다. 방들은 진흙들과 떠내려온 쓰레기들로 엉망진창이 되었다. 벌레들과 모기들이 공중에서 판을 치고 있었고, 물 또한 여러 벌레들로 가득 차 있었다. 지역주민들은 우리의 소중한 우물에서 나는 물을 얻기 위해서 줄을 지었다.

나는 땅을 지키기 위하여 그곳에 남아있는 사람들과, 그 마을에 살고 있는 우리 이웃들에게로 운전해 갔다. 홍수 후 약 일주일이 지나서 물이 줄기는 했지만, 아직도 내 4륜 구동 트럭이 물에 잠길 정도로 물이 남아 있었다. 내 트럭의 앞부분이 물에 잠기게 되었으며, 엔진도 물에 젖으면서 공기 흡입구가 막히게 되었다. 하지만 간신히 엄청난 연기를 품어 내면서, 그리고 물에 거품을 만들어 내면서 엔진이 다시 살아났다. 문들을 통하여 물들이 들어와 내 트럭 안을 가득 채웠다.

어쨌든 마침내 그곳에 도착할 수 있었다. 나는 "어떤 것도 우리를 하나님의 사랑에서 끊을 수 없다"는 로마서 8장의 말씀을 가지고 설교했다. 우리 어린 고아들과, 우리의 직원들, 그리고 심지어 그곳을 방문한 마을 여인들의 믿음을 보는 것은 참으로 기쁜 일이었다. 그들은 고지대의 나무 아래에 앉아서 온 마음을 다해 기도하며 찬양했다. 나는 이 사람들처럼 이 온 나라가 하나님을 신뢰하고 그의 구원을 맛보기를 소망한다. 우리 성경 학교의 직원들과 목사님들은 매일 다른 여러 피난민 장소를 방문해서, 빵을 나누어주고, 설교하며 할 수 있는 모든 사람들과 함께 기도했다. 모든 사람들이 귀를 기울였다. 그들은 단지 빵을 위해서 뿐만 아니라, 전도지를 위해서도 긴 줄을 지어 서있었다. 그들은 기도해달라고 외쳤다. 심지어 경찰들도 우리의 나누는 일을 돕기 위해 팔을 걷어 부쳤다. 우리는 매일마다 집을 잃은 자들이 모여있는 장소들에 5천명의 사람들을 먹일 빵을 나르고 있었다. 그들 대부분의 사람들에게는 이 빵이 그들이 받을 수 있는 유일한 음식이었다.

이 일을 위해 가장 열심을 내는 우리 두 목사님들인 레고와 죠니가 – 그들의 사역 속에서 죽은 자들이 살아나는 것을 본 두 사람이라는 것이– 나에게는 특별했다. 그들은 지칠 줄 몰랐으며, 각 피난민 장소에서 사랑과 열정을 가지고 기도했다. 그들은 죽음조차도 우리의 주님이며 구원자이신 예수님께는 불가능한 것이 아니라는 것을 알고 있는 특별한 사람들이었다.

● 진흙탕과 빗속에서 이루어지는 천국 ●
(Heaven in the dirt and rain)

그러한 비상 사태 속에서도 짐페토에서의 우리의 삶은 예수님 안에서 지속되었다. 나는 매일 늦은 시간에 나의 사무실로부터 어린이들의 목소리가 밤의 공기를 따라 흐르는 것을 들을 수 있었다. 예수님을 마음껏 큰 목소리로 찬양하는 그들은 전혀 방해를 받고 있는 것 같지 않았다. 우리의 텐트가 무너져 내려서 젖은 땅에 가라앉았기 때문에 우리는 예배를 위해 임시적으로 식당에 모였다. 따라서, 식당 안의 사방이 아이들이 가지고 들어온 물과 진흙으로 덮이게 되었다. 벌레들이 우리 머리카락 안으로 기어들어 왔다. 우리는 매우 더웠고, 땀으로 흠뻑 젖게 되었다. 전기가 나갔을 때에, 우리는 발전기의 굉음소리에도 불구하고 예배를 멈추지 않았다. 아이들은 폭풍에도 불구하고 하나님 앞에서 춤을 추었다. 그들은 하나님을 구하기 위해서 무릎을 꿇고 머리를 숙였다. 아이들을 바라보고 있을 때에, 우리는 하나님께서 우리가 상상할 수 있는 가장 열악한 환경 속에서 바로 우리 눈앞에 있는 이들 안에 그 분의 거처를 정하기로 선택했다는 것을 깨닫게 되었다.

우리는 우리 센터에 거하는 모잠비크 직원들과 일꾼들과 학생들을 포함하는 약 700명의 사람들을 매일 돌보고 있었다. 그리고 매일, 심지어 밤 늦게까지도 우리 주변의 가난한 사람들이 필사적으로 음식과, 일자리와, 의약품과, 시멘트와 돈을 얻기 위해 우리에게 몰려왔다. 우리는 그야말로 만원이었다. 우리의 위생 시설은 거의 최저의 상태였다. 우리의 음식은 기본적인 것이었다. 의학적으로도 우리는 할 수 있는 대로 최선을 다했다. 하나님은 여전히 우리를 사랑하셔서 자신을 보여주시기로 선택하셨다. 그리고 우리 믿음의 공동체에 성령님의 선하신 것들로 가득 채워주셨다.

● 계속되는 홍수(The flooding continues) ●

2000년 3월에 대통령 비서실장이 이 나라의 황폐함에 대해서 우리와 함께 이야기를 나누었다. 그는 한 때는 공산주의를 통하여, 그 다음에는 새롭게 탄생한 민주주의 정부를 통하여, 그리고 지금은 예수 그리스도에 대한 믿음을 통하여 이 나라가 발전하는 것을 돕기 위해 자신의 생애를 바쳤다고 말했다. 그는 우리 센터를 사랑했으며, 영적인 "목욕"을 위해 그곳에 찾아오곤 했다. 그는 모잠비크인들로 구성된 우리 감독 위원회에 속하기를 원했다. 하지만, 그는 감수성이 강한 사람이었다. 그는 "하나님께서 어떻게 우리 나라에 이러한 일을 하실 수 있습니까? 우리는 이 홍수로 인하여 50년을 후퇴했습니다"라고 말하였다. 25년 동안 지속된 내전에 의한 것보다 지난 3주 동안의 홍수로 인한 피해가 훨씬 컸다.

우리는 정확한 이유는 알 수 없지만, 예수님 안에서 우리가 항상 긍정적이어야만 하는 이유를 알고 있다. 우리는 모잠비크가 본래 있었던 대로도 충분한 도전이 된다고 생각했었다. 하지만 이제 우리는 예수님께서 우리가 기대했던 것보다 훨씬 많은 일을 행하시는 것을 볼 수 있는 그러한 상황 속에 처하게 되었다. 우리는 가장 절망적인 상황 속에서도 그분에 대한 우리의 믿음이 세상을 정복한다는 것을 보여줄 수 있게 되었다. 질문은 이것이다. "가장 가능성이 없는 상황 속에서도 하나님의 일에 참여하려는가? 아니면, 그분의 영광을 포기하고 떠나가려는가?"

홍수로 인하여 엄청난 수의 사람들이 집을 잃게 되었다. 시체들이 물 위에 둥둥 떠다녔다. 헬리콥터들이 림포포 강을 따라 있는 나무 꼭대기와 지붕 위에서 10,000명의 사람들을 구출했다. 하지만, 90,000명의 사람들이 급류에 휩쓸려 익사하게 될 급박한 위기에 처해 있었다. 대부분의 사람들이 수영을 할 수 없었으며, 급류도 너무나 강하고 깊어서 아무리 튼튼한 수영 선수라도 오랫 동안 버틸 수 없었다. 작은 지역에 갇혀 있는 사람들은 매일마다 배고픔과 위험에 노출됨으로 점점 약해져 갔다. 어린아이들은 영양 결핍으로 인해 빨리 약해져 갔기 때문에 먼저 구조되어졌고, 부모들은 뒤에 남겨졌다.

구조된 사람들은 여전히 축축하고, 열악한 환경 속에서 음식이나 어떤 서비스도 받지 못한 채 고립된 지역에 수용되어졌다. 아이들은 먹지도 못하고, 질병에 걸려서 고열로 울부짖었으며, 엄마, 아빠와 떨어져 살고있었다. 국제적 지원이 오고 있었으나, 관료주의에 의하여 오래 지연되었으며, 또 필요한 것보다 훨씬 적은 양이었다. 고난 가운데 있는 그렇게 많은 고아들과 아이들을 가지고 있는 이 거대한 나라에 그들을 돌볼 수 있는 시설이 거의 없다는 것이 참으로 안타까운 일이었다. 주님 안에서 우리는 그러한 가장 궁핍한 사람들 가운데 존재하는 빈 공간을 채우고자 노력하고 있다.

넘쳐나는 댐에서 내려오는 강물로 인하여 홍수가 가중되고 있다. 설상가상으로 또 하나의 태풍이 마다가스카르(Madagascar)에서 형성되어 모잠비크를 향하고 있었다.

우리는 마푸토에서 음식을 가져다가, 3,000명의 피난민들을 책임지고 있는 캐슈 공장에 공급하였으며, 또한 네다섯 개의 다른 캠프들과 26,000명의 피난민들이 거주하고 있는 캠프를 방문했다. 유엔의 영양 프로그램이 그 캠프에 음식을 가져다 줌에도 불구하고, 많은 다른 캠프들에서는 우리가 가져다 주지 않으면 음식을 전혀 먹을 수 없었다. 커다란 구조 단체들은 급속도로 퍼지고 있는 고통을 막으려 했지만, 빠른 속도로 늘고 있는 거리의 필요까지 지원해 줄 수는 없었다.

50에이커 상당의 부지를 가지고 있는 마차바 센터는 거의 다 물에 잠겨 있었다. 물고기들이 우리가 성령 안에서 매우 아름다운 모임을 가졌던 우리 교회 안에서 수영하고 있었다. 정체되어 있는 물은 뱀들과, 벌레들과, 조류들과, 모기들로 가득 차 있었다. 학교 교과서와 모든 시설들이 모든 매트리스와 함께 못쓰게 되었다. 남자아이들을 위한 숙소는 고지대에 있었지만, 여자아이들을 위한 숙소는 다시 세워져야했다. 우물과, 펌프와 풍차 시설과 태양열 시스템이 수리되어져야 했다.

우리가 마차바 마을에 사는 우리 이웃들 중 백 명을 시험해 본 결과, 95명이 말라리아에 걸려 있었다. 그 후에는 시험하는 것을 멈추고 모든 사람들에게 클로로퀸(말라리야 특효약-역주)을 나누어주었다. 내 딸 크리스탈린도 짐페토 센터의 다른 50명의 아이들과 함께 말라리아에 걸렸다.

복음이 선포되고 하나님의 사랑이 보여지는 캠프들에서는 도덕 수준이 올라갔다. 모든 사람들이 잘 받고 감사할 줄 알았다. 우리는 예수님께서 원하시는 모든 것들을 우리 모두를 통하여 이루실 수 있도록 우리 위에 성령의 기름부음이 넘쳐나기를 사모하고 있었다. 우리가 그렇게 엄청난 재앙을 보리라고는 상상도 못했다. 하지만, 우리는 이런 재앙으로 인하여 성령님께서 오셔서, 우리가 상상했던 것보다 훨씬 큰 일들을 행하시기를 소망했다. 우리는 어떤 다른 식으로는 올 수 없는 하나님께로의 회귀가 일어날 것과, 하나님께서는 종종 최악의 상황 속에서 최선의 일을 이루신다는 것을 알고 있었다. 우리는 모잠비크의 사람들이 그들이 항상 원했지만 결코 전에는 이해하지 못했던 그러한 사랑을 하나님 안에서 발견하기를 원했다. 우리가 가장 약하고 외로운 자들을 발견하여 안전하고 따뜻한 그분의 품으로 그들을 인도하는 일은 얼마나 멋진 일이었는지 모른다.

● 캠프들 안에서의 필요와 기쁨 ●
(Need and joy in the camps)

　우리가 살고 일하고 그렇게 잘 알게 된 이 나라 모잠비크에 일어난 일은 거의 상상할 수 없는 일이었다. 3일 동안의 폭풍은 아프리카 역사상 가장 규모가 큰 구조 단체를 필요로 하는 자연 재해가 되었다. 남쪽 모잠비크에는 홍수로 잠긴 큰 평원이 있었는데, 이곳의 물들이 남아프리카와 짐바브웨의 고지대로 빠져나가고 있었다. 하지만, 많은 사람들은 아직도 헬리콥터를 통한 구조도 받을 수 없는 지역에 있었다.
　목까지 차 오르는 급류에서 힘겨워 하던 어머니들의 등에 업힌 아이들이 익사 당하였다. 고립된 마을에 사는 사람들은 부패한 소고기를 먹어야 했고, 아이들은 쥐들을 구어 먹기도 했다. 엑사이 엑사이라는 마을에 있는 한 2층의 지붕들이 살기 위해 몸부림치는 너무 많은 아이들의 무게로 인하여 붕괴되었다. 오물과 동물들의 시체로 인하여 거리에 악취가 가중되었다. 어린아이들은 심각한 영양 결핍으로 죽어가고 있었다. 깨끗한 물이 거의 없었기 때문에, 심지어 구조 단체들도 마실 물을 발견하지 못했다. 피난민들은 자기들이 오줌을 싼 바로 그곳의 고인 물들을 퍼 마셨다. 말라리아 환자들은 고열로 인하여 움직이지 못한 채

땅 위에 누워있었다. 거의 어떤 시설과 양식도 없는 26개의 캠프들이 250,000명의 사람들을 돌보기 위해 애쓰고 있었다.

마침내 구호단체들이 마푸토의 작은 공항으로 밀려들어왔다. 항공교통 통제 시스템들이 물건들을 처리하기 위해 영국으로부터 날라 왔다. 수 주일의 지연 후에, 정부가 세관으로 하여금 급속히 일을 처리하게 하였다. 하지만, 아직도 모든 선적에 대한 상세 사항들을 기록하는 일은 컴퓨터 없이 작업해야 했기에 수 시간 혹은 수 일이 걸릴 것이다. 물건들을 분류하여 캠프들로 운반하고, 아직도 고립된 지역에 거하는 사람들에게 비행기로 날라주는 일은 세계에서 가장 큰 구호 단체들의 능력에도 부담이 되었다. 그러나, 여전히 "너무 적고, 너무 늦다"는 울부짖음이 계속 이어졌다. 아프리카에는 이 사람들의 필요를 처리하기에 충분한 헬리콥터가 없었다.

우리는 3천 명의 홍수 피해자들이 거주하고 있는 두 번째 캠프(이 곳은 마푸토의 북쪽에 위치한 곳으로 극심한 홍수가 일어난 지역 근처에 있었다)를 책임졌다. 이곳에 도착하기 위해서 우리는 허리까지 차오는 물을 헤치고 한 시간 동안 나아가야 했으며, 엄청난 비용(연료는 머리 위에 짊어져야 했다)을 지불하고 수상 운송 수단을 타야했고, 또 한 시간을 걸어서 헤쳐 나아가야 했다. 그 후, 또 한번의 수상 운송 수단을 타야했고, 다시 걸어서 건너야 했다. 헬리콥터는 계속해서 생존자들을 날라서 엑사이 엑사이의 남쪽 세 주요 지역에 내려놓았다.

캠프들에서 우리는 수천 명의 사람들이 복음을 듣고, 우리가 가져간 빵을 먹기 전에 전도지를 소화시키는 것으로 인하여 커다란 기쁨을 맛보고 있었다. 홍수로 인하여 피해를 당하고, 약하고 병이 들었으며, 아무 소유도 없는 이 사람들이 앉아서 우리 주 예수 그리스도에 대하여 듣는 것을 즐기고 있었다. 그들은 하나님께 반응했고, 예배했고, 기도했으며 자신들과 나라의 죄악들을 회개하면서 눈물을 흘렸다. 그들은 노래하며 춤을 추었다. 그들은 우리가 보낸 사역팀들로 인하여 매우 감격해 했다. 그들에게는 콩과 쌀 이상의 것이 필요했다. 대통령 비서실장이 말한 대로 그들에게는 사랑이 필요했다. 그들은 위로와 온정을 원하고 있었다. 그들은 포옹을 원하고 있었다. 그들에게는 확신과 믿음이 필요했다. 그들은 주님과, 그분의 마음 안에 있는 모든 것을 필요로 했다.

　모잠비크는 아직도 많은 사람들에게는 이교도와, 주술과, 조상 숭배의 나라로 남아있다. 최근의 투표에서 근소한 차로 패배한 정당인 레나모의 의장은 이 재앙이 분노한 "영들"에 의하여 일으켜 졌으며, 투표수를 잘못 집계한 것에 대한 보복이라고 천명했다. 제설 혼합주의(Syncretism)와 문맹과 고립된 오지와 같은 것들이 복음을 듣는데 장애가 되는 또 다른 요소들이었다. 하지만, 이러한 캠프들 안에는 심지어 오지와 같이 떨어진 마을들에서 몰려온 사람들이 함께 앉아서 열심히 복음을 듣고자 했으며, 성령 안에서의 사역을 잘 받아들였다. 우리는 예수님께서 이 나라의 재앙을 잘 다스려 달라고 기도했다.

● **모잠비크의 미래에 직면하기** ●
(Facing the future in Mozambique)

　짧은 시간 안에 모잠비크기 세계의 저녁 뉴스 시간에 보도되었지만, 홍수의 결과들이 속속히 드러나면서 고통은 한층 더 심해졌다. 이것은 구조 단체들이 경험한 최악의 재앙에 속하는 것들 중의 하나였다. "우리는 경악을 금치 못했고, 우리가 보고 있는 파괴와 고통의 크기를 믿을 수 없었다. 그것은 참으로 끔찍한 모습이었다"라고 영국 국제 구호 단체(BIRD)의 브라이언 존스가 말했다.

싸이클론이라는 태풍은 이 지역의 우기 동안에는 특별한 어떤 것이 아니었다. 하지만, 그렇게 빠른 시간에 그것도 연속적으로 세 개의 싸이클론을 경험하는 것은 평생에 한 번 있을까 말까하는 현상이었다. 홍수를 조절해야 했던 댐들은 이 홍수를 막기 위해서는 다섯 배의 저수량을 필요로 했다. 모잠비크는 일년 내내 거의 비가 오지 않았기 때문에, 모잠비크의 강들이 생명을 유지하는 역할을 하고 있었다. 하지만, 이렇게 많은 비로 인하여 강들이 넘쳐 났고, 6피트의 파도를 일으키며 외곽 지대까지 침투하여 작물들을 황폐케 하고, 길들을 끊고, 온 도시들을 물에 잠기게 했다.

홍수로 인한 물들이 줄어들기 시작했다. 하지만, 집중 호우들이 돌아와서 구호 노력들을 중단시켰다. 마차바에 있는 우리 아이들은 다시 피난해야 했다. 왜냐하면 좀 나이가 있는 아이들은 남아 있는 물에도 불구하고 청소하는 일을 위해 다시 그곳에 돌아갔었기 때문이다. 구호 단체의 직원들도 때로 고립된 채로 음식과 깨끗한 물이 없어서 고생을 했다. 많은 양의 의약품들이 마푸토로 날라 왔지만, 관료주의와 부패함 때문에 정말 필요로 하는 곳에도 조금밖에 전달되지 못했다. 오염된 물과 물건들에 수주 동안 노출된 수만 명의 사람들이 예방 접종을 맞아야 했지만, 필요한 장비와 의약품들이 없었다. 가장 절박한 캠프들에서 수고하는 의사들과 간호사들은 거의 아무것도 가지지 않은 채로 일을 계속 진행하기로 기대되어졌다. 캠프에 거주하는 많은 아이들이 물에 살고 있는 벌레들로 인하여 심한 안질을 앓게 되었지만, 그것을 위한 항생 연고가 턱없이 부족했다. 요리를 위한 연료가 없었기에, 사람들은 생옥수수를 먹고 아프기도 했다. 어떤 구호 단체의 직원들은 이 땅의 필요가 계속됨에도 불구하고 자신들의 정신적 건강을 위해 집으로 보내지기도 했다. 그만큼 그들은 엄청난 스트레스를 겪고 있었다.

사실상 우리는 마푸토와 림포포 강 근처의 캠프들에 거하는 약

12,000명의 사람들을 먹이고 돌보아 주고 있었다. 친구들과 교회들과 세계의 여러 단체들로부터 지원이 도착했다. 또 지원자들도 육로와 항공편으로 도착했다. 우리는 나사렛 교회와, 오엠기구와, 에어서브(AirServ)와 남아프리카의 교회들과 같은 다른 많은 기독교 단체들과 협력하였다. 우리는 저장용 컨테이너를 가져왔고, 사령부를 세우기도 했다. 우리는 음식과 공급품들을 나누어주기 위해 트럭을 구입했다. 남아프리카의 사업가들이 우리에게 음식과 약과 옷을 선적해주는데 도움을 주었다. 하지만, 여전히 우리의 능력을 넘어서는 필요가 계속 요구되었고, 우리는 움직일 수 있는 오직 한 방향, 즉 예수 그리스도에 대한 더 굳센 믿음을 가지고 나아갔다.

하이디와 켄터키에 위치한 존 홉킨스 병원의 존 코울비가 홍수로 인한 고아들을 찾기 위해 헬리콥터를 타고 치부토로 날라 갔다. 치부토는 림포포 강으로 인하여 가장 극심한 홍수가 일어난 지역의 근처에 있는 비행장으로서, 항공 구조팀들이 거기에서 수주 동안 생존자들을 데려 나오고 있었다. 하이디가 도착하자마자 또 하나의 싸이클론이 지나갔다. 하이디는 모든 항공기들이 날을 수 없었기 때문에 3일 동안 모든 다른 사람들과 함께 그곳 빗속에서 고립되었다.

그래서 하이디는 피난처로 모여드는 약하고 병들고 굶주린 사람들에게 사역하기 시작하였다. 그녀가 그들의 지역 방언인 샹가안(Changaan)어로 말하기 시작하자, 그들은 즉시 미소를 지으며 기운을 차리게 되었다. 하이디는 온 힘을 다해 외쳤고, 2,000명의 사람들이 주님께 돌아왔다. 이내 그 캠프 안의 사람들은 찬양하고 춤을 추기 시작했고, 많은 사람들은 자기들의 죄와 이 나라의 죄로 인하여 흐느끼기 시작했다. 그들은 하나님으로 굶주려 있었다. 그들은 기도를 받기 위해 그들이 받은 음식을 지나쳐 버렸다. 다른 캠프들에서처럼, 그들은 기쁜 소식인 복음을 들었을 때에 기쁨으로 가득 채워졌다. 그들은 하루 종일 성경과 전도지와 예배 모임을 사모하고 있었다. 많은 캠프들에는 그리스도를 증거 하는 사람들이 전혀 없었고, 그렇게 널리 퍼진 주술과 조상 숭배로 인하여 짙은 어두움이 깔려 있었다. 이 홍수로 인하여 예수님에 대하여 듣게 된 사람들의 마음에 심령의 가난함이 찾아왔다. 그들은 자신들이 얼마나 주님을 필요로 하는지를 알고 있었고, 가장 안락한 삶을 사는 서구인들보다 하나님을 향한 더 큰 부자가 될 수 있는 위치에 있게 되었다.

마침내, 3일 째 되던 날에 우리는 하이디를 데려 오기 위해서 비행기를 보낼 수 있었지만, 그것은 기적과도 같은 일이었다. 활주로가 너무 질퍽질퍽했기 때문에 또 다른 비행기가 착륙을 시도하다가 착륙 장치가 부러지는 일이 일어났다. 200명의 사람들이 이 작은 비행기를 타고 그곳을 빠져 나오려했지만, 비행사는 하이디와 존을 태우고 이륙했다. 그들은 안전하게 돌아와서 그곳 캠프의 어려운 상황들을 상세히 보고했다.

우리가 선교를 해온 모든 날 동안에 우리는 이렇게 좋은 선교의 기회를 갖게 될 것이라고 상상할 수 없었다. 이것은 우리가 예수님의 명령대로 살고, 그러한 재앙도 우리를 하나님의 사랑에서 끊을 수 없다는 것을 세상에 실증해 보일 수 있는 좋은 기회였다. 예수님께서는 그분을 떠나서는 아무것도 가진 것이 없는 이 가난한 사람들에게 임하셔서 오직 그분만이 할 수 있는 것으로 그들을 기쁘게 하셨으며, 그것을 보는 것은 우리에게 엄청난 기쁨을 주었다.

● 홍수 피해자들과 함께 오지에서 보낸 하루 ●
(A day in the bush with flood victims)

2000년 3월말까지 수만 명의 모잠비크 사람들이 여전히 집과 작물들을 잃고 지내고 있었으며, 그들의 고통은 세계가 그들을 잊은 후에도 계속 지속되었다. 우리와 병원에 관련된 동역자들은 우리가 알기로 가장 구석지고 도움이 필요한 홍수 피해자들을 방문하기 위하여 유엔의 비용으로 헬리콥터를 타고 날라 다녔다. 이러한 사역들 중 한 번은 나와 하이디가 존 코울비 박사와 토니 박사(내가 선교사 훈련을 받던 시절에 사귄 친구), 그리고 그의 간호사 캐티와 함께 했다.

강물이 조금 줄기는 했지만, 물이 범람한 평지들은 아직도 늪처럼 축축해서 통과할 수 없었다. 그리고, 이러한 평지들은 수백 마일이나 이어졌다. 하늘은 간간이 찾아오는 비를 동반한 폭풍이 오가는 사이에 장관을 이루는 구름으로 가득 차 있었다. 깨끗하고, 정교한 색깔들을 지닌 무지개들은 창조자의 예술성을 한껏 드러내 주었다. 밝은 빛이 짙푸른 하늘의 구름사이로 새어 나와 바다 위에 비추고, 오리와 배들이 지나간 자리를 빛나게 하고 있었다. 우리는 본래 물로 덮여있는 땅을 날아가고 있는 것 같았고, 우리가 수면 위로 약간씩 올라와 있는 나무와 오두막의 꼭대기들을 볼 때까지는 모든 것이 괜찮아 보였다. 우리는 우리의 지역 안내자가 우리 비행사에게 지시한 높이인 150피트의 높이로 날면서 지형을 쭉 살폈고, 홍수 피해자들이 모여 있는 마을들의 고지대를 찾으려 애썼다. 그러나 우리는 그러한 고지대를 발견했고, 헬리콥터가 회전날개의 강한 바람을 일으키면서 나무들 사이에 무사히 착륙하였다. 이 강한 바람으로 인하여 아이들이 질겁하며 달아났다. 우리 비행사는 그날이 끝나갈 무렵에 우리를 다시 찾을 수 있기 위하여 지형 확인 장치를 가지고 위도와 경도를 표시했다.

그곳에는 아마도 평생 동안 의학적 치료를 경험해 보지 못한 사람들이 있었다. 아이들은 백인들을 한번도 본 적이 없었고, 두려워 해야할지 호기심을 가져야할지 알지 못했다. 우리는 우리의 등장에 진심으로 감사하는 지역 지도자들에게 우리를 소개했다. 우리는 나무로 만들어진 거친 벤치들 위에 우리 공급품 상자들을 열어 놓으면서 이엉으로 만들어진 둥근 집과 같은 곳에 작은 "보건소"를 만들기로 결심했다. 하지만, 먼저 하이디는 그들의 지역 방언을 사용하여 모든 사람들을 몇몇 예배 찬양으로 인도했다. 그리고 이것이 그들을 매우 행복하게 했다. 곧 그녀는 무릎을 꿇고, 홍수 위에서 하나님을 예배했으며, 사람들도 하이디를 따라하면서 하나님으로부터의 만지심을 갈망하고 있었다.

  치료가 시작되었고, 거의 모든 사람들이 질병과 통증으로 줄을 지어 섰다. 그들은 진흙 위의 뜨거운 태양 아래에 밀집되어 자기들의 순서를 기다리고 있었다. 나는 줄을 오가면서 가장 심각한 상태에 있는 사람들을, 특별히 어린이들 중에서 찾으려 했다. 어머니의 등에 업힌 아기들은 말라리아의 고열로 인하여 땀을 뚝뚝 떨어뜨리고 있었다. 눈은 부어있었고, 질병으로 인하여 분비물이 그 안에서 흘러나오고 있었다. 피부는 옴으로 가득 차 있었다. 노파들은 고통과 허약함으로 인하여 몸을 구부리고 있었다. 나는 말라리아 약들을 세면서 작은 가방에 넣어 주었고, 캐티는 그것들을 계속해서 그리고 빨리 나누어주고 있었다. 의사들은 상처들을 방부제 용액으로 씻어내었고, 아픈 심장들과 허파의 소리를 들었다. 중이염, 성병, 관절염과 같은 것들이 계속 증가하였다. 항생제가 주사기를 통하여 울며 발길질하는 아이들의 입으로 주입되었다. 우리는 하나님의 자비와 치유를 위해 기도하면서 많은 사람들의 몸 위에 손을 얹었다. 읽을 수 있는 자들은 그들의 언어로 된 성경을 받고 기쁨을 감추지 못했다. 우리는 홍수로 인한 상처들만을 다루고 있는 것이 아니라, 서구 세계에서는 이해될 수 없는 일평생의 가난 문제를 다루고 있었다. 이 마을 사람들은 앞으로 단 한 명의 의사를 볼 수 없을지도 모른다.

  우리는 그들의 곤경에 대해서 그들에게 말했다. 그들의 모든 작물들이 물에 잠겼고, 그들은 가지고 있던 모든 것들을 잃었다. 그들에게는 땅이 회복되자마자 다시 심을 씨앗들과 기본적인 연장들이 필요했다. 그들은 그 때까지 무엇을 먹으며 살아야 할지 알지 못하고 있었다. 과일과 채소들도 없다. 우리는 우리가 가지고 있는 모든 비타민을 그들에게 주었다.

　스위스에서 온 선교사가 이 곳에서 일한 적이 있었다는 것을 알게 되었다. 그래서 많은 사람들이 복음의 기본적인 것에 대해 알고 있었다. 하지만, 주술과 제설 혼합주의가 계속해서 많은 사람들을 혼동케 했다. 나는 가장 심각한 홍수 피해를 입은 지역의 중심지인, 초크베와 치부토에 특별히 마법사들이 집중되어있다는 것을 알게 되었다. 하지만 이제 거의 대부분의 사람들이 살아계신 하나님으로부터 듣기를 원했다. 그들은 진리 외에 다른 어떤 것들도 원하지 않았다. 그들은 교회와 설교와 성서를 원했고, 기도해줄 것을 간청했다. 홍수로 인한 캠프들에 모여 있는 사람들은 "언제 다시 오시지요? 꼭 다시 오십시오. 그리고 우리를 위해 기도해주십시오"라고 외쳤다. 홍수가 고립된 오지에 사는 수천의 농부들을 캠프들에 모이게 했고, 그들은 전도지를 받기 위해서 구호 옥수수 식품과 밀가루와 설탕 더미를 지나서 우리에게 몰려들었다.

　우리는 어둡기 전에 마푸토에 도착하기 위해서 5시까지는 이 마을을 떠나야 했다. 우리는 찬양하고 설교할 시간을 남겨 놓기 위해서 일찍 짐을 꾸리기 시작했다. 우리는 멀리에서 돌아오는 헬리콥터의 소리를 들을 수 있었고, 그것이 착륙할 장소를 향해 나아가기 시작했다. 하이디는 손에 메가폰을 가지고 있었다. 모든 사람들이 우리 뒤에 모여서 그들의 아프리칸 멜로디와 하모니를 이용해 노래하며 춤을 추었고, 예수 그리스도라는 이름을 듣기 위해 나무 사이와 아직도 물이 고여 있는 들판으로 나아왔다. 우리는 처음에는 서로를 알지도 못하는 그러한 사이였지만, 떠날 때에는 친밀한 하나의 가족이 되었다. 헬리콥터가 착륙하였고, 비행사는 비행기 주위에 몰려든 수많은 사람들로 인하여 깜짝 놀라했다. 사람들은 영광과, 희망과, 승리로 가득 찬 강하고 확실한 메시지를 들었다. 그들은 손을 모으고 눈물을 흘리며 기도했다. 우리가 비행기 안으로 들어서는 동안 그들은 뛰기도 하고 손을 흔들기도 했다. 태양이 선하신 하나님에 의하여 만져진 사람들의 빛나는 얼굴들과, 푸른 나무들 위에 따뜻한 광채를 비추면서 낮게 드리웠다. 그들은 기뻐했다. 그들은 하나님의 사랑을 보고 느꼈다. 그리고 우리는 그 강 너머의 육지를 향해 사라지고 있었다.

우리는 귀에 귀마개를 한 채 각자 생각하며 기도하며 돌아가고 있었다. 우리는 섬들과 호수들과, 늪지대 위를 날면서 홍수로 인하여 범람한 강의 경계를 찾을 수가 없었다. 마침내 우리는 바다 위를 날게 되었다. 홍수에 의해 영향받지 않은 수 마일의 모래 언덕은 노을에 의하여 곱게 색칠해져 있었고, 부드럽게 다가오는 파도의 거품에 의해 덮여 있었다. 우리 앞의 먼 곳에는 마푸토를 표시해주는 언덕 위에 그림자가 드리워 있었다. 마푸토에 다가가면서 우리는 우리의 첫 어린이 센터가 있는 치항고를 살펴보았다. 이제 그곳은 위험한 모기들로 가득 찬 습지가 되어버렸다. 우리는 마푸토 국제 공항에 도착했다. 거기에는 이 재앙을 돕기 위해 세계 도처에서 날아온 헬리콥터와 운송 비행기들이 줄지어 있었다. 이러한 비행기들로 인하여 커다란 작전이 수행되어지고 있는 것 같았지만, 우리가 막 방문한 곳과 같이 수 없이 많은 인구가 살고 있는 곳은 거의 혜택을 입지 못했으며, 또한 아직까지도 전혀 혜택을 입지 못한 곳들이 많이 있었다. 이틀 전에 존과 토니가 림포포 강의 어느 섬을 방문했는데, 거기에는 고립되어진지 한 달 이상이 지난 후에야 발견되어진 10,000명 이상의 생존자들이 있었다.

예수님은 모든 것을 시기하고 계셨다. 예수님은 모잠비크에 있는 우상 섬김, 주술, 타락, 무관심, 도둑질, 폭력과 같은 모든 것들을 청소하고 계셨다. 캠프에 수용되어 있는 사람들은 이제 예수님만이 자기들의 희망이라는 것을 알게 되었다. 주님은 인간의 감정 중 가장 귀한 것, 즉 그분에 대한 사랑이 모든 것을 잃은 땅에 넘쳐나기를 원하고 계셨다.

우리는 짐페토 센터의 거대한 가족에 더 많은 아이들을 계속 받아들이고 있다. 그들은 매일 새벽에 일어나서 찬양하고 기도한다. 어느 목요일 밤에 그들이 우리 텐트 안에 모였다. 그들은 단 몇 개의 전구뿐인 희미한 불 빛 아래에서 진흙 위에 무릎을 꿇었다. 그들은 자기들의 왕이신 하나님을 예배하는 동안에 무덥고 습진 환경들에 전혀 구애받지 않는 것 같았다. 우리는 "누가 그분의 종이 되어서, 가난한 자들을 그분의 혼인 잔치에 불러모으러 나가겠습니까?"하고 물었다. 많은 아이들이 우리의 강대상 앞으로 나아와서 얼굴을 땅에 대고 울면서 반응하였다. 다음 토요일에 그들은 우리와 우리 목사님들과 함께 세대의 트럭에 나누어 타고 피난민들에게 말씀을 전하며 그들을 위해 기도하는 일을 돕기 위해 캐슈 공장으로 떠났다. 우리는 "이 지극히 작은 자들"을 모든 캠프들로 보내었다. 그들은 이 중대한 시기에 하나님께서 주신 응답의 한 부분이었다.

우리는 아직도 수천 개의 빵을 사서 나누어주고 있으며, 또 온 힘을 다해 사역을 하면서 매일 캠프들을 방문하고 있다. 우리는 설교할 때에 성경책을 나누어주기도 했다. 하지만, 너무 많은 사람들이 그것을 원했기 때문에 그 중에서 설교자가 되기를 원하며, 하나님에 의해 모잠비크를 죄악과 고통에서 구원하는 일에 쓰임 받기를 원하는 사람들에게만 성경책을 나누어주었다.

● 종고엔느로 날가가다(A Flight to Zongoene) ●

하이디와 내가 담요와 옷들을 우리 세스나 206비행기에 싣고 있을 때에 강한 바람이 마푸토 국제 공항을 때리고 있었다. 우리가 날아갈 북쪽 하늘은 점점 어두워지고 있었다. 우리 비행기의 연료 탱크가 가득 채워졌지만, 우리는 쏟아지는 빗줄기 때문에 비행기 날개 아래에 피해 있었다. 우리는 비행기가 뜰 수는 있을까 하는 걱정이 들었다. 하지만 돌풍은 곧 지나갔고, 해가 나오기 시작했다. 우리는 종고엔느의 좌표를 확인한 후 이륙하였다.

그날은 너무도 아름다운 날이었다. 우리는 3,500피트 상공에서 북동쪽 해변을 따라 비행하고 있었다. 하늘에는 하늘과 바다의 짙푸른 색을 돋보이게 하는 하얀 구름들이 떠 있었다. 직통으로 가기 위해서는 해변에서 7마일 정도 떨어져서 날아가야 했다. 하지만 우리는 경치를 감상하기 위해 해변의 하얗고 손상되지 않은 본래의 아름다운 모습을 하고 있는 모래사장을 따라 우리의 도착지인 림포포 강 입구까지 85마일을 날아갔다. 날아가는 동안 우리는 모래사장 옆 내륙에 가해진 엄청난 홍수 피해를 볼 수 있었다. 커다란 농장이 완전히 진흙탕 물로 덮여 있었다. 종고엔느는 수주 동안 아무런 도움도 받지 못한 채 홍수에 고립된 수천 명의 주민들이 살고 있는 마을로, 심지어 정부 통계에도 나타나지 않는 지역이었다. 우리보다 먼저 온 친구들이 이 지역의 해변가에서 묵고 있었다. 우리는 상황을 조사하기 위해 몇 번을 선회한 후에 풀로 덮인 활주로에 착륙했다. 이곳은 그 지역을 둘러싸고 있는 늪지대보다 약간 높은 곳이었다. 일주일 전만 해도 이 활주로는 림포포 강물로 가득 채워져 있었다.

마을 사람들이 바깥 세상에서 온 사람들을 보고 기뻐하며 비행기로 달려왔다. 하지만 이미 도착한 우리 친구들이 깊은 진창을 뚫고 우리에게 도착하는 데는 한참이 걸렸다. 우리가 3일 전에 헬리콥터를 통해 종고엔느로 보낸 우리의 의료팀 토니 데일 박사와 그의 간호사 캐티의 모습은 지저분했지만 기쁜 모습이었고, 이제는 비포장도로에서도 운전을 잘할 줄 아는 사람들이 되었다. 우리 숙소를 책임지는 팀은 4륜 구동 트럭을 가지고 있었지만, 뒤의 구동축이 부러져서 이런 상황 속에서는 별로 도움이 되지 않는 2륜 구동이 되었다. 하지만 우리는 가져온 모든 것을 싣고 차에 올라서, 물과 습지를 뚫고 나아가기 시작했다. 그리고 중간에 가다 서면서 땅을 고르고 채우고 하는 일을 해야 했다. 어쨌든 우리는 앞을 향해 나아갔고, 공동체의 지도자와 또 그를 보호하는 총을 든 사람들과 함께 인근 마을들로 향하였다.

우리는 매우 희귀한 장면을 보게 되었다. 이전에는 공산주의 지도자였던 사람이 이제는 우리의 트럭 뒤에서 하이디의 메가폰을 통하여 우리 교회의 모임에 나오라고 외치며 우리와 함께 전 지역을 순회하였다. 그러자 사람들은 덤불 속에서, 그리고 깨끗하게 씻겨 나가고 흙만 남은 마당을 가로질러 모이기 시작했다. 수백 명의 사람들이 우리를 따르고 있었고, 어떤 사람들은 수마일을 달려 우리를 쫓아왔다. 그들은 기쁨과 흥분으로 뛰면서 교회로 모여들었다. 이 교회는 우리 그리스도인 친구들이 선교사업의 일환으로 세운 크고 길고 평평한 시멘트로 지어진 빌딩이었다.

모든 사람들이 교회를 가득 메웠다. 그때는 늦은 오후였고, 점점 어두워지고 있었다. 물론 불빛은 없었다. 하이디가 그 지역 방언으로 이야기하자 사람들은 기쁨을 감추지 못했다. 그녀의 메가폰은 일그러졌고 건전지도 다 소모되었지만, 하이디는 목소리가 쉬도록 외쳤다. 그들은 복음에 대해 들을 수 있는 모든 것을 듣고 싶어했다. 그들은 매우 열심을 가지고 있었으며, 울음으로 하나님께 반응하였다. 젊은이들과 노인들이 믿음과 소망을 선포하면서 두 손을 들어올렸다.

그때 우리는 담요와 옷들을 나누어주었다. 무장을 하고 있는 그 마을의 경비원들은 질서를 유지하기 위해 애쓰고 있었다. 모잠비크의 추운 계절이 다가오고 있었기 때문에 담요는 매우 소중한 보물이었다. 엄마들은 필사적으로 물건들을 얻기 위해 다른 사람들의 어깨 위를 넘어가기도 했다. 경비원들은 최선을 다했지만, 손들이 여기저기서 나와서 남은 모든 물건들을 채갔다. 어린 소녀들은 웃으면서 달려갔다. 그 무질서는 위험한 수준에 이르지는 않았다. 심지어 경비원들도 미소를 짓고 있었다. 그 다음에는 옷을 나누어주었는데, 이번에도 모든 옷들이 사라질 때까지 극도의 가난으로 인한 필사적인 쟁탈과 흥분이 야기되었다.

우리는 그렇게 늦게까지 머무를 계획이 없었지만, 우리가 하고 있는 일들을 멈출 수 없었다. 우리는 어두워진 후에야 활주로로 향했다. 그날은 달도 뜨지 않은 깜깜한 밤이었다. 별들이 멀리에서 희미하게 반짝일 뿐이었다. 100야드 정도 떨어진 곳에서 파도소리가 들려왔다. 하지만 나는 도움 없이 활주로까지 갈 수가 없었다. 그래서 트럭의 헤드라이트를 우리를 향하게 한 뒤에야 마침내 우리 다섯 명이 비행기에 오를 수 있었다. 드디어 우리 비행기가 이륙했고, 마푸토를 향해 날아갔다. 별들이 구름 사이로 간간히 비치는 조용하고 평화로운 비행이었다. 모잠비크의 95퍼센트나 되는 집들에 전기가 설치되어 있지 않다. 따라서 날아가는 동안 밝게 빛나는 도시를 볼 수 없었다. 우리는 마푸토 공항의 불빛이 멀리 보이기까지는 정말 아무것도 보지 못했다. 우리는 상대적으로 문명화된 이 콘크리트 활주로에 착륙하였다. 하지만 이곳에도 우리 외에는 어떤 움직임도 없는 것 같았다. 우리의 격납고 안으로 비행기가 들어오는 데는 꽤 오랜 시간이 걸렸다. 다시 우리는 하나님께 부르짖고 있는 땅에서 그분께 드린 또 하루를 되돌아보며 침묵하고 있었다.

● 홍수와 기근과 추수(Floods, famine and harvest) ●

4월 후반의 어느 날 해 질 무렵에 나는 짙은 오렌지색과 엷은 자주색으로 물든 탑처럼 쌓아올려진 구름을 보았다. 이것은 아프리카에서만 볼 수 있는 것으로 매우 멋진 장관이었다. 우리는 광야와, 원경과, 끝없는 해변과 장엄한 하늘에 푹 빠지게 되었다. 하지만, 이제 우리는 하나님의 마음에 더 깊이 빠지게 되었다. 하나님은 가난에 찌든 수많은 홍수 피해자들 가운데 자신이 유일한 소망의 대상이 될 때까지 모든 경쟁들을 없애고, 마침내 그들의 마음을 정복하신 후에 한 나라를 자신에게 돌이키고 계셨다. 온 나라가 영적 추수를 위해 무르익어 가고 있다. 우리가 가는 곳마다 사람들은 하나님의 것들을 요청하고 있다. 그들은 "우리는 우리가 잃은 것조차 기억하지 못합니다. 우리는 단지 하나님의 말씀을 원합니다"라고 외쳤다. 하나님은 자신의 방법들을 사용하셔서, 자신의 소망을 성취해 가시는 중이었다. 하나님은 사랑 받기 원하셨고, 모잠비크 사람들은 그의 발 앞에 절하고 있다. 우리는 그러한 하나님, 그러한 성령, 그러한 사랑에, 그리고 그분이 우리에게 하라고 주신 일에 푹 빠져 있다.

모잠비크의 홍수로 인한 재앙이 시작된 지 두 달이 넘었다. 우리는 이곳저곳 돌아다니면서 선포하고, 인원을 동원하고, 계획을 세우고, 운전하고, 비행기로 날아다니고 있다. 그러한 도중에 우리는 우리 앞에서 이루어지고 있는 영적 추수를 보면서 깜짝 놀랐다. 우리는 그토록 긴급하고 아름다운 사역이 사방에서 요구되고 있기에, 우리 우편물과 은행 계좌를 거의 확인하지 못하고 있었다. 유엔과 세계에서 가장 큰 구호단체들의 능력을 무력화시켰던 이 엄청난 재앙이 하나님 앞에서 온 백성의 무릎을 꿇게 했다.

● 물리적인 상황(The Material situation) ●

공식적인 통계에 의하면 8천 톤이 넘는 식량이 전달되었고, 그중 3

분의 2가 비행기를 통하여 전달되었다. 121개의 숙박 센터가 이미 세워졌고, 계속해서 세워지고 있다. 사역 단체들과, 위원회들과, 노동 그룹들과, 기증자들과, 공무원들이 조사하고, 협력하고, 통합하면서 조화를 이루어 나아가고 있다. 우리는 매번 며칠 단위로 식량과, 농업부문과, 건강과, 물과, 위생에 대한 상황을 보고했다. 우리와 다른 사람들은 교회와 구호 단체들과 정부와 군대 사이에 이루어지는 모든 구호 활동과 협력에 매우 고마워하고 있다.

하지만 하나님은 더 깊은 것을 보고 계셨다. 실제 상황은 공식적으로 보고된 것보다 훨씬 더 힘들었다. 모잠비크를 위한 하나님의 마음을 좇아 중보의 영을 받는 일은 너무도 고통스러운 것이었다. 우리는 우리가 단지 일을 잘하고 있다고 보고하는 그 이상의 것을 원했다. 우리는 진리를 원했다. 그리고 하나님이 느끼시는 것을 느낄 수 있기를 원했다.

그토록 훌륭한 많은 노력들에도 불구하고, 홍수로 인하여 야기된 고통을 온전히 처리하기에는 거의 역부족이었다. 옥수수 음식과 다른 몇 가지 식량들을 담고 있는 작은 봉지들이 많은 피난민들이 모여 있는 센터들에 전달되었지만, 그 많은 사람들에 비하면 하루 분의 양식이 비참할 정도로 적었다. 우리에게는 초크베 캠프에 일하는 사역팀이 있다. 그 지역은 수많은 텐트 속에 7만 명 이상의 피난민들이 밀집되어 거주하고 있으며, 식량 공급이 가장 잘되는 곳이었다. 그럼에도 우리는 거기에서 며칠 동안 아무것도 먹지 못한 그룹의 사람을 만났다. 옥수수 열매들이 이 중앙 캠프들 근처에 있는 창고들에 전달되었지만, 그것들을 이 캠프 주위나 이곳에서 멀리 떨어진 여러 마을들이나 섬들에 전달할 수 있는 하부시설이 거의 없었다.

구호 단체 직원들은 누적된 피로로 돕고자 하는 마음을 잃어버렸고, 급기야는 집으로 돌아가고 있었다. 항공 연료를 위한 자금이 바닥나고 있었다. 항공 수송을 계획하고 있는 단체들은 거의 없었다. 수만의 홍수 피해자들을 돌보기 위한 의사들도 소수만이 남게 되었다. 수주 동안 우리는 우리의 의학팀과 사역팀을 전혀 돌봄을 받지 못한 지역으로 실어 나르고 있었다. 병든 자들이 우리의 보건소에 이르기 위하여 10마일 혹은 15마일씩 물을 넘어서 걸어오고 있었다. 한번은 유엔 세계 식량 프로그램(UN World Food Program)과 국경 없는 의사회(Doctors Without Borders)라는 단체가 우리 사역팀에 홍수가 시작된 이후로 전혀 도움을 받지 못한 채 죽어 가고 있는 수천의 사람들이 살고 있는 여섯 개의 마을로 들어갈 것을 요청해 왔다.

많은 가족들이 홍수와 구호 활동들로 분리되었다. 어느 지역에서는 30-40퍼센트의 어린이들이 부모를 잃었다고 보고되었다. 전화나 문서 같은 기록들이 없었고, 그들이 살던 오두막집과 다른 알아볼 수 있는 표시나 건물들이 모두 떠내려갔기 때문에, 수천 명에 달하는 아이들이 부모를 잃고 방황하고 있었다. 우리는 얼마나 많은 사람들이 익사했고, 수마에 떠내려갔는지 전혀 알 수 없었다.

우리는 북쪽 사방에 흩어져 있으며, 국제적 단체의 도움을 받았던 주요 캠프들이 있는 곳에서 훨씬 멀리 떨어져 있는 300개 이상의 우리 교회들로부터 보고를 받았다. 의사소통이 매우 어려웠지만, 우리는 간신히 전화를 연결할 수 있었으며, 이러한 교회들도 엄청난 피해를 입었다는 것을 알게 되었다.

정부는 100만 명 정도가 홍수로 인하여 집을 잃었다고 보도했다. 뿐만 아니라 수백만 명이 그들의 작물을 잃었다. 북쪽에서 발생한 싸이클론이 가져온 사나운 바람과 비가 높은 지역에 있는 밭들까지도 황폐화시켰고, 엄청난 숫자의 사람들이 식량이나 도움도 받지 못한 채 고립되었다. 우리 목사님들 대부분은 농사를 지어 먹고사는 농부들이었으며, 가족을 먹여 살리기 위하여 밭에서 일을 해야만 했다. 그러나 지금은 그러한 식량의 출처들도 사라져 버렸다.

마푸토의 우리 성경학교에 있는 몇몇 목사님들은 그들의 아내와 자식들이 식량을 찾기 위하여 먼 거리를 걸어오고 있다는 소식을 듣게 되었다. 또 다른 가족들은 말없이 사라지기도 했다. 우리와 함께 있는 몇몇 훌륭한 목사님들은 돌아갈 집도 없었다. 북쪽에 있는 목사님들은 부서지고 남은 그들의 교회 건물들을 피난처로 삼았고, 시멘트나 진흙 투성이 바닥에 모여 살았으며, 또한 비를 피하기 위하여 이곳저곳으로 이동해 다니고 있다. 벽들과 지붕이 바람과 비에 날아가 버렸다. 이 지역들에 살고 있는 대부분의 사람들은 굶주리면서 의학적인 도움도 받지 못한 채로 살고 있다.

● 하나님의 응답(God's Answer) ●

성경학교에서의 1년 동안 우리는 영적으로 우리가 할 수 있는 한 모든 것을 우리 목사님들과 어린이들에게 쏟아부어 왔다. 이제 그들은 추수를 하는 일에 쓰임 받고 있다. 우리는 매일 트럭이나 헬리콥터나 비행기나 보트를 사용하여 그들을 피난민 캠프로 보내고 있다. 공식적으로 등록된 구호 인력들을 표시해 주는 우리 아이리쉬 선교회의 모자와 셔츠를 입은 사람들은 그들이 가는 곳마다 기도하고 사역하는 자유를 정부로부터 보장받았다.

우리 목사님들은 모잠비크의 내전을 견뎌냈으며, 사탄의 잔인함과 하나님의 사랑 사이에 존재하는 차이를 경험을 통하여 알고 있다. 많은 사람들이 그리스도의 군사가 되기 위하여 수년 동안의 힘든 길을 견디어 냈다. 그들은 왕중의 왕을 섬기는 일로 인하여 감격하고 있다. 그들은 결코 지치지 않는 것 같으며, 모든 사람들을 위하여 기도하고 있다. 피난민들은 그들에게 더 많은 성경책과 가르침을 가지고 다시 와달라고 간청한다. 그들이 설교할 때에 악한 영들이 정체를 드러낸다. 그리고 목사님들은 그 악한 영들을 내어쫓는다. 말씀이 신속히 전파되고 있다. 이 예수님에게 능력이 있다! 많은 사람들은 예수라는 이름을 처음 들어보기도 했다. 다른 많은 사람들은 단지 이교도들과 다양한 제설 혼합주의들, 그리고 기독교에 대한 왜곡된 견해들에 대해서만 들어왔다. 하지만 이제 그들은 하나님 말씀의 순전한 젖을 받아 먹고 있다.

두 달 동안의 국가적 재앙 이후, 복음이 우리 주위에서 거의 아무런 장애를 받지 않고 확산되고 있다. 마푸토에 있는 지역 목사님들이 우리에게 와서, 우리 사역과 구호 노력에 동참하기 원한다고 말했다. 정부 관료들로부터 가장 작은 거리의 아이들에 이르기까지, 우리가 결코 전에 보지 못했던 수준으로 그들의 마음이 예수님을 향해 열렸다. 쓰레기 더미 위에서, 거리에서, 피난민 캠프들에서, 고립된 마을들에서, 가난하고 굶주린 사람들 사이에서, 온 백성들이 예수님을 알기 원하고 있다. 그렇다. 사람들은 도움과 식량과 옷을 필요로 한다. 하지만 그들은 이제 그들이 얼마나 예수님을 필요로 하는지 알고 있다. 우리는 추수에 필요한 모든 것들을 하나님께서 공급해 주시길 외쳐 간구하고 있다. 우리는 하나님을 기쁘게 해 드리기 위하여, 그리고 그분이 우리 앞에 두신 일들을 완성하기 위하여 필요한 모든 지혜와 에너지와 힘과 자원들과 믿음과 능력과 일꾼들을 달라고 부르짖고 있다.

● 2000년 5월, 북쪽에 있는 잠베지로 ●
(North to the Zambezi, May 2000)

마푸토에 있는 우리 센터에서 북쪽으로 500마일 떨어진 곳에 위치한 베이라 해변에 밤새도록 비가 쏟아졌다. 동이 틀 무렵에 돌풍에 의하여 몰려온 어두운 구름들이 내륙을 덮었다. 흰 물결이 저 먼바다에서 부서지는 파도를 나타내 주었다. 나중에 알게 되었지만, 또 다른 싸이클론이 모잠비크로 몰려오고 있었다. 하지만 우리는 그날 아침 비행기를 이용하여 북쪽으로 100마일을 더 나아가고자 했다. 우리 목사님들은 우리 100여 개의 교회들이 위치해 있는 주요 강들 주변에서 일어난 폭풍과 홍수로 엄청난 작물의 피해가 있었다고 보고했다. 길들이 끊기고, 전화 통신도 할 수 없는 상황 속에서 우리는 이전의 어떤 구호 손길도 닿지 않은 잠베지 강 주변의 상황들을 살펴보기 원했다.

우리는 북쪽 지평선의 아프리카 저 숲 너머에서 엄청난 빗줄기가 검은 구름으로부터 형성되어 내려오는 것을 보았다. 하지만 그것들의 높이가 그리 높지 않은 것을 보고, 우리 세스나 비행기는 이륙하여 어두운 안개 속을 향하여 날아갔다. 마푸토의 우리 기지로부터 온 고든과 타네켄이 나와 함께 했고, 그 광대한 지역의 교회들을 내가 감독하는데 도움을 주는 아모리 목사님이 우리의 안내자가 되었다. 우리는 500피트 위에서 산과 나무들을 대충 바라보면서, 땅을 향하고 있는-폭풍을 가져오는-검은 구름들을 피하기 위하여 더 아래로 비행하기도 했다. 비행기 유리창 위로 비가 쏟아지기 시작했고, 차가운 빗방울들이 비행기 공기 통로로 들어와 우리 얼굴에 떨어졌다. 우리 아래로는 150마일의 속도로 자연 그대로의 광야가 스쳐 지나갔다. 아주 가끔씩 이엉으로 만들어진 오두막집들이 보일 뿐이었다. 우리는 분주한 문명의 활주로에서 점점 멀어지고 있었다.

우리는 한 시간 동안 폭풍의 바람과 기류를 타고 우리 주위의 땅과 하늘의 파노라마 같은 장면들을 만끽하면서 아프리카의 아름다움을 음미하고 있었다. 가끔 마주치는 난기류는 우리가 불안정하고 유동적이라는 것을 일깨워 주었고, 결코 전에 가 보지 못한 곳으로 우리를 새처럼 인도하고 있었다.

비는 매우 국지적이었고, 잠베지의 유명한 리본이 멀리에서 보이기 시작했을 때에 갑자기 눈부신 태양 빛을 만나게 되었다. 산들이 말라위를 향한 강 저 너머에 솟아 있었다. 아프리카의 사바나가 우리 앞에 장엄하게 펼쳐져 있었고, 저 아래에는 평지를 따라 마을 마을마다 우리의 사람들, 수십만이 되는 우리의 양떼들, 온 세상을 창조하신 창조자를 갈망하는 사람들이 있었다.

잠베지에 도착하자 우리는 강을 따라 선회하면서 물과 모래사장 바로 위로 순항하였고, 그 강의 굽이굽이를 따라 회전하면서 앞뒤로 부딪혔다. 아모리 목사님은 매우 흥분해 있었다. 그는 우리의 다른 많은 목사님들과 같이 복음을 위한 놀라운 열정을 갖고 있었으며, 잠베지의 모든 지역을 걸어다니며 교회를 개척하였다. 그는 몇 날 혹은 몇 주씩 숲 속을 통과해 나가면서 엄청난 거리를 이동해 다녔다. 그래서 우리는 그에게 예쁜 복음의 새 운동화(나이키 제품)를 사 주었다.

이제 아모리는 비행기 안에서 우리 교회가 있는 모든 마을들을 가리키고 있었다. 그는 "여기에 하나가 있고요, 저기에도 하나가 있어요, 저기에는 목사님의 오두막집이 있고요!" 하면서 소리쳤다. 우리는 진흙으로 된 활주로 위를 비행한 적이 있었다. 모페이아, 카이아, 치부구아, 고마. 모잠비크에는 100여 개 이상의 공인된 수풀 활주로들이 있고, 우리는 거의 모든 활주로들 근처에 교회들을 세웠다. 모잠비크의 80퍼센트가 이렇게 고립된 오지에 살고 있으며, 그러한 곳들에서는 백인 선교사들을 거의 볼 수가 없었다. 그리고 주 도시들에 있는 전통적인 교회들도 그러한 지역에는 거의 영향을 미치지 못하고 있었다.

하지만 부흥이 그러한 시골구석 구석을 휩쓸며 지나가고 있었다. 우리는 그때까지 350개의 교회를 가지고 있었으며, 10월까지는 400개를 가질 계획이었다. 우리 목사님들은 열정으로 가득 차 있었다. 그들은 하나님의 말씀을 좀 더 먼 곳까지 전달하기 위해 어떤 역경도 감수해 냈다. 그들은 오직 하나님의 초자연적인 사랑에 의해서만 힘을 얻을 수 있었다. 그들은 적어도 다섯 명을 죽음에서 일으켰다. 그들은 그 나라 각처에서 우리 성경학교로 몰려왔다. 한 그룹이 버스를 타고 베이라로부터 도착했다. 그들은 다른 버스로 갈아타기 위하여 한 정거장에서 다른 정거장으로 5마일 정도 이동해야 했고, 그 길은 허리까지 차 오르는 깊은 진흙과 물로 되어 있었다. 한 목사님은 목발을 하고 있었고, 또 다른 목사님은 다리를 절고 있었다. 하지만 그들은 모든 역경을 이겨내고 성경학교에 도착했다. 이 사람들은 우리가 지금까지 받아온 가장 가난한 목사님들이었다. 그들은 입고 있는 누더기 외에는 아무것도 가져오지 않았다. 그들은 하나님의 말씀을 배우기 위하여 처자식들을 몇 달 동안 떠나 있었다. 아무도 성경이나 자전거나 칫솔을 가지고 있지 않았다. 우리는 그들의 거처를 정해 주기 위해 수주일을 보냈고, 필요할 때 음식과 버스 비용을 전달하기 위해 심부름꾼을 보내기도 했다.

우리는 경작되고 있는 밭이 있는가 주의 깊게 살피면서 비행을 계속하였다. 모든 옥수숫대가 죽었다. 2월부터 시작된 엄청난 홍수와 바람이 심지어 잠베지가 위치한 그 북쪽의 모든 작물들까지 휩쓸었다. 강물의 수위가 내려가기는 했지만, 아직도 땅은 질퍽거렸고 습지가 되어버렸다. 사람들은 새 작물들을 위한 씨앗을 가지고 있지 않았다. 건기가 찾아왔다. 모든 소유물들이 떠내려갔다. 모잠비크의 남쪽에 사는 가족들은 농장을 다시 일구기 위해 필요한 괭이도 없었다. 아직도 땅 속에 파묻혀 있는 200만 개의 지뢰들이 농사짓는 일을 위험하게 했다. 더욱이 위치가 파악된 지뢰들이 흐르는 물에 떠내려가서 농사를 짓는 일은 더욱 위험하게 되었다.

우리는 그날의 아름다움과, 장엄하고 다양한 강의 모습을 즐기면서,

그리고 지구 끝까지 그렇게 많은 사람들의 마음에 부어진 하나님의 자비를 기뻐하면서 또 60마일 이상을 나아갔다. 진흙과 막대기들로 만들어진 교회들 몇몇이 강둑 바로 옆에 있었다. 다른 교회 건물들은 삼림을 개척하고 그 위에 세워져 있었다. 많은 사람들이 폭풍으로 인한 피해를 입고 있었다. 거의 모든 집에 전기나, 웅덩이를 파고 만든 화장실도 없었다. 우리는 말씀을 전파할 때마다 음향 시스템과 함께 발전기를 가지고 다녀야 했다.

마침내 우리는 잠베지의 주 도시로, 말라위 북쪽으로의 통행을 위해 건설된 다리가 있는 무타라라(Mutarara)에 도착했다. 이 지역에는 우리 교회가 여덟 개나 있었다. 하지만 세나(Sena)에 있는 강을 가로질러 또 하나의 활주로가 있었는데, 그 주위에는 교회가 하나도 없었다. 우리는 인공 위성을 통한 지표 확인장치를 따라서 활주로까지 조심스럽게 비행하였다. 그리고 고도를 낮추어 우리 앞에 있는 활주로를 발견할 수 있었다. 들판은 매우 좁고 거칠었다. 한 염소가 우리를 보고는 힘껏 도망쳤다. 우리 길에는 바위들과, 작은 언덕들과, 풀밭들이 놓여 있었다. 우리는 부드럽게 내려앉으면서 활주로에 있는 작은 언덕을 보고 조금 더 비행하다가 마침내 착륙할 수 있게 되었다. 우리는 큰 풀들과 언덕들과 한 마을에 둘러싸이게 되었다. 모든 사람들이 흥분과 호기심을 가지고 우리 주위에 모여들었다. 아모리 목사님께서 이 지역 방언을 알고 있었기 때문에 우리를 통역해 줄 수 있었다. 우리는 어느 깨끗한 곳에 모여서 곧 말씀을 선포할 수 있었다. 그것이 바로 마을 주민들이 원했던 것이다. 몇 분도 되지 않아 그들은 회개했으며, 두 손을 들고 마음을 그들의 왕께로 향하면서 예배했다. 모든 이들이 예수님을 원했다. 모든 사람들이 그들 마을에 교회가 세워지기를 원했다. 모든 사람들이 목사님이 그곳에 파송되기를 원했다. 오직 한 사람만 글을 읽을 수 있었기에, 그 사람에게 성경책을 주었다.

그리고 반드시 다른 사람들에게 읽어 주어야 한다는 확실한 지시도 주었다. 그들은 기뻐했으며, 우리가 그와 같이 그들을 찾아온 것을 거의 믿을 수 없어 했다. 그리고 그들은 우리가 돌아가기 위해 활주로를 향할 때에 손을 흔들고 눈물을 흘리면서 우리를 배웅해 주었다.

높은 고도로 그리고 깨끗한 공기 속에서 베이라를 향하는 도중에 우리는 큰 시골 마을을 통과하게 되었다. 아모리 목사님은 모든 마을들을 알고 있었다. 그는 "저기를 보세요. 저 마을 사람들은 자기 마을에 교회가 없기 때문에 아침 7시부터 저녁 7시까지 걸어서 우리 교회에 옵니다. 그리고 3일 동안 모임에 머물다가 걸어서 돌아갑니다! 우리는 그 마을에 또 하나의 교회를 개척해야 합니다"라고 말하였다. 타네켄과 고든과 나는 그 말을 이해할 수 있었다. 우리는 시간과 에너지만 있으면 매일 새로운 교회를 시작할 수 있었다. 온 모잠비크가 추수할 준비가 되어 있었다.

우리는 더 많은 목사님들과 만나고, 다가오는 집회들을 계획한 후에 마푸토를 향해 계속 비행했다. 장엄하고 멋진 구름 모양들이 천상의 나라처럼 우리를 둘러싼다. 우리는 그러한 구름들로 들어갔다 나왔다 하면서 많은 진동을 경험했고, 신선한 무지개들과 강들과 호수들의 반짝임들, 그리고 매우 맑고 강렬한 햇빛으로 인하여 눈을 제대로 뜰 수가 없었다. 우리는 하늘의 영광과, 하나님의 보좌 둘레에 있는 빛과 색깔과 소리의 교향곡과, 하나님의 마음속에 있는 그러한 사랑의 경이로움을 상상했다. 왕 중의 왕을 섬기며, 그분의 종이 되며, 영으로 그와 하나가 되는 이 일이 얼마나 좋은지요!

△ 중국의 쿤밍에 있는 전통적인 가옥과 마당으로, '베일 너머의 이상'들에 나오는 사건들이 일어난 장소이다.

▽ 마푸토의 쓰레기 더미 속 소년들. 그들의 몸에 파리 떼들이 달라 붙어 있지만 예수님에 대하여 들은 것으로 인하여 기뻐하고 있다.

△ 마푸토 쓰레기 더미에 있는 집

△ 쓰레기 더미에서의 예배

△ 쓰레기 더미에 있는 아이들을 교회로 데리고 가는 모습

△ 1980년 5월에 결혼한 우리의 모습

▽ 베아트리스와 콘스탄시아

△ 발렌티노는 자기 엄마가 자기를 품에 안고 세 명의 깡패들에 의하여 매맞아 죽는 장면을 본 정신적 충격으로부터 치유를 받았다.

△ 우리 마차바 어린이 센터에서의 세례식 장면

△ 헬레나와 베아트리스

△ 죽음에서 살아난 로자

△ 짐페토에서 있었던 성경 대학 졸업식

△ 예수의 이름으로 죽은 자들을 일으켰던 레고, 조니, 수프레사 목사님

△ 레고 목사님께서 안수를 위해 사람들을 앞으로 불러내다

△ 마차바에서의 새로운 시작

△ 추수/아이리스 아프리카 동역자들(Partners in Harvest/Iris Africa)이라는 단체를 우리와 함께 창설한 시트홀

△ 짐페토 가족

△ 짐페토에서 우리 가족과 함께

△ 숲 속에서의 부흥회

△ 홍수가 난 잠베지 강

△ 홍수 속에서 옥수수 열매를 나누어주다

△ 말라위의 방굴라에서 있었던 우리 목사님들을 위한 집회

△ 마로메우에서의 복음 선포

△ 숲 속의 부흥회에 참석한 사람들을 위해 요리하고 있는 모습

△ 졸업과 안수

△ 배고픈 홍수 피해자들을 위한 생명의 떡

△ 부활의 생명

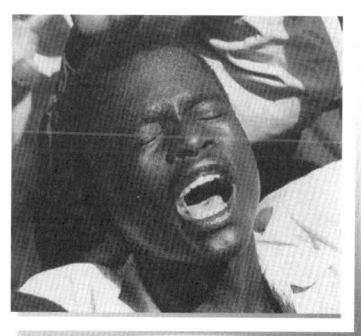
△ 열띤 예배

△ 예수님을 사랑하는 우리 아이들

△ 하늘을 나는 물건

△ 베이커 가족

△ 활주로 바로 근처에서 새 교회를 시작하다

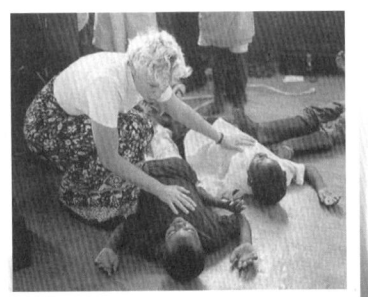
△ 사역 시간

△ 식량을 기다리는 아이들

△ 교회 개척

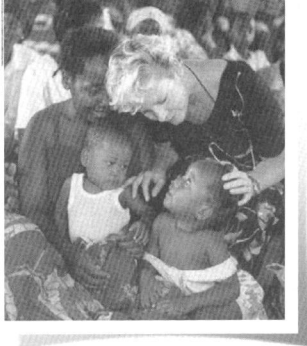
△ 홍수 피해자들을 위한 사역

△ 홍콩에서 거리 사역을 하는 하이디

△ 마푸토의 홍수

△ 우리 가족과 함께 말씀을 듣다

△ 할렐루야!

모잠비크의 홍수 139

△ 숲 속에서 목사님들을 가르치다

▽ 흙으로 만들어진 교회 안에 넘치는 기쁨

△ 기도하고 있는 우리 아이들

△ 온 정성을 다해 드리는 예배

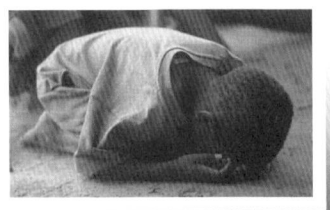

△ 참된 겸손

△ 홍수로 인한 피난민들

△ 홍수 후 우리 센터로 향하는 길의 일그러진 모습

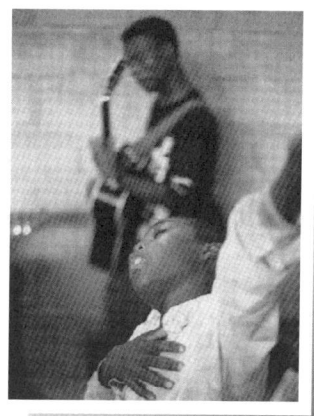
△ 예배에 빠져 있는 아이

△ 식량을 운반하는 구호 단체

△ 예수님이 부활하셨다!

7

부흥의 물결
Floods of Revival

    우리 아프리카의 한 구석에서, 2000년 초에 있었던 모잠비크의 극심한 홍수 이후에 복음에 대한 문이 활짝 열리게 되었다. 세계의 시선이 10년 이상 치러진 내전과, 가뭄과, 경제적 재앙으로 거의 소멸되어 가는 한 나라에 집중되었다. 홍수는 잔인했지만, 모잠비크 사람들은 하나님에 대한 필요를 배우게 되었다. 세계의 그리스도인들은 이 나라를 위해 기도했으며, 열린 마음과 손으로 가진 것들을 서로 나누었다. 모든 농촌 사람들이 피난민 캠프에 한데 모여 동시에 복음을 듣게 되었다. 수만 명의 사람들이 우리 모임을 통해 예수님을 영접했고, 다른 선교 단체들 또한 풍성한 열매를 보고 있었다.

    우리 단기 성경 학교 프로그램을 통해 훈련받고, 성령으로 충만한 우리 숲 속의 목사님들은 캠프들로 나아가서 하나님으로부터 나오는 에너지를 가지고 사역을 감당하였다. 믿는 자들이 증가함에 따라 우리는 새로운 교회들을 개척하였고, 새로운 목사님들을 임명하였으며, 그들을 성경 학교에 데리고 와서 훈련시켰다. 홍수로 인한 피해자들 사이의 영적 열기는 대단했다. 그들은 예수님께서 귀신들을 쫓아내고, 병자들을 치유하실 수 있으며, 주술사들을 은혜와 아름다움과 사랑으로 대체시킬 수 있다는 것을 발견하였다. 그들은 쌀과 담요들, 그리고 다른 어떤 것들보다 더 성경을 원했다. 우리가 도착하면 그들은 "교회를 세웁시다"라고 외쳤다.

홍수로 인한 물이 줄어들면서 피난민 캠프들이 해산되었다. 집을 잃은 많은 사람들은 새로운 곳에서 다시 시작하기 위해 노력하였다. 하지만 우리 교회들은 목사님들이 자기 성도들과 함께 머무르면서 함께 하나님을 추구하려 했기 때문에 별 영향을 받지 않았다. 목사님들은 우리 성경학교를 가능한 빨리 졸업하려 했다. 그리고 우리가 석 달 동안 진행하는 학기 프로그램에 거의 100명이 찰 때까지 많은 사람들이 몰려왔다. 우리는 또한 우리의 목사님들과 구석진 시골 지역에 위치한 400여 개의 교회들로 이루어진 네트워크가 도움을 가장 필요로 하는 사람들에게 구호 식량들을 나누어줄 수 있는 가장 좋은 시스템을 제공해 주고 있다는 것을 발견했다.

우리 교회들이 급속도로 번식하고, 우리 성경학교가 1년 사이에 두 배의 크기로 성장하면서, 우리 사이에 하나님의 것들에 대한 커다란 배고픔이 있게 되었다. 그러한 배고픔을 해결할 수 있는 방법은 우리만이 가지는 독특한 형태의 "숲 속 집회들"을 중앙 지역에서 개최함으로 우리가 모을 수 있는 가장 많은 수의 목사님들과 교회들을 참가할 수 있게 하는 것이었다. 우리가 기증 받은 세스나 206비행기는 우리와 강사들에게 도로의 사정에 상관없이 자주 그리고 바쁜 스케줄 속에서도 먼 거리를 여행할 수 있는 아주 좋은 발이 되어 주었다.

● 말라위에서 일어난 성령의 불(Fire in Malawi) ●

2000년 9월.

말라위가 우리 앞에 펼쳐져 있었고, 그곳의 산들은 우리 밑으로 7,000피트 정도 솟아 있었다. 깨끗하고 눈부신 구름들이 상쾌하고 맑은 북쪽의 공기에 위엄을 더해 주었다. 하이디와 나는 세스나 경비행기에 꽉 끼어 앉아야 했다. 왜냐하면 숲 속에서의 집회를 위해 필요한 모든 소중한 것들을 비행기 안의 비좁은 장소에 꽉꽉 채워 넣어야 했기 때문이다. 그것들에는 음향 장치, 발전기, 텐트, 침낭, 전등, 연장, 많은 물들이 포함되어 있었다. 예배 음악을 들으면서 우리는 우리의 마음을 준비시키고 있었다.

우리는 흥분되어 있었으며, 우리 밑으로 지나가는 오두막집들을 살피고, 또 다른 나라와 선교지의 필요들을 이해하기 위해 기도하고 있었다. 앞에 있는 산봉우리가 블랑타이르(Blantyre)로의 무선 교신을 방해하였다. 그래서 우리는 단파 수신기를 이용하여 닐옹베(Lilongwe - 말라위의 수도: 역주)와 연결하여 우리의 의도를 설명하였다. 그들은 우리가 말라위에서 무엇을 하려는지 알고 싶어 했다. 우리는 말라위의 남쪽 끝에 있는 방굴라(Bangula)라는 도시에서 거의 100여 개나 되는 우리 교회를 위해 집회를 개최하고 있었고, 우리는 오늘 밤 그곳에 도착해야 했다.

나는 지난 5월에 말라위를 방문했었다. 그때 우리는 1년 전에 우리의 동료들에 의한 이틀간의 방문으로 인하여 세워진 18개의 교회를 갖고 있었다. 이제 우리는 백인 선교사들이 거의 들어가 본 적 없는 이 나라의 보잘것없이 잊혀진 구석에서 100개 이상의 교회를 가지게 되었다. 수천 명이 넘는 그리스도인들이 이 집회를 요청했다. 그들은 우리가 그들과 함께 하기 위하여 그렇게 먼 거리를 오고 있다는 것을 거의 믿을 수 없어 했기 때문에 매우 흥분하고 있었다. 많은 사람들이 우리 모임에 참석하기 위하여 며칠씩 걸어왔다. 심지어 모잠비크의 우리 주요 목사님들도 부흥을 위한 이 일에 우리를 돕기 위하여 그 거친 도로 위로 달리는 길고 고통스러운 버스 여행을 감행하였다.

블랑타이르에서 기름을 채운 우리는 아직도 60마일 정도 떨어진 방굴라를 향해 떠났다. 나는 인공위성을 통한 지표 확인 장치를 통해 그것을 알고 있었다. 우리는 높은 산과, 뜨겁고 아지랑이로 반짝거리는 평원 위를 날고 있었다. 나는 나의 지도 위에서 알아볼 수 있는 강들과 경계표들을 눈으로 확인했다. 나는 무엇을 기대해야 할지 전혀 모르고 있었다. 말라위에서 사역하는 우리 인도자 목사님인 실바(Silva)는 이 집회들에 대한 광고를 위해 몇 달 동안 수고해 왔다. 누가 오기는 하는가? 우리가 그들을 어떻게 돌보려는가?

내가 알기로 방굴라 옆을 흐르는 강이 나타났다. 한 도시가 모습을 드러내기 시작했지만, 그것은 작았으며 흩어져 있는 도시였다. 나는 먼지 이는 도로와 마른 덤불들을 보았지만, 지도상에 표시되어 있는 활주로는 보이지 않았다. 나는 주위를 빙빙 돌았다. "하이디! 나 좀 도와줘요. 어떤 형태의 공항도 보이지 않아요!" 하고 내가 말했다. 하지만 도시 중앙에 십자형의 보도가 나 있는 이상하게 큰 공터가 있었다. 그것이 비행장일 리가 없었다. 그 둘레에는 소들과 사람들이 왔다갔다하고 있었다. 잠시 후 나는 진흙 속에 파진 "B-A-N-G-U-L-A"라는 글씨를 볼 수 있었다. 이 글씨는 공중에서 분명하게 보였고, 그 공터의 구석들에는 다른 몇몇 경계표들이 있었다. 한 대의 트럭이 그 공터를 가로질러 군중들을 통과하며 나아가고 있었다. 나는 그것이 우리 트럭들 중의 하나로 모잠비크로부터 며칠 전에 떠난 것임을 알아볼 수 있었다. 나는 표면을 살피기 위하여 땅을 살펴보았다. 거기에는 구멍들과, 도랑들과, 개미집들과, 바위들과, 덤불들이 있었다. 나는 그중에서도 착륙하기에 안전한 곳을 발견했다. 이스라엘에서 온 우리 동료 타네켄 프로스(Tanneken Fros)가 그 트럭에 있었으며, 우리가 그 트럭 옆을 날자 힘차게 손을 흔들어 주었다. 이곳이 바로 비행장이었다. 수천 명의 아이들이 우리가 착륙하는 것을 보기 위해 달려왔다. 약간 나이가 있어 보이는 몇몇 남자아이들이 막대기를 이용하여 아이들과 소 떼들을 옆으로 몰아내었다. 나는 지나칠 정도로 타이어를 가지고 있는 우리 비행기가 가능한 한 쉽게 착륙할 수 있도록 노력했다. 땅은 거칠었고, 비행기는 흔들리면서 엄청난 먼지 구름을 일으켰다. 드디어 안전하게 착륙했다. 그리고 우리는 순식간에 뛰며 흥분해 있는 아이들에게 둘러싸였다.

수년 동안 한 대의 비행기도 이곳에 착륙하지 않았던 것이 분명했다. 이것은 그들에게 하나의 경이로운 사건이었다! 모든 사람들이 우리를 뚫어져라 바라보았다. 우리가 무엇을 가져왔을까? 비행기 안에는 무엇이 있을까? 우리가 큰 스피커들과 무거운 발전기를 끌어내리자, 돕는 자들이 쇄도하였다. 어쨌든 모든 것들을 트럭 안에 싣고, 우리는 비행기를 지켜줄 경비원들을 발견했다. 그리고 첫 모임 장소를 향해 출발했다.

이 첫 모임은 교회나, 어떤 건물 안에서의 집회가 아니었다. 우리 그리스도인 가족들 중 한 분이 진흙으로 만들어진 두 개의 오두막집이 있는 큰 밭을 가지고 있었다. 우리는 메마른 강둑을 따라 있는 깊은 협곡을 오가면서, 그리고 돌아갈 방법을 기억하면서 그곳에 도착했다. 마을의 흔적이 거의 없었다. 경제가 바닥난 것이 분명했다. 시골은 가뭄으로 피폐해져 있었다. 거리에서는 먼지가 소용돌이치면서 올라왔다. 사람들은 그늘에 앉아서 아무 힘없이 바라보고 있었다. 몇몇 있는 상점들도 거의 텅 비어 있었다. 모든 사람들이 절망 속에 있었다. 하지만 우리는 하루 종일 우리를 기다려 왔던 지치고 굶주린 시골 농민들을 위한 우리 집회 장소를 발견했다. 타네켄은 그들에게 막대기와 방수 천들을 사주었고, 그것들을 이용하여 오두막집 사이에 쉴 수 있는 공간을 만들게 했다. 그들은 강사의 연단을 위해 몇몇 거친 널빤지들을 포개어 못을 박았으며, 그 위에 방수 천을 이용하여 지붕을 만들기도 했다.

그날은 바람이 세게 불었으며, 방수 천들이 펄럭였고, 먼지가 사방에서 일어났다. 2천 명 정도의 사람들이 약간의 그늘이라도 발견하기 위해 애쓰고 있었다. 우리는 발전기를 소리가 들리지 않을 만큼 먼 숲 속에 설치했고, 큰 스피커들을 세웠으며, 무거운 앰프들을 연결하였다. 드디어 음향 장치 시설을 끝마쳤다.

이 모임에 참석한 사람들은 우리가 아프리카에서 보아 온 가장 가난한 사람들이었다. 모든 사람들은 먹을 것이 아무것도 없었다. 어떤 아이도 신발을 신고 있지 않았다. 대부분의 사람들이 의학적인 돌봄을 받지 못했다. 부어오르고 감염된 눈과 발, 그리고 끔찍한 딱지들과 상처들이 온몸에 가득했다. 그들을 먹이기 위해 우리는 커다란 솥을 샀고, 이 마을에 있는 모든 콩과 옥수수들을 샀다. 우리 아낙네들은 아기들을 등에 업고 하루 종일 장작 불 위의 솥을 휘저었다. 그들은 근처의 마을에서 물을 길어 머리 위에 이고 날랐다. 우리는 모든 사람들이 밤중에 누울 수 있는 짚으로 된 매트를 샀고, 그들은 그들 몸을 단단히 두르고 있는 옷을 입고 잤다. 거기에는 우리가 산 전등 외에는 아무런 빛도 없었다. 우리는 우리를 위해 웅덩이를 파서 화장실을 만들었다.

하지만 우리는 복음을 외치면서 3일 동안 우리의 마음을 쏟아부었다. 모든 사람들이 예수님을 갈망하고 있는가? 우리는 그분의 임재와 만지심을 원하고 있는가? 우리는 성령 충만을 원하고 있는가? 우리는 우리의 모든 악과 우상들에 대해 회개하기 원하는가? Yes, yes, yes, yes!!! 우리가 이곳에 왜 왔는가? 우리를 위해 죽으신 예수 그리스도 안에 있는 하나님의 사랑 외에는 아무것도 없다. 우리는 주술사로부터는 결코 사랑을 얻을 수 없다. 우리는 우리 가족에서도 충분한 사랑을 결코 얻을 수 없다. 우리는 오직 예수 안에서만 그것을 발견할 수 있다. 그분을 갖게 된다면, 우리는 모든 것을 갖게 되는 셈이다.

우리는 짧은 시간 동안 우리가 할 수 있는 모든 것을 가르쳤다. 사람들이 모든 모임마다 넘쳐났고, 낮에는 먼지 속에서 그리고 뜨거운 태양 아래에서 무릎을 꿇었으며, 밤에는 어둠 속에서 무릎을 꿇었다. 그들은 자기들이 얻을 수 있는 모든 것을 원했다. 복음에 저항하는 사람은 한 명도 없었다. 그들은 자신들이 가난하고 절망적이라는 것을 알고 있었다. 이것이 그들의 마지막 기회이며, 유일한 희망이었다.

그들의 반응은 계속 증가하였고, 마지막 날에 드디어 하늘의 문이 활짝 열렸다. 하이디는 목사님들을 위한 훈련 프로그램을 한 시간에 압축하려 애쓰면서 야고보서에 나오는 거룩함의 실체에 대해 설교했다. 거의 매일 새로운 교회들이 세워지고 있었고, 우리는 새로운 지도자들이 가장 알아야 할 필요가 있는 것들을 빨리 가르쳐야만 했다. 그들은 하나님의 정결함을 원하는가? 그들은 보혈의 피에 의해 씻겨지기를 원하는가? 그들은 하나님의 백성들을 인도하기 위해 그분의 지혜를 원하는가?

우리는 먼저 목사님들만을 위해 기도했다. 그들은 햇빛과 바람과 먼지들에 개의치 않고 하나님 앞에 엎드렸다. 강력한 기도의 울부짖음이 하늘로 올라갔다. 젊은 사람들과 노인들이 함께 울었다. 눈물의 강이 흘러넘쳤다. 그들은 하나님을 향해 손을 뻗쳤다. 많은 사람들은 하나님 외에는 아무도 인식하지 못하면서 강렬한 열기로 인하여 몸을 떨고 있었다. 많은 사람들이 예배와 소망에 사로잡혀 방언으로 그들의 마음을 쏟아내고 있었다. 우리는 모든 사람들에게 하나님의 것들 안으로 뛰어들라고, 그리고 앞으로 나와서 목사님들과 연합하여 하나님을 구하라고 초대했다. 그 후 몇 시간 동안 우리 집회는 말라위를 위한 오순절과 같은 집회가 되어 버렸다. 아무도 시간이나, 외양이나, 편안함을 따지지 않았다. 심지어 아이들까지도 성령의 불을 받게 되었다. 영광의 물결과 감사가 우리 모두 위에 넘쳐났다. 기도의 함성은 계속 이어졌다. 예수님은 그분이 원하는 것을 얻고 계셨다. 그것은 바로 그분을 향한 지극한 열정이었다.

우리는 이것, 즉 성령의 쏟아부어 주심을 위해 여기에 왔다. 우리는 이상과, 기적과, 완전한 회개와, 온 우주에서 가장 풍성한 사랑이 가난하고 버림받은 세상 사람들 위에 큰 홍수처럼 쏟아져 내리는 것을 위해 이곳에 왔다. 우리는 이 살아 있는 폭포로부터 나오는 신선하고 상쾌한 안개가 아프리카와 온 세상에서도 느껴지기를 소망한다. 온전케 하는 성령의 광채가 천둥과 같은 힘으로 사방에 퍼져 나가기를 소망한다. 성령님께서 사탄의 계략을 멸하시면서 이 대륙 전체에 사는 절망적인 사람들 위에 파도처럼 밀려오기를 소망한다.

● 위험한 콜레라 발병(A Dangerous Cholera outbreak) ●

2001년 초 두 달 동안 중앙 모잠비크의 강물의 수위가 올라가면서, 수천 명이 되는 우리 교회 식구들의 식량 공급과 의학 조치가 중단되었다. 상류 댐들이 넘쳐 붕괴되는 것을 막기 위해 그 댐들의 수문을 활짝 열어 놓았다. 비는 계속되었고, 이제 다시 모잠비크 정부는 국제적 도움 없이는 어찌할 도리가 없었다.

예수님에 대한 우리 믿음에 대한 도전은 멈추지 않았다. 우리가 홍수 난 북쪽 지역에서의 어려운 보고들을 매일 받는 동안에, 마푸토 근처의 짐페토에 있는 우리 센터에 심각한 콜레라가 번지기 시작했다. 우리는 콜레라가 우리 교회에서 있었던 결혼식 동안에 사용되어진 오염된 음식을 통해 발병했다고 생각하고 있었다. 그 병은 매우 넓게 확산되었고, 우리는 며칠 사이에 70명이나 되는 아이들과, 목사님들과, 일꾼들을 도시에 있는 콜레라 병원으로 옮겨야 했다. 이 병원은 사실상 큰 텐트로 되어 있었으며, 엄격하게 격리되었고, "콜레라 침대들"로 가득 차 있었다. 그리고 이 침대들은 나무로 만들어졌으며, 위에 구멍이 뚫려 있었는데, 그 밑에는 멈추지 않는 설사와 구토한 것들을 담기 위한 양동이가 놓여져 있었다. 모든 환자들이 정맥 주사를 맞고 있었다.

많은 사람들이 이 병원에서 죽었다. 마푸토의 건강을 책임지는 관료들도 도시 전역에 퍼진 이 유행병으로 인하여 공포에 질려 있었다. 마푸토의 위생 책임자가 하이디를 지목하면서 "네가 마푸토 인구의 반을 죽인 것에 책임을 져야할 것이다"라고 말하였다. 위생 담당 관료들이 매일 우리 센터에 와서, 콜레라의 원인을 밝혀서 확산을 저지시키려 노력하였다. 급기야 경찰들이 나섰고, 우리의 온 센터와 사역을 정지시키려 하였다. 며칠 동안 아무것도 도움이 되지 않는 것 같았다. 우리는 모든 것을 씻고 소독하고 있었다. 우리 트럭들은 밤낮으로 병원을 오가야 했다. 우리 보건소도 정맥 주사를 맞고 있는 아이들로 가득 차 있었다. 우리 직원들은 완전히 녹초가 되어 있었다.

오직 하이디만 텐트로 된 병원을 방문할 수 있는 허락을 얻었다. 그녀는 안에 들어가서 몇 시간씩 아이들과 지내면서 그들을 안아 주고, 그들을 기도에 잠기게 하면서 그들이 죽지 않을 것이라고 선포했다. 때로 그들은 그녀 위에 구토를 하였고, 이것으로 인하여 그녀가 이물질들로 뒤덮이기도 했다. 많은 사람들이 죽음의 문턱에 서 있었고, 눈은 푹 가라앉아 있었다. 의사들은 하이디가 자신을 돌보지 않는 것으로 인하여 깜짝 놀랐으며, 아이들과 함께 죽을 것이라고 확신하고 있었다.

우리는 엄청난 스트레스를 받았다. 우리는 1997년에 우리의 첫 센터에서 어떻게 추방되었는지를 기억했다. 우리는 다시 그렇게 되는 것을 허락할 수 없었다. 우리는 우리가 거리와 쓰레기 더미에서 구출한 아이들에게 우리의 마음을 다해 구원과 치유를 외쳐 왔다. 그런데 이제 그들이 우리 앞에서 하나씩 사라져 가고 있었다. 북쪽에서 온 20명의 목사님들도 그 텐트 병원에서 죽어 가고 있었다. 연약한 목사님들 중 몇몇은 그들이 우리와 함께 머문다면 그들도 죽을 것이라고 생각하면서 집에 돌아가기를 간절히 바라고 있었다. 그러나 하이디와 나는 하나님께서 어떤 일을 행하시지 않는다면 다시 중단할 준비가 되어 있었다.

하지만 이러한 모든 시간 동안에 성령님께서는 우리 모임들 가운데 계속해서 강림하셨다. 계속해서 방문자들이 예수님을 영접하고 그분의 임재를 들이마셨다. 강력한 중보의 영이 콜레라 희생자들뿐만 아니라, 온 나라의 고통을 위해 몇 시간씩 기도하는 강한 목사님들 위에도 임했다. 미국과 캐나다와 세계 곳곳의 중보 기도의 용사들이 우리를 위해 뜨겁게 기도하기 시작했다.

모잠비크의 미래는 여전히 불투명했다. 아무도 더 이상의 해답을 갖고 있지 않았다. 우리의 연약함은 한계에 달했다. 그때에 몇몇 아이들이 병원에서 집으로 돌아오기 시작했다. 그리고 그 후에는 새로운 환자들이 나타나지 않았다. 이해할 수 없는 현상이었다. 모든 사람들이 집에 돌아왔다. 콜레라는 그렇게 사라졌고, 하이디 또한 괜찮았다.

병원의 의사들과 간호사들은 충격에 빠졌다. 도시의 위생 책임자는 다시 하이디를 지목했다. "당신! 이것은 하나님의 일입니다! 당신이 이것을 극복할 수 있었던 유일한 이유는 하나님 때문입니다! 당신과 10명이 넘는 이 아이들은 죽었어야 했습니다!" 그곳의 의사 7명은 즉시 우리와 함께 일하기를 원했다. "이것은 기적입니다! 당신의 하나님을 알고 싶습니다! 우리는 하나님께서 이러한 것과 같은 일을 행하시는 것을 본 적이 없습니다! 우리는 여기에서 더 이상 일하기를 원치 않습니다. 우리는 당신과 함께 일하고 싶습니다!"

콜레라에 걸려 우리 센터에 온 몇몇 방문자들은 병원으로 가는 것을 거부하고 그들의 오두막집으로 돌아간 후에 죽었다. 그리고 우리는 우리 목사님들 중 한 분이 죽었다는 소식을 들었는데, 그 보고가 잘못된 것임이 밝혀졌다. 우리는 짐페토에서 우리와 함께 산 사람들 중에서 하나도 잃지 않은 것을 알게 되었다.

그래서 며칠만에 우리의 가장 좋지 않았던 위기가 우리 센터에서 평화와 기쁨의 파도로 바뀌었다. 우리는 마음속으로 그분의 아름다움을 바라보면서 그리고 그분의 동행함을 즐기면서 몇 시간 동안 그분을 예배했다. 우리 목사님들과 아이들은 웃고 즐기면서 기쁨으로 가득 채워졌다. 북쪽의 홍수는 어떠한가? 수주 동안 아프고 아무것도 먹지 못한 수천 명의 사람들은 어찌되었는가? 우리는 예수님께서 우리를 통해 무슨 일을 행하시려는지 아직 아무것도 알지 못하고 있었다. 하지만 우리 믿음의 수준은 한층 더 올라가게 되었다. 우리는 우리가 사망의 음침한 골짜기로 다닐지라도 그분을 항상 신뢰하며, 그분이 영광 받으시는 것을 우리 눈으로 확인하기를 소망한다. 이 글을 읽으면서 당신들에게도 격려가 되며, 이 왕을 섬기는 일에 우리와 함께 하기를 소망한다.

● 예수님께서 마로메우에 계신다! ●
(Jesus is in Marromeu!)

2001년 3월.
비가 억수같이 내리고 있었으며, 매우 깜깜한 날이었다. 모기 떼들이 달려들어 물어뜯고 있었다. 공기는 증기처럼 뜨거웠다. 하이디와 나는 수백 명의 마을 사람들과 함께 꽉 끼어서 양철 지붕 밑의 작은 시멘트 바닥에 앉아 있었다. 음향 장치의 볼륨이 높여져 있었고, 우리의 발전기는 힘겹게 돌아가고 있었다. 우리는 마음을 다하여 선포하고 있었다. 밖에는 만 명가량의 사람들이 맨발로 젖은 상태에서 전혀 움직이지 않은 채로 우리의 말에 귀를 기울이고 있었다. 그들은 마로메우의 중심 지역에서 열리는 우리 모임에 참석하기 위하여 몇 시간씩 가슴까지 닿는 물들을 건너서 사방으로부터 온 사람들이다. 어쨌든 그날 아침 우리의 첫 모임에서 말씀이 선포되었고, 그와 동시에 예수님은 듣고 있는 군중들 사이에서 치유의 기적을 행하셨다. 들과 물을 건너서, 그리고 걸어서 혹은 배를 타고 "예수님이 마로메우에 계신다!"는 외침이 전파되었다. 사람들이 예수님을 보기 위해 왔으며, 이 작은 마을이 지금까지 보아 왔던 것보다 더 많은 사람들, 심지어 모잠비크의 대통령이 방문했을 때보다 더 많은 사람들이 모여들었다.

 그들은 식량을 얻기 위해 온 것이 아니었다. 우리는 비행기로 단지 45킬로그램의 콩 두 자루를 가지고 올 수 있었을 뿐이다. 몇 안되는 공급로가 물에 잠겼기 때문에 상점들에는 거의 아무것도 없었다. 수천 명의 사람들이 홍수로 모든 것을 잃었다. 그리고 수일 동안 혹은 수주 동안 아무것도 먹지 못했다. 많은 사람들이 가족들을 찾을 수도 없었다. 하지만 여기에 온 모든 사람들은 한 가지를 이해하고 있었다. 그들은 예수님이 필요했다! 모든 사람들이 기도로 반응했다. 모든 사람들이 예수님과, 그분의 용서와 생명과 구원을 원했다. 그분을 떠나서는 아무도 어떤 해답을 갖고 있지 않았다. 우리는 밤이 새도록 그들과 함께 기도했다. 예수님께서 완전히 눈이 멀고 귀가 먼 여인을 치유하셨다. 그녀의 남편은 그녀가 더 이상 쓸모 없기에 그녀를 떠나버렸다. 그녀와 그녀의 가족은 너무 흥분한 나머지 어찌할 바를 모르고 있었다. 그 간증이 퍼져 나갔고, 다음 3일 동안에 사람들이 예수님을 발견하기 위해 마로메우에 끊임없이 몰려왔다.

몇 달 동안에 전 잠베지 강의 평원이 중앙 모잠비크의 높은 서쪽 지대로부터 동쪽의 바다까지 완전히 물에 잠겼다. 물은 더 이상 강물처럼 보이지 않았다. 낮게 날고 있는 우리 비행기로부터 우리의 눈이 닿는 곳까지 오두막집과 밭과 같은 모든 것들이 물에 잠겼다. 우리는 단지 진흙탕의 급류 위로 솟아 있는 지붕과 나무들만 볼 수 있었다. 이 광대한 자연 그대로의 숲을 지니고 있는 지역이 이전에 일어났던 남쪽의 홍수보다 더 큰 타격을 주었다. 도시들은 몇 개의 좁고 거친 비포장도로로 연결되어 있었으며, 건기 중에도 이 길들을 오가는 것이 어렵고 더뎠다. 그런데 이 비로 인하여 그 길들은 완전히 사용할 수 없게 되어 버렸다. 계속 이어진 두 번째 우기 동안에 모잠비크는 기록을 갱신하는 폭우를 경험하게 되었다. 수십만 명을 살리기 위해 모잠비크는 다시 국제적 도움을 필요로 하게 되었다.

헬리콥터들이 가족들을 물에서 건져내었다. 온 마을들이 정부의 피난민 캠프 시설들로 무한정 도피해야 했다. 이 캠프들은 높은 고지대에 있었고, 우리는 사용 가능한 활주로를 이용하여 그러한 캠프들을 방문하였다. 마로메우는 큰 강이 인도양까지 닿기 전에 잠베지에 마지막으로 남은 주 도시였다. 하지만 이 도시도 홍수로 인해 고립되었기 때문에 어떤 구조 식량도 받을 수 없게 되었다. 풀이 무성한 활주로는 큰 수송기가 착륙하기에는 너무 젖었고 부드러웠으며, 사용하기에 지나친 경비가 드는 몇 대 되지 않는 수송 헬리콥터도 매일 매일 필요한 충분한 식량을 운반할 수 없었다. 유엔과 세계 식량 프로그램, 그리고 다른 단체들에 의해 전달 받은 생필품들이 정부의 식량 저장소들에 가득 쌓였지만, 그것들을 가장 필요로 하는 사람들에게 전달하기 위해서는 하부시설들이 필요했다.

우리는 3일 동안 마로메우 지역에서 온 20명 이상의 목사님들과 만났다. 풀과 흙으로 만들어진 그들의 교회들이 물에 잠겼다. 그들은 하나님께 도와 달라고 외치면서 생존을 위해 도시로 몰려들었다. 그들의 성도들 모두는 식량을 간절히 필요로 했다. 그들은 우리의 도착에 기쁨을 감추지 못했으며, 우리가 단지 그들을 위해 가져온 얼마 되지 않는 콩들을 보고 눈물을 흘렸다. 그들은 "예수님께서 우리를 잊지 않으셨다"고 울먹였다. 그들은 큰 소리로 은혜와 자비를 위해 하나님께 부르짖었다. 그들은 치유의 기적들을 보면서 황홀경에 빠졌다. 모든 사람들이 힘을 얻고, 기쁨과 감사로 가득 채워졌다.

우리는 남쪽 저 아래에서 공장을 두고 건강 증진 식품들과 함께 정제된 옥수수 식품을 만드는 지저스 얼라이브 사역단체(Jesus Alive Ministries)와 연계해서, 우리의 목사님들이 그들의 식품을 나누어주는 것을 도와주는데 동의했다. 그들이 마로메우에 착륙하기는 했지만, 그들의 무거운 터보 프로펠라 비행기가 근처의 설탕 공장으로부터 트랙터에 의해서 부드러운 땅에서 견인되어져야 했다. 그래서 우리는 카이아(Caia)를 떠나 깊은 물과 진흙탕을 건너 50마일이나 되는 거리를 트랙터를 사용하여 트레일러를 끌면서 천천히 되돌아갔다. 카이아는 J.A.M과 유엔과 다른 단체들이 사용할 수 있는 비행장을 가지고 있는 곳이었다.

하이디와 나는 또한 마로메우와 카이아 사이에 있는 추팡가(Chupanga) 캠프에도 들렀다. 진흙으로 된 그곳의 활주로는 지도상에 수년 동안 사용할 수 없다고 표시되어 있었다. 하지만 그곳이 최근에 약간 개발되었기 때문에 우리는 착륙을 시도하였다. 활주로 표면이 아직 탄탄하지 않았으며, 게다가 몇 백 피트 정도 앞으로 나아간 후에 우리의 그 커다란 비행기 바퀴가 진흙 속에 빠지기 시작했다. 20명의 사람들이 달려들어서 우리 비행기를 꺼내 주었고, 이륙을 도와주었다. 진흙들이 바퀴 옆의 날개들에 온통 튀겨서 진흙 날개가 되어 버렸다. 우리는 이 캠프와 또 그 주위의 캠프에서 음식도 없이 그리고 의학적인 치료도 받지 못한 채 살고 있는 18,000명의 피난민들을 발견하였다. 400명의 여인들이 임신하여 아기를 곧 출산할 참이었다. 하지만 그들 모두는 음식물과 기본적인 생필품들도 갖추고 있지 않았다. 사용할 수 있는 도로들을 이용하여 힘겹게 움직이고 있는 구호 트럭들이 부서지고 있었다. 한 트럭이 가장 가까운 도시인 베이라에 도착하기 위하여 철길을 이용하던 중 지뢰에 폭파당하였다. 호주 출신의 직원인 대릴 그레이그(Darryl Greig)가 트랙터를 이용하여 4톤의 식량을 25마일 떨어진 카이아로부터 운반하는데 7시간을 소비했다. 하지만 추팡가는 매일 그 양의 몇 배를 더 필요로 하고 있었다.

우리의 세 교회들이 응급 조치를 기다리면서 추팡가 캠프에 있었다. 다시 우리는 우리 목사님들을 만나서 그들의 이야기를 들어주었다. 올해의 홍수는 매우 이례적인 것이었다. 왜냐하면 이 홍수로 인한 수만 명의 피난민들이 우리 교회 출신들이었기 때문이다. 그들의 지도자들은 우리 성경학교를 졸업했다. 우리는 그들에게 모든 일에 예수님을 신뢰하라고 가르쳤다. 그리고 이제 우리는 그들과 함께 있으면서 그들이 당면한 것들을 보고 있다. 그들은 기증 받은 텐트들과 방수용 천을 막대기 위에 펼치고 그 안에서 살고 있었다. 그들은 자기들이 얻을 수 있는 모든 옥수수 열매들을 장작 위의 솥 안에 넣고 요리하고 있었다. 그들은 자기들이 입고 있는 옷 외에는 거의 아무것도 갖고 있지 않았다. 계속되는 비가 모든 것들을 젖게 하면서, 진흙이 튀긴 엉망진창의 것으로 만들어 버렸다.

저녁에 우리는 예수 영화를 보여 주려 했으나, 우리 발전기 통제 장치가 고장났고, 활주로의 전압이 우리 음향 시스템을 고장나게 했다. 우리는 우리 주위에서 무거운 압박과 악한 영의 저항을 느낄 수 있었다. 밤이 깊도록 여러 그룹들이 자신들의 북을 치면서 그리고 그들의 토속 의식에 맞추어 춤을 추고 있었다. 우리는 지쳤고, 배가 고팠다. 나는 딱딱한 땅 위에 쳐진 텐트 안으로 들어가 쓰러졌고, 하이디가 곧 따라 들어왔다. 그날은 매우 뜨거운 날이었다. 모기가 물면 매우 아팠다. 우리 몸에 온통 스프레이를 뿌렸지만, 모기가 문 곳들이 여전히 따가웠다. 우리는 그 안에서 땀을 흘리며 누워서 인간들의 고통 소리를 듣고 있었다. 우리는 수백 명의 사람들의 기침 소리를 들을 수 있었다. 많은 사람들이 말라리아와 콜레라와 폐렴과 기생충으로 고생하고 있었다. 다시 비가 쏟아붓기 시작했다. 우리는 우리와 함께 온 레고 목사님이 우리 텐트의 바깥 부분에 거할 수 있게 해 주었다. 그는 피난처로서 단지 모기장만 가지고 있을 뿐이었다. 우리는 레고 목사님을 우리 텐트 안으로 들어오게 했다. 하지만 비가 너무 많이 왔기 때문에 아침이 되었을 때에는 우리 세 사람 모두를 포함하여 우리의 가방들과, 종이들과, 여권들 모두가 흠뻑 젖었다. 사방에 물이 흐르고 있었다.

우리는 새 발전기와 더 많은 필수품들을 사기 위하여 갑자기 남아프리카로의 오랜 비행을 감행해야 했다. 하지만 그렇게 많은 비가 온 후에 과연 우리가 이륙할 수 있을까? 우리 비행기가 너무 무겁지 않다면 가능할 것이다. 하지만 이제 우리는 두 명의 새로운 승객들을 태우고 가야만 했다. 14살 소년이 트럭에서 떨어져 등이 부러졌다. 그는 신음하면서 텐트 안에 누워 있었다. 우리가 데려가지 않는 한 그에게는 치유의 희망이 없었다. 우리는 그를 병원에 혼자 남겨둘 수 없었기에, 그의 아버지가 우리와 함께 가야 했다. 우리는 세 사람을 두 좌석에 앉게 한 후 안전 벨트를 채웠다. 그리고 그 소년의 등 뒤에는 부드러운 매트를 대주었다. 그는 매우 고통스러워했다. 우리는 이륙하기 위해 진흙으로부터 나아가고 있었다. 하지만 조금 속도를 내자 날아오르기 시작했고, 진흙은 우리를 더 이상 붙잡을 수 없었다. 우리는 햇빛으로 화창한 하늘 아래에서 물이 축축한 야생의 잠베지 평원 위로 날아올랐으며, 지역적인 돌풍으로 인하여 500피트를 유지하며 날고 있었다. 우리는 한 시간 만에 베이라에 도착했고, 절뚝거리는 이 아이가 택시 타는 것을 천천히 도와주었다. 그와 그의 아버지는 돌아갈 방도가 없었기 때문에, 돈을 주면서 그들을 위해 뜨겁게 기도해 주었다.

그 후 하이디와 나는 남아프리카의 넬스프루트(Nelspruit)까지 3시간을 비행했다. 10,000피트 상공에서는 아직도 천둥이 치고 있었고, 나는 안전한 항로들을 찾기 위해 노력하였다. 하늘은 비교할 수 없을 만큼 장엄했다. 최고의 예술가이신 하나님께서 우리 항로를 따라 매 순간 바뀌는 모든 색깔과 명암으로 구름에 채색하셨다. 강들과 산들이 오갔으며, 우리는 그러한 천연 그대로의 아름다움을 만끽하고 있었다. 우리는 예배 음악을 틀어 놓고, 가는 내내 우리의 구원자와 이야기를 나누었다. 예수님! 이곳 아프리카에서 무엇을 하고 계세요? 당신은 이 홍수를 통하여 무슨 일을 하고 싶으세요? 우리를 취하셔서 당신이 원하는 모든 것을 우리와 함께하소서. 당신은 미국과 온 세상에 있는 당신의 지체들에게 우리가 무슨 말을 하기 원하세요? 당신은 당신의 몸인 교회가 그렇게 엄청난 필요들에 반응하여 어떠한 일을 하기 원하세요?

우리는 넬스프루트에서 하루 만에 일을 다 마치고, 마푸토에 들러 다른 작은 앰프 하나를 싣고 잠베지로 향했다. 이번에는 한 명의 의사와 간호사도 우리와 함께 했다. 추팡가에서 우리는 하이디가 텐트 안에서 열심히 중보하고 있는 동안에 우리 집회를 위해 완전히 다시 시설들을 설치하였다. 우리는 두 나무들 사이에 큰 천을 쳐서, 수천 명의 사람들이 양쪽에서 예수 영화를 볼 수 있게 하였다. 이번에는 발전기가 확실하게 작동해 주었다. 음향은 모든 사람들이 들을 수 있을 만큼 크고 분명했다. 우리는 심지어 지역 방언으로 된 사운드 트랙을 가지기도 했다. 우리는 말씀을 전파했고, 듣는 모든 이들은 예수님을 원했다. 우리와 함께 동역하는 수프레사 목사님이 우리와 함께 했다. 그는 우리가 다른 지역들로 계속해서 이동해 다니는 동안에 사람들과 함께 기도하며 가르치는 일을 하면서 며칠 동안 이 캠프에 남아 있었다.

그 후 우리는 성경 학교의 졸업 예배를 위해 먼 남쪽에 위치한 마푸토로 돌아가야 했다. 그리고 아직도 추팡카에 남아 있는 수프레사 목사님을 모시고 가야 했다. 하지만 추팡카에서는 며칠 동안 폭풍이 치고 있었다. 그래서 이미 상태가 좋지 않던 진흙의 활주로가 더 안 좋은 상태가 되어 버렸다. 다른 구호 단체의 비행기들은 베이라에 착륙하면서 카이아의 하늘이 열리기를 기다리고 있었다. 아무도 추팡카에 가려 하지 않았다. 나는 적어도 그곳에 가서 활주로의 상태가 어떠한지 알고 싶었다. 우리는 다시 낮은 고도로 비를 통과하면서 파랗고 하얀 텐트들로 가득 찬 작은 도시를 발견하였다. 우리는 물이 흐르는 부분과 타이어 자국들을 조심스럽게 살피면서 활주로의 한쪽으로 고도를 낮추고 있었다. 나는 바람의 세기를 확인하며 강쪽으로부터 서서히 접근하고 있었다. 우리는 땅의 모래와 자갈들이 물을 충분히 흡수했고, 활주로의 중앙 부분은 표면이 충분히 단단한 것을 발견하고는 가볍게 내려앉았다. 우리는 진흙으로 가득 찬 활주로 끝부분에 이르기 전에 멈추었고, 엄청난 군중들이 우리를 맞이하기 위해 캠프에서 몰려나왔다. 수프레사 목사님은 환한 웃음을 지었고, 항상 그러하듯이 하나님의 기쁨으로 가득 찬 채로 우리를 기쁨으로 맞이하였다. 그는 그 둘레의 사람들과 함께 끊임없이 그리고 항상 사역을 해왔다. 그 캠프 안에 있던 한 천주교 신부는 사람들이 의학적인 치료 대신에 기도를 원하는 것으로 인하여 그에게 화를 내고 있었다.

우리는 한 승객을 내리게 하면서 우리의 음향과 캠핑 시설들을 다시 실었다. 그리고 수프레사와 대릴과 나는 잠베지 평원을 떠나 하늘과 구름과 물이라는 하나님의 끝없이 다양한 팔레트로부터 나오는 또 하나의 장엄한 아프리카 노을을 향해 떠올랐다. 우리는 목사님들과 협의할 것이 있어서 카이아에 잠깐 들렀다. 그리고 일몰이 되었을 때에 하이디가 우리를 기다리고 있는 베이라를 향하여 4,000피트의 고도로 날고 있었다. 깜깜한 밤에 빗줄기가 우리 비행기의 유리창들을 내리쳤지만, 감사하게도 진동은 심하지 않았다. 마을들과 삼림과 호수와 야생 동물들이 우리 밑에 있었지만 보이지 않았다. 정상적인 상태에서는 트럭으로 19시간이 걸리는 거리를 우리는 한 시간 만에 이동하게 되었다. 우리가 베이라 가까이 도착하였을 때에도 비가 베이라의 빛을 희미하게 만들고 있었기에, 우리가 계기 진입을 거의 마쳤을 때까지도 활주로가 거의 보이지 않았다.

다음 날, 우리는 또 한번의 비행 후에 마푸토에 도착했다. 졸업한 목사님들 중 대부분이 잠베지 너머 북쪽에서 온 분들이었다. 성령님은 계속해서 그들 위에 차고 넘치도록 역사하셨다. 그들은 지구상에서 가장 가난한 지역들 중 하나인 북쪽 전 지역에 복음을 전파하고자 하는 열정으로 불타올랐다. 우리 트럭들이 그들을 그들의 집에서 가장 가까운 가능한 지역까지 태워다 주었고, 그 후부터는 그들이 발견할 수 있는 어떤 운송 수단을 이용해서라도 강을 건너야 했다. 많은 사람들이 우리가 그들과 함께 보낸 소중한 플라스틱 식량 가방들을 가지고 잠베지를 가로질러 카누를 이용하여 그들의 여행을 끝마쳤다.

이러한 모든 역경 속에서도 우리 교회들은 모든 지역에서 계속적으로 성장하고 있었다. 우리 교회들은 수백 명이 넘는 고아들을 받아들였다. 그들은 거머리들로 가득 찬 더러운 물로 새로운 신자들에게 세례를 주었다. 이 재앙이 북쪽 모잠비크에 있는 사람들을 하나님으로부터 멀어지게 할 수 없었다. 오히려 이 재앙으로 인하여 사람들은 오직 하나님을 향하여 부르짖게 되었다. 그들은 그들의 죄악을 알고 있었다. 그들은 그들이 아무런 자격이 없다는 것도 알고 있었다. 하지만 하나님은 그들에게 은혜를 베푸셨다. 이곳에 있는 하나님의 사람들이 서방 교회들 위에, 그리고 하나님의 시각과 사랑을 필요로 하는 세계 도처에 있는 사람들의 마음 위에 그분의 빛을 비추기를 소망한다.

● 내가 목말랐을 때에 네가 나에게 마실 것을 주었다 ●
(I was thirsty and you gave me drink)

2001년 6월.

우리가 구름 아래로 하강하고 있는 동안에 남풀라(Nampula)의 빛들이 일몰 속에서 희미하게 보였다. 우리는 잠베지로부터 해변을 따라 왔으며, 이제는 모잠비크의 북쪽 지역에 있는 바위산들을 향하여 내륙으로 방향을 틀었다. 이곳은 마푸토의 우리 기지로부터 천 마일가량 떨어진 곳이었다. 활주로에 있는 전등들이 밝게 비추고 있었는데, 이것은 도시의 희미한 거리와 대조를 이루었다. 나는 4륜 구동 트럭을 이용하여 깊은 진흙탕과 단절된 길들을 헤쳐 나가는데 걸리는 며칠을 절약하면서 또 다른 공항에 도착했다. 하이디와 캐나다에서 온 우리 강사 가이 쉐브로(Guy Chevreau), 그리고 나는 비행기 안의 여러 짐들과 음향 장비들 사이에서 오랫동안 움츠려 있었기 때문에 비행기에서 내리는 것 자체가 행복이었다. 우리는 우리가 이 거대한 지역에 처음으로 복음을 전할 수 있도록 지난 석 달 동안에 12개의 교회를 개척한 우리의 새로운 목사님들을 만나기 위해 그곳에 있었다.

공항은 거의 아무것도 없는 폐허 같았다. 하지만 마침내 우리 목사님들 몇 분이 우리를 몇 시간 동안 기다리던 터미널로부터 나오기 시작했다. 우리는 콜 택시를 불렀고, 잠시 후 뿌연 연기를 뿜어내는 찌그러진 두 대의 차가 나타났다. 우리는 그 택시들을 타고 우리의 집회 장소를 향해 떠났다. 그곳은 호텔이나, 연회장이나, 회의실이나, 카페트가 깔린 예배당이 아니었으며, 심지어 창고도 아니었다. 그것은 우리가 최근에 돈을 보내어 세울 수 있게 한 우리 교회들 중의 하나였다. 우리는 도착한 후 어둠 속에서 우리의 짐을 내려놓기 시작했다. 그리고 내부에 이 짐들을 들여놓기 위한 공간을 찾기 위해 노력했다. 많은 사람들이 몰려와 있었으며, 몇 사람들은 우리의 짐을 운반하는 일을 도와주기도 했다. 우리 "교회"는 흙과 막대기로 지어진 큰 오두막집으로, 먼지가 뿌옇고 통풍도 잘 안되는 곳이었다. 교회 안에 있는 두 개의 희미한 촛불이 그리스도 안에서 우리의 새 식구들이 된 사람들의 얼굴을 비추고 있었다.

침침하고 어두운 촛불 속에서 우리는 조용히 뒤에 앉아 있는 노인들과, 진흙 바닥에 깔려 있는 짚으로 만들어진 매트 위에서 쉬고 있는 아낙네들, 수줍어하며 앞에 앉아 있는 아이들, 그리고 거친 나무 벤치 위에 모여 있는 목사님들이 우리가 말하는 것을 듣기 위해 인내하며 기다리고 있는 것을 보았다. 우리는 그들의 필요들과 기대들에 대하여 질문하기 시작했다.

그들은 배고프고 지쳐 있었으며, 돈 한 푼도 갖고 있지 않았다. 이번이 남풀라 지역에서의 첫 집회였다. 어떤 목사님들은 이곳에 도착하기 위해 밤에 노숙을 해 가면서 이틀 동안을 음식도 먹지 못하고 걸어오기도 했다. 어떤 다른 사람들은 4일 동안을 걸었고, 어떤 사람은 우리로부터 배우기 위하여 6일을 걸어오기도 했다. 이곳에 온 모든 사람들은 단지 빈약하고 초라한 옷들을 등에 짊어지고 있었다. 이제 그들은 우리가 하는 일을 보기 위해 기다리고 있다. 가이(Guy)가 그들에게 물었다. "여러분들이 가장 두려워하는 것이 무엇입니까?" 그들은 "우리가 여기에 있는 동안에 우리 아이들이 굶주려 죽을지도 모른다는 것입니다"라고 간단히 말하였다. 그들은 심지어 어떻게 살아서 집에 돌아갈 수 있을지도 모르고 있었다. 그런 상황 속에서 우리는 할 말을 잃고 있었다.

하지만 하이디와 나는 이러한 상황들에 직면하기 위하여 일부러 모잠비크에 왔다. 우리는 복음을 시험하고, 우리가 외치는 것으로부터 효과가 없고 진리가 아닌 모든 것들을 벗겨 내기 위하여 이곳에 왔다. 우리는 우리의 선교전략을 시험하기 위해서가 아니라, 사람들에게 살아 계신 예수님을 보여 주기 위해 이곳에 왔다. 우리는 사람들에게 건강과 부에 이르는 값싼 길을 약속해주기 위해서가 아니라, 가장 가난한 자들을 사랑하여 하나님 나라 안으로 인도하고자 이 곳에 왔다. 우리는 예수님께서 우리를 죽여서 멸하시고, 그가 원하는 대로 우리를 다시 만드셔서 우리가 여기에서 그분에게 유용해질 수 있기를 요청하면서 이곳에 왔다. 이제 우리가 그러한 시험에 직면했다.

이 사람들이 신음하고 있다. 그들은 아프고 허약한 상태에 있었다. 그들은 자녀들이 자기들의 품에서 죽어 가는 것을 보아 왔다. 이슬람교도들이 그들을 핍박했다. 그들에게는 우리가 가져온 기쁜 소식 외에 아무런 소망도 없었다. 그래서 우리는 가능한 한 성경 말씀에 있는 그대로의 가장 정결하고 단순한 메시지를 선포했다. 우리는 우리 안에 가지고 있는 다른 어떤 생각들도 신뢰할 수 없었다. 그들은 성령님이 들려주시는 말씀을 필요로 하고 있었다. 그들은 예수님께서 무엇을 축복하고 지원하시는지, 그리고 어떻게 해야 그분의 임재 안에 거할 수 있는지 알 필요가 있었다. 그들은 죽기까지 의존할 수 있는 그러한 만족을 필요로 하고 있었다.

그들의 단순한 배경에는 주술과, 제의 혼합주의와, 민속 이야기들과, 수세기 동안의 식민주의로부터 내려온 사소한 종교적 원칙주의들이 있었다. 그들의 전통 문화들이 그들로 하여금 비도덕적이고 비효율적인 삶을 살아가게 했다. 정부의 지도력 부재와 오지의 의학적 서비스 부재로 인하여 그들은 우리가 매일 당연시하고 있는 혜택들을 받지 못하고 있었다. 우리 목사님들은 더듬거리며 읽을 수 있었지만, 대부분의 사람들은 읽을 수도 없었다. 그들은 바깥 세상을 거의 상상할 수 없었다. 따라서 그들이 성경 시대의 이스라엘을 상상한다는 것은 더욱 어려운 일이었다. 하지만 그들이 알고 있는 한 가지가 있었다. 그것은 그들이 우리가 전파하는 이 예수를 원한다는 것이다.

다음 며칠 동안, 하이디와 가이와 나는 돌아가면서 말씀을 전했다. 그리고 진땀을 빼며 통역하는 사람들을 통하여 할 수 있는 한 최대로 우리 마음을 쏟아내었다. 이곳에서는 모잠비크의 수십 가지 주요 언어들 중 하나인 마쿠아(Makua)어가 통용되고 있었다. 목사님들은 통역을 힘들어 하면서도 열정적이었고, 부드러웠으며, 순응적이었다. 우리는 그들 위에 손을 얹고 기도해 주었으며, 성령님께서 많은 사람들 위에 강하게 임하였다. 그들은 우리가 떠나지 않기를 바랐다. 그들은 더욱 많은 것을 원했다. 그들은 우리가 그들과 함께 하면서 그들에게 길을 보여 주기를 원했다. 우리는 오직 예수님만이 그렇게 하실 수 있다는 것을 알고 있었다. 또한 우리가 그분의 목소리와 손과 발이라는 것도 알고 있었다.

우리는 생선과 쌀을 위한 돈을 공급해 주었다. 매일 교회 옆 마당에 장작불을 피워 놓고 큰 솥들을 이용하여 요리를 하였다. 목사님들은 성경을 소유하기를 간절히 원했으며, 우리는 온 도시를 돌아다니면서 각 목사님들에게 한 권씩 줄 수 있을 만큼의 분량을 구할 수 있었다. 성경은 포르투갈어나 마쿠아어로 되어 있었다. 우리는 자전거와, 교회를 덮을 수 있는 방수 플라스틱들을 구입했다.

어느 날 밤에 우리는 빈약한 오두막집과 군중들에 둘러싸인 큰 중심 광장에서 집회를 가졌다. 우리는 벽 위에 하얀 천을 걸고, 비디오 영사기를 연결한 후, 발전기를 가동하여 영화 "예수"를 보여 주었다. 모든 사람들이 모여들었다. 어린아이들은 뛰노는 일을 멈추었고, 십대 아이들은 축구 게임을 중단하였으며, 어른들도 삼삼오오 몰려들었다. 이곳은 이슬람 영토였다. 우리는 열 명 정도를 기독교로 전향시키는 데에 수년이 걸릴 것이라는 말을 들어왔다. 하지만 이 영화를 보지 않으려는 사람은 한 명도 없었다. 우리는 거의 통제도 할 수 없었다. 이 영화의 끝부분에 우리는 말씀을 선포했고, 이 세상의 구원자인 예수를 원하는 사람이 있느냐고 질문했다. 문자 그대로 모든 사람들, 수천이 되는 모든 사람들이 왕 되신 주님 앞에 고개를 숙였다.

마푸토에서 행하는 우리 사역도 북쪽에서의 번성과 함께 계속해서 잘 되어져 나갔다. 거리의 창녀들이 우리와 함께 살기 위하여 자신들의 삶의 방식을 포기하였다. 하이디는 거의 매일 자기들을 사랑하거나 돌볼만한 사람들이 아무도 없는 아이들을 데리고 왔다. 이 나라 전역에 퍼져 있는 우리 교회들이 이와 똑같은 비전을 갖기 시작했다. 그들은 버려진 고아들을 데려다가, 그들을 위해 흙과 막대기들을 사용하여 집을 지어 주었고, 자신들의 가난에도 불구하고 믿음으로 배우는 일에 최선을 다하였다.

많은 사람들이 우리와 함께 시간을 보내기 위하여 방문하였다. 우리는 매일 "어떻게 도와드릴까요?"라는 질문을 받는다. 그러면 우리는 단순히 "당신은 항상 아이들을 사랑하고 포옹해 줄 수 있습니다"라고 대답한다. 그리고 당신도 몇 주 동안의 시간을 내어서 세상의 많은 사람들이 어떻게 살아가고 있는지를 조금이라도 맛봄으로써 엄청난 마음의 고통을 느낄 수 있을 것이다. 하지만 더 중요한 것은 당신이 여기에서 혹은 다른 어디에서라도 주님께 유용한 사람이 되기 위하여 그분과 친밀해져야 하며, 그분과 사랑에 빠져야 한다는 것이다. 그분과의 친밀함에 따라 당신은 무엇을 해야 할지 알게 될 것이다. 예수님은 성서에서 다음과 같은 과감한 말씀을 하셨다:

> 네가 오히려 한 가지 부족한 것이 있으니 네게 있는 것을 다 팔아 가난한 자들을 나눠 주라 그리하면 하늘에서 보화가 네게 있으리라 그리고 와서 나를 좇으라 하시니(눅 18:22).

우리는 주님께서 우리 각자에게 특별히 무슨 말씀을 하시는지를 알 필요가 있다. 당신은 그분을 사랑하고, 그분의 임재에 의하여 축복 받기 원하는가? 여기 아프리카에서는 예수님께서 안 계신 곳이 없다. 그분은 가난하고, 병들었으며, 헐벗었고, 굶주리고 있다. 그분과 친밀해질 때에 우리는 그분을 돌보고 있는 우리 자신을 발견하게 될 것이다. 그리고 그분은 마지막 날에 다음과 같이 말씀하실 것이다:

> 내 아버지께 복받을 자들이여 나아와 창세로부터 너희를 위하여 예비된 나라를 상속하라. 내가 주릴 때에 너희가 먹을 것을 주었고 목마를 때에 마시게 하였고 나그네 되었을 때에 영접하였고 벗었을 때에 옷을 입혔고 병들었을 때에 돌아보았고 옥에 갇혔을 때에 와서 보았느니라(마 25:34-36).

우리의 믿음과 경건은 가난으로 고통 당하고 있는 사람들의 육체적 필요를 위해 아무것도 하지 않는다면 아무 쓸모 없는 것이 될 것이다(약 2:16). 우리는 말씀을 선포하고, 성령의 열매들을 가져오며, 축제의 예배를 드리고, 모든 각처에 있는 모든 영혼들을 낚으면서 영원한 생명으로 나아가고 있을지도 모른다. 하지만 예수님은 우리가 그분을 사랑하는지 그렇지 않은지 정확하게 알고 계신다. 우리는 그분이 목마를 때에 시원한 한 컵의 물을 가져다 드리고 있는가?

● 모룸발아에서의 집회(A Conference at Morrumbala) ●

2001년 8월.

대릴이 전화로 다음과 같이 이야기하였다. "잠베지를 가로지르는 교통 수단은 아무것도 없습니다. 나룻배도 다니지 않습니다. 나는 내 차를 몰고 카이아까지 운전해 가야 합니다. 트럭이 심하게 파손되었기 때문에 내가 그것을 가까스로 집까지 끌고 올 수 있었습니다." 우리의 모룸발아 집회 계획이 이미 산산조각 나고 있었다. 트럭이 없다면 우리는 강을 건너기 위하여 우리 모든 사람들과 장비들을 비행기에 싣고 날아가야 했다.

우리는 우리팀 목사님들을 상업용 비행기를 이용하여 잠베지를 지나 리메인까지 가게 했고, 나는 발전기와 모든 음향 장치들을 세스나 비행기에 실었다. 우리는 대부분의 팀원들을 모룸발아까지 이동시키기 위하여 낡은 봉고차를 세낼 수 있었고, 나는 짐을 가득 싣고 또 한번의 비행을 해야 했다. 나는 우리의 첫 집회가 있는 날 일몰 전에 풀과 바위들 위에 착륙할 수 있었다. 활주로는 수년 동안 거의 사용되지 않고 있었다. 우리는 호텔이나 식당들과 멀리 떨어진 아프리카 오지에서 가난으로 조용히 고통받고 있는 사람들에게 둘러싸여 있었다. 모잠비크의 내전은 전투가 자주 일어났던 이 모룸발아에 잔인한 상처를 남겼다. 많은 사람들이 죽어 수많은 고아들이 생기게 되었다. 그리고 지금은 홍수와 굶주림과 질병이 사람들을 더 잔인하게 괴롭히고 있었다.

누더기 옷을 입은 수백 명의 아이들이 우리가 짐을 내리는 동안에 우리 주위에서 뛰며 소리를 질렀다. 선교사들이 왔다! 이날은 잠베지 전 지역에 있는 우리 교회들을 위한 위대한 밤이었다. 목사님들은 며칠을 걸어서, 그리고 지역 수송 수단을 이용하여 이곳에 도착했다. 그들은 매우 흥분해 있었다. 예수님께서 그들을 잊지 않으셨다. 그들도 먼 거리를 가로지르는 영과 사랑으로 함께 연합한 그리스도의 몸의 한 부분이었다. 그분 안에서 그들은 가족을 발견하였다! 그들은 이 집회가 오랫동안 지속되기를 원했다.

우리는 우리에게 커다란 도움이 되었던 월드비전(World Vision) 건물 안에 있는 작은 손님 접대실로 들어갔다. 곧이어 봉고차 한 대가 길고 힘든 여행 후에 도착했다. 우리 팀들이 함께 도착한 것이다. 하늘이 어두워졌고, 남반구의 별들이 하늘을 아름답게 수놓았다. 이 도시는 어둑했지만, 공기는 시원했다. 강당이나 경기장도 없었다. 우리는 우리를 위해 어떤 시설들이 갖추어져 있는지 보기 위하여 근처의 들판으로 걸어갔다. 수천 명의 사람들이 이미 도착해 있었다. 그들은 장작불을 피워 큰 솥 안에 옥수수 열매를 요리하고 있었다. 그날 밤 그들은 나무 아래에 펼쳐진 짚으로 만든 매트 위에 혹은, 지붕도 없는 폭탄 맞은 건물 안에 모여들 것이다. 그들은 갈아입을 옷도 없었다. 흐르는 물도 없었고, 화장실도, 샤워실도 없었다. 그들은 칫솔이나 수건도 갖고 있지 않았다. 그들에게 있어서 땀과 흙, 그리고 썩어 가는 치아들과 질병 그리고 진물이 나는 상처들은 매우 일상적인 것들이었다. 밤에는 추워질 것이다. 하지만 그들은 성령의 불을 위해 여기에 와 있다.

들판 중앙 부분에 연단을 만들기 위하여 몇 개의 조잡한 판자들을 놓고 못을 박았다. 그리고 다음 날 떠오를 태양으로부터 보호하기 위하여 플라스틱을 이용하여 지붕을 만들었다. 군중들은 우리가 무엇을 하는지 보기 위해 몰려왔다. 우리는 발전기를 아주 먼 곳에 설치한 후, 긴 선을 연결하여 연단까지 닿게 했다. 첫날 밤에는 모든 사람들이 영화 예수를 보기 원했다. 그래서 우리는 그 어두움과 혼동 속에서 킹 사이즈 침대의 천을 매달아 스크린을 만들었고, 영사기와 음향 시스템을 설치했다. 쿵쿵거리며 걷는 사람들에 의하여 짙은 먼지들이 일어났다. 누군가 비디오 테이프에 표시를 잘못해서, 다른 지역 방언으로 영화가 상영되었다. 하지만 사람들은 충분히 이해할 수 있었고, 어쨌든 계속해서 영화를 보기 원했다. 비디오 플러그는 간헐적으로 단전되었고, 그때마다 스크린에는 아무것도 나오지 않았다. 모든 사람들이 필사적으로 보기 원했고, 계속 앞으로 밀려와서 서로 위에 넘어지기도 했다. 어린이들은 내 발 아래에도 있었고, 사방에 퍼져 있었다. 목사님들은 군중들을 통제하려 노력했다. 나는 비디오를 계속 상영하기 위해 분투하고 있었다. 이 지역에서의 이러한 사건은 상상하기도 힘들 정도의 귀하고 특별한 것이었기에 아무도 이 기회를 놓치지 않으려 했다.

영화가 끝나기 바로 직전에 영사기가 완전히 멈추었다. 하지만 우리는 조명 투사기를 켜고 말씀을 전하기 시작했다. 여기에서도 모든 사람들이 예수님을 원했다. 이곳에는 외침과, 환호와, 노래와, 기도가 있었다. 혼돈 속에서도 왕을 위한 엄청난 부르짖음이 올려졌다. 그분은 모잠비크의 희망이시며, 이 가난한 사람들과 심령이 가난한 자들을 위한 유일한 구원이시다. 이러한 모든 소란과 소리들 속에서 예수님은 잃어버린 양을 찾고 계셨다. 그리고 그분은 그들을 자기 품안에 영원히 안전하게 보호하실 것이다.

한참 후 조용해졌기 때문에 우리는 밤을 위해 해산할 수 있었다. 나는 녹초가 되어 우리 숙소로 돌아왔다. 그렇게 많은 사람들이 그런 비디오를 잘 보는 것은 거의 불가능한 일이었다. 하지만 하나님을 향한 배고픔이 터져 나왔고, 잠베지는 복음을 거부하지 않았다. 이곳 모룸발라에서의 남은 3일 동안 우리 팀 목사님들은 뜨거운 태양과 어두운 밤 속에서도 기회가 있는 대로 말씀을 선포하며 가르쳤다. 아무도 복음을 거부하지 않았다. 아이들은 성경 이야기를 듣기 위하여 열심히 몰려왔고, 병자들은 기도를 받기 위해 몰려왔다. 우리 목사님들은 숲 속의 교회 지도자들에게 목사의 마음을 열정적으로 전달할 수 있었다. 성령님께서 이 모임 중에 강하게 임하셨다. 갈망하는 자들은 떨림과 눈물과 큰 울부짖음으로 하나님 앞에 자신들을 내던졌다. 그들은 하나님을 필요로 했고, 그분을 원했으며, 그분을 사랑하였고, 그분도 그들을 사랑하셨다. 마음들이 채워졌으며, 이상들을 보고 병에서 치유 받기도 하였다. 날 때부터 말도 못하고 듣지도 못하던 한 소녀가 처음으로 말을 하였다. 그녀의 가족과 친구들은 그들의 마을에 돌아가는 내내 춤을 추며 노래를 불렀다.

　우리는 돈도(Dondo) 남쪽에서의 집회를 위해 다시 이동하였다. 우리는 다시 이 나라를 휩쓸고 지나가는 부흥과 하나님에 대한 배고픔을 볼 수 있었다. 우리 목사님들은 우리 교회들의 숫자를 조심스럽게 세기 시작했다. 우리는 말라위와 남아프리카에 있는 교회들을 포함하여 3천개 이상의 교회들을 갖고 있었다. 이것은 우리가 알고 있었던 것보다 천 개나 많은 숫자였다. 우리는 50명 이상의 그룹을 한 교회로 집계했다. 이 교회들은 보통 음향 시스템 없이 설교자의 소리를 들을 수 있을 정도의 사람들-약 300명 정도-을 가지고 있었다. 우리는 중앙 모잠비크와 남쪽 말라위의 큰 지역들에 있는 모든 마을들에 교회를 세우는 정도까지 성장해 나갔다. 다른 나라들의 목사님들도 우리를 부르고 있었다. 가나, 케냐, 탄자니아, 짐바브웨의 교회들도 똑같은 부흥을 원하고 있었다. 우리의 복음 전도자들은 앙골라와 수단에 도착하는 것을 기다릴 수 없어 했다.

　우리는 그렇게 힘든 일을 어떻게 지속할 수 있느냐는 질문을 받는다. 또한 어떻게 그러한 가난과 스트레스들을 견디어 낼 수 있느냐고 묻는다. 그리고 얼마나 오래 이 일을 할 수 있느냐고도 묻는다. 하지만 우리는 이 일을 늦추고 우리의 삶을 챙기려 노력함으로써 얻을 수 있는 것이 아무것도 없다는 것을 알고 있다. 우리는 우리 자신을 향기로운 사랑의 제물로 예수님께 드린다. 그러면 예수님은 보답으로 그의 초자연적인 삶을 우리에게 주신다. 우리는 우리 대부분이 상상조차 할 수 없을 정도로 가난하고, 고통받고, 굶주리며 죽어 가는 사람들을 일어나서 직면해야 한다. 하지만 우리는 확신을 가지고 다음과 같이 선포할 수 있다.

　　누가 우리를 그리스도의 사랑에서 끊으리요 환난이나 곤고나

> 핍박이나 기근이나 적신이나 위험이나 칼이랴 기록된 바 우리가 종일 주를 위하여 죽임을 당케 되며 도살할 양같이 여김을 받았나이다 함과 같으니라 그러나 이 모든 일에 우리를 사랑하시는 이로 말미암아 우리가 넉넉히 이기느니라 내가 확신하노니 사망이나 생명이나 천사들이나 권세자들이나 현재 일이나 장래 일이나 능력이나 높음이나 깊음이나 다른 아무 피조물이라도 우리를 우리 주 그리스도 예수 안에 있는 하나님의 사랑에서 끊을 수 없으리라(롬 8:35-39).

우리는 그분의 사랑을 가지고 있다. 우리는 그분을 가지고 있다! 지금은 보수적인 태도를 취할 때가 아니다. 지금은 세상의 것들에 우리 마음을 줄 때가 아니다. 우리는 그분의 뜻과 그분의 생명을 개선할 수 없다. 이제 하나님의 관심을 사로잡는 것에 집중하자. 그리고 그분이 하신 대로 행하자. 그분은 무엇이 가치 있는 일인지 잘 아신다. 따라서 그분께 배워 시간을 낭비하지 말자. 우리는 결코 메마르지 않을 것이다. 우리는 그분이 죽으셨기 때문에 항상 그분의 자원들로 채워질 것이다. 승리를 위한 경주를 하며, 열매 맺는 일을 결코 중단하지 말자.

8
죽어가는 이들을 위해 멈춰라
Stop for the Dying

우리는 매번 모든 사람들을 위해 멈추어야 한다.

샤를로트(Charlotte)라는 또 하나의 소중하고 작은 소년이 있었다. 그는 강간을 당하고, 매를 맞고, 상처를 받았으며, 폐렴으로 거리에서 죽어 가고 있었다. 내가 할 수 있는 것은 매번 멈추어 서는 것이었다. 지나쳐 가는 것이 아니라, 멈추는 것 말이다. 그래서 우리는 샤를로트를 집으로 데리고 왔다. 하지만 그는 말을 할 수 없었다. 그는 계속해서 울기만 했다. 나는 밤중에 시내에서 그를 발견했다. 그때에 그 주위에는 또 다른 두세 명의 아이들이 있었다. 그는 폐렴으로 인하여 매우 쇠약해져서 단지 땅에 누워 있을 뿐이었다. 그는 걸을 수도 없었다. 뉴욕에서 온 우리 의사 밥(Bob)이 우리와 함께 하고 있었기 때문에 그를 진찰해 보았다. 그는 샤를로트의 폐렴이 극도로 심각하다고 말해 주었다.

우리가 계속 번갈아 가면서 그를 안아 주며 사랑해 주고 있었다. 그러다가 어느 순간에 그는 치유를 받았다. 고통도, 몸부림도, 폐렴도 사라졌다. 그의 영이 회복되는 데는 약 6주가 걸렸다. 그리고 두 달 정도

지난 후부터는 그의 몸도 좋아지기 시작했다. 하지만 그는 우리와 함께 사역하기 시작한 조세 목사님이 그를 자기 아들로 받아들이기로 결심했을 때에 완전히 다른 사람이 되었다. 거의 매주 조세 목사님은 그를 자기 집으로 데리고 가서, 그와 함께 특별한 사랑의 시간을 가졌다.

또 하나의 아이는 에이즈에 감염되어 거리에서 살고 있던 질토(Jilto)였다. 질토는 도둑질하고, 훔치고, 사람들을 밀치고 때리는 아이로, 계속해서 사랑을 요구하고 있었다. 하지만 우리가 계속해서 그를 사랑해 주었을 때, 주님께서 그를 만지셨다. 그는 에이즈에서 치유받았다. 의사들이 그의 몸에서 음성 반응을 확인해 주었다. 조세 목사님은 질토도 매주 자기 집으로 데리고 갔다. 그래서 질토와 샤를로트는 그들을 돌보는 모잠비크인 아버지의 사랑을 느낄 수 있었다.

이러한 일들을 바라보면서 나는 우리가 무엇을 해야 하는지에 대하여 기도하고 있었다. 주님은 나에게 수백만의 아이들을 보여 주셨다. 그리고 나는 우리가 수백만의 아이들을 돌보아주는 일에 부름을 받았다고 믿고 있었다. 나는 처음에는 그 이상에 완전히 압도되었다. 나는 다음과 같이 생각했다. "하나님, 어떻게 그런 일이 일어날 수 있어요? 우리가 어떻게 그런 일을 할 수 있죠? 그냥 한 아이 한 아이를 위해 멈추어 서면 되는 건가요? 우리가 이 일을 어떻게 할 수 있을지 전혀 알지 못하겠어요!" 나는 기도하고, 울며, 금식하면서 하나님께 여쭈었다. 그분은 대부흥을 일으키시겠다고 말씀하셨다. 그리고 그 부흥 속에서 그가 목사님들의 마음을 만지며, 그들이 고아들의 아버지가 될 것이라고 말씀하셨다. 그는 그것이 이 아이들에 대한 해답이라고 말씀하셨다. 그들은 말 그대로 이 모잠비크 목사님들에게 돌봄을 받을 것이다. 그 후에 하나님은 과부들이 그들을 위해 요리하고 먹여 주며, 과부들이 농장 일을 도와줄 것이며, 우리는 흙과 짚으로 된 토착적인 건물들-이 건물들은 모든 교회와 어울리는 것이 될 것이다-을 세울 것이라고 말씀하셨다. 우리는 이 아이들이 가족들 안에서 돌봄 받는 것을 보게 될 것이다.

조세 목사님은 아이들을 집으로 데려가기 시작한 첫 목사님이셨다. 그 후 레고 목사님도 아이들을 집으로 데리고 가셨고, 또 다른 목사님들도 그렇게 하셨다. 지금은 수많은 목사님들이 한 명에서 열 명 정도의 아이들을 집에 데려가고 있다. 우리는 그들에게 한 명에서 열 명 정도의 아이들을 데리고 가는 것을 위해 기도하라고 부탁했다. 주님은 부흥을 갑절이나 더해 주셨다. 지금까지 우리 선교팀은 10개의 나라에 5천 개 이상의 교회를 세우게 되었다. 우리는 모든 교회들에게 아이들을 데리고 집으로 가라고 요청해 왔다. 이렇게 하여 고아와 거리의 아이들과, 에이즈에 걸린 모든 아이들이 가족 단위에서 돌보아질 것이라고 나는 믿고 있다.

이러한 목사님들이 훈련받기 위해 짐페토에 있는 센터로 오는 것을 보는 것은 참으로 아름다운 일이었다. 그들은 성경(구약과 신약)과 신학을 공부하고, 영적 훈련을 받기 위하여 이곳에 오지만, 그들은 또한 고아와 과부들을 돌보는 방법을 배우기 위하여 이곳에 온다. 그들이 이곳에 처음 와서 보는 것은 우리와 함께 사는 수천 명의 아이들이다. 우리는 그들에게 이와 같이 말한다. "이것이 예수님의 마음입니다. 예수님은 자신이 죽으셨기 때문에 항상 부족함이 없을 것이라고 말씀하셨습니다. 당신들도 아이들을 데리고 갈 수 있습니다. 당신이 가난한 것은 문제되지 않습니다. 당신이 돈을 갖고 있지 않은 것도 문제가 되지 않습니다. 당신이 한 명, 그 다음에는 두 명, 세 명의 아이들을 데리고 가는 것에 대하여 하나님을 신뢰하기로 결정한다면, 하나님은 당신에게 그들을 데리고 가서 돌보고자 하는 일에 더욱 큰 믿음을 주실 것입니다." 영광스러운 일은 예수님께서 이 목사님들의 마음을 만지시면서 이분들이 자진해서 아이들을 데려가고 있다는 것이다.

샤를로트와 질토가 이러한 종류의 사역의 아름다운 원형이라 할 수 있다. 수백 명의 아이들이 목사님들을 따라갔고, 이제는 가족 단위에서 그리고 교회에서 돌봄을 받고 있다. 아프리카와 인도에 있는 모든 교회들, 그리고 고아들과 에이즈에 걸린 아이들과 가난한 아이들을 마주치는 모든 교회들이 하나님을 믿고 몇 명의 아이들이라도 데려가서 돌보아 준다면, 우리가 모든 아이들을 돌볼 수 있게 될 것이다. 그들은 가정에서 사랑을 받으며 축복을 받게 될 것이다. 그들은 더 이상 고아들로 살지 않을 것이다. 성경은 하나님께서 고아들을 모아서 가족 안에 들이시며, 그분이 그들을 돌보고 그들에게 사역하실 것이라고 기록한다. 그것이 우리가 보고 있는 것이다. 그래서 우리는 축복 받은 자들이다. 하나님을 송축합니다!

우리를 방문하는 사람들은 우리와 함께 가난한 사람들 사이를 걸어가면서 그들 안에 예수님의 마음이 확장됨을 경험한다. 일 년에 천 명 이상의 사람들이 우리를 방문한다. 우리는 그들을 데리고 거리와 쓰레기 더미로 간다. 그리고 하나님께서 동서남북 어디에서든지 자기의 영을 부어 주시는 곳에서 그들은 예수님의 마음이 쏟아부어지는 것을 보고 있다.

최근 우리는 코스타 도 솔(Costa do Sol)에 나가서 사역을 하고 있었다. 그 지역에서는 창녀들이 집과 같지 않은 어중간한 집에서 살고 있다. 그들은 그들의 몸을 팔고 있었다. 그들 대부분은 9살 정도 밖에 되지 않는 어린아이들이었다. 그곳은 캠피스모(Campismo)라 불리는데, 코스타 도 솔의 캠핑지라는 뜻이다. 이 소녀들은 낡은 집 바닥에서 잠을 잔다. 우리는 세계 도처에서 온 우리 직원들과, 그리고 한때 거리에서 살았던 아이들인 자카리아스(Zacharias)와 루이스(Louis)와 함께 그곳에 갔다. 자카리아스는 깡패 두목이었으며 강도였지만 거리에서 강력한 구원을 체험한 사람이었다. 그는 무릎을 꿇고 예수님을 만났다.

그리고 우리와 함께 일하기 위하여 짐페토에 왔으며, 주님에 의해 완전히 변화되었다. 그는 읽고 쓰는 것도 배웠으며, 이제는 거리의 설교자들 중 최고에 속하는 한 사람이 되었다. 매 주일마다 그는 루이스와 에반과 또 다른 아이들과 함께 거리에 나가서 사역하고 있다. 그리고 화요일마다 다시 그곳으로 나간다. 그곳은 정말 캠핑장이다. 그곳에는 불이 타오르고 있다. 어린아이들과 몸파는 소녀들이 함께 그곳에 모인다. 직업이 없는 젊은 남자들과 십대 소년들 또한 몸을 팔고 있다. 우리는 먼저 기도하고 예배하면서 그곳에서 주님을 불렀다.

어느 주에는 그들이 매일 기도함에도 불구하고 그들의 삶의 방식을 포기하지 않는 것으로 인하여 내가 매우 슬픔에 빠져 있었다. 나는 주님께 부르짖었다. 그들 모두 그 주간의 주일에 우리의 큰 결혼 축제들 중 하나를 위해 모였다. 우리는 성경 말씀을 문자적으로 받아들였다:

> 잔치를 배설하거든 차라리 가난한 자들과 병신들과 저는 자들과 소경들을 청하라 그리하면 저희가 갚을 것이 없는 고로 네게 복이 되리니 이는 의인들의 부활시에 네가 갚음을 받겠음이니라 하시더라(눅 14:13-14).

우리는 4톤 트럭들을 내보내어 가난하고 병든 사람들, 강도들, 절망 속에 살아가는 사람들을 발견하여 교회로 데려왔다.

이 특정한 주일에 창녀들이 왔다. 가이 쉐브로가 설교하고 있었다. 나는 마음속에 예수님의 부담을 느꼈다. 나는 그들이 예수님을 만났음에도 불구하고 그들의 삶의 방식을 바꾸지 않는 것으로 인하여 매우 슬퍼하고 있었다. 그래서 나는 "정말로 변화되기 원한다면 앞으로 나오세요" 하고 말했다. 그들은 정결하고 깨끗해지기 위해 앞으로 달려나왔다. 내가 말했다. "지금이 당신들의 구원의 날입니다. 지금 하나님께서 당신들을 자유케 하실 것입니다." 나는 40일 금식을 하는 중이었고, 내 마음은 이 소녀들로 인하여 찢어지는 고통을 맛보고 있었다. 나는 "주님, 지금입니다. 지금 일하여 주십시오. 지금 어떤 일을 행하십시오" 하며 울부짖기 시작했다. 오직 성령께서만 마음을 변화시키실 수 있다는 것을 나는 알고 있다. 우리가 할 수 있는 것은 아무것도 없다. 오직 성령님만이 하실 수 있다. 그래서 내가 말했다. "당신들이 정말로 변화되고 싶다면, 정말로 새로운 삶을 원한다면, 정말로 창녀의 삶을 버리기 원한다면, 지금 무릎을 꿇고 하나님께 길을 만들어 달라고 기도하십시오."

내가 그들을 어떻게 해야 할지 모르고 있었기 때문에, 하나님께서 어떤 길을 만드실 지는 나도 모르고 있었다. 나는 아홉 살 혹은 열다섯 살의 창녀들을 짐페토로 데리고 올 수 없다는 것을 알고 있었다. 나는 우리에게 그들을 묶게 할 수 있는 또 다른 장소가 필요하다는 것을 알고 있었다. 하지만 우리에게는 그 일을 감당할 수 있는 직원도 없었고, 이미 일을 많이 벌여 놓아 이미 녹초가 되어 있었다. 나는 무엇을 해야 할지 모르고 있었지만, 하나님은 무엇을 해야 할지 알고 계신다는 것을 알고 있었다. 예수님께서 "하이디! 내가 죽었기 때문에 항상 부족함이 없을 것이다"라고 말씀하신 것을 기억했다. 그래서 다시 힘을 내어 하나님을 믿기 시작했다. 소녀들이 흐느끼며 울기 시작했다. 그리고 우리가 거리 사역을 위해 나간 다음 화요일에 그들이 나에게로 달려왔다. 그들은 모래 위에 무릎을 꿇고 나에게 말했다. "마마! 우리는 더 이상 이러한 삶을 살 수 없어요. 우리는 변화될 준비가 되어 있어요. 우리는 변하고 싶어요. 우리는 더 이상 우리 몸을 팔지 않을래요. 우리는 에이즈로, 임질로, 매독으로 죽고 싶지 않아요. 예수님을 따르고 싶어요. 우리는 더 이상 그분의 임재를 떠나지 않을래요. 우리는 그분을 알아야만 해요. 우리는 그분을 따라야만 해요. 우리는 살아 있다고 말할 수 없어요. 여기에는 생명이 없어요. 더 이상 이러한 삶을 견딜 수 없어요." 캠피스모에서 사역한 지 약 1년이 지난 그날 소녀들을 위해 모든 것이 변화되었다. 하나님께 영광을!

오늘 또 다른 일곱 명의 소녀들이 거리에 나왔다. 에반은 여전히 도둑질을 하며 옛 생활로 돌아가려 하고 있을 때에, 천사와 함께 춤을 추며 예수님의 무릎 위에 앉아 있는 이상을 보았다. 이 소년은 이제 거리로 나가 자카리아스와 페들로와 함께 복음을 전하고 있다. 그들이 이 소녀들을 데리고 왔다. 우리는 무엇을 해야할지 계속해서 기도하고 있었다. 우리는 센터 근처에 간단하고 작은 집들을 세우기 시작했다. 이 소녀들 중 일부가 우리 학교에 왔다. 나 외에 여성으로서는 첫 목사가 된 루시아가 거리로 나가 이 소녀들에게 목자가 되어야 한다는 이끌림을 느끼고 있었다. 그리고 그들 모두가 거리에서 한꺼번에 나오기를 원하는 이 기적이 일어났을 때에, 우리는 정말이지 힘에 겨웠고, 무엇을 해야 할지 몰랐다. 하지만 하나님은 무엇을 할지 알고 계셨다. 우리는 예수님으로부터 직접 나오는 대답을 필요로 하고 있었다.

우리는 기도하면서 또 다른 목사님을 보내 달라고 기도하기 시작했다. 나는 그 사람은 우리 성경학교를 졸업하고, 훈련을 받았으며, 읽을 줄 알고, 포르투갈어를 잘 구사하며, 하나님의 말씀을 가지고 소녀들을 제자화할 수 있는 사람이어야 한다고 생각하고 있었다. 우리에게는 거리에서 4년 이상을 살아 온 루이스(Louis)라는 사람이 있었다. 그는 박스로 지어진 집의 화재로 인하여 화상을 입은 상태였다. 그가 친구들이라고 생각하던 몇몇 사람들이 거리에 있는 그의 오두막집에 가솔린을 붓고 불을 질러 태워 죽이려 하였다. 그들이 모든 문을 걸어 잠갔기 때문에, 그는 밖으로 뛰쳐나올 수 없었다. 그는 거의 죽은 상태였으며, 온몸에 화상을 입게 되었다. 그는 오랫동안 입원해 있었고, 퇴원한 후에 거리에서 나는 그를 만났다. 그는 울부짖으며 예수님을 만났다. 나는 예수님께서 어떻게 그의 죄를 용서해 주시며, 그를 얼마나 사랑하시는지에 대하여, 그리고 그분의 자비와 은혜에 대하여 말해 주었다. 루이스는 용서에 대하여 나에게 엄청난 것을 가르쳐 주었다. 왜냐하면 루이스가 나에게 처음으로 말한 것들 중의 하나가 "그렇다면, 나의 친구들을 용서해야겠네요. 그들에게 가서 예수님의 사랑과 자비에 대해서 말해 주고, 나를 태워 죽이려 했던 그들 모두를 용서하겠습니다"였다. 그리고 그는 그렇게 했으며, 그 후로 몇 년 동안 거리에서 복음을 전하고 있다.

우리가 이 거리의 소녀들을 도와줄 목사님을 구하며 기도하는 동안, 주님은 "루이스"라고 내 마음에 들려주셨다. 그는 학교에 다닌 적도 없었다. 그는 우리의 문맹 퇴치 프로그램에 들어오기 전까지 읽을 줄도 쓸 줄도 모르는 사람이었다. 그는 성경학교에서 공부도 하지 않았다. 그는 단지 건설에 관련된 부서에서 일하고 있었을 뿐이다. 캠피스모에 갔을 때, 나는 루이스에게 다가가서, "루이스, 당신이 루시아와 함께 이 거리의 소녀들을 돕는 일에 예수님께서 당신을 사용하실 수 있다고 생각하세요?"라고 물었다. 그러자 루이스는 울기 시작했다. 그는 모래 위에 무릎을 꿇고 울었다. 루이스는 나무 아래 모래 위에서 울기 시작했으며, 눈물이 모래 위로, 그의 얼굴과 흉터진 손 등으로 흘러내렸다. 그가 말했다. "예수님께서 이러한 일로 나를 영화롭게 하신다고요? 예수님께서 나로 하여금 그분을 위해 이러한 일을 하게 하신다고요? 물론이죠. 이보다 더 좋은 일이 어디에 있겠습니까? 네! 제가 가겠습니다. 기꺼이 가겠습니다. 제가 그런 소녀들과 홍수로 인해 고아 된 아이들의 목자가 되겠습니다." 지금 루이스는 루시아와 함께 그곳에서 사역을 하고 있다.

이러한 일들을 통하여 우리는 심한 상처를 받고, 심한 학대를 받으며 쫓겨난 사람들이 우리와 함께 일하는 사역자들 중 가장 기름부음을 강하게 받는 사람들이 된다는 것을 발견했다. 그들은 다른 목사님들을 앞서가는 것처럼 보인다. 그들의 자비와 은혜는 정말로 다른 사람들의 것보다 훨씬 뛰어나다. 왜냐하면 그들은 다리 아래에서 사는 것이 어떠한 것이며, 매맞으며, 강간을 당하며, 화상을 입으며, 춥고 배고픈 것이 어떠한 것인지를 아는 사람들이기 때문이다. 그들은 고아들과, 상처받은 사람들, 창녀들, 거리에 사는 사람들을 향한 애틋한 애정을 가지고 있다. 그래서 그들은 매일 예수님의 사랑에 대하여 우리에게 더 많은 것들을 가르쳐 준다. 나는 예수님께서 하나님의 능력과 자비를 가지고 사역하는 루이스와, 자카리아스와, 에반과, 페드로 같은 사람들을 우리에게 더 많이 보내 달라고 기도한다.

교회의 많은 사람들이 추수가 일어나는 것을 보지 못하고 있기 때문에 실망하고 있다. 그들은 열매가 거의 없기 때문에 실망하면서 "왜?"에 대하여 고심하고 있다. 그들은 계속해서 똑같은 사람들에게 간다. 누가복음 14장 15-24절의 비유에 의하면, 부자들은 오지 않았다. 그들은 그들의 돈과 소유를 즐기며, 변명을 해대느라 바빴다. 가난한 사람들은 그러한 일들을 할 수 없었다. 그들은 초대받았을 때에 기꺼이 연회에 참석하려 했다. 하나님은 변명이 있을 수 없다고 말씀하신다. 하지만 교회들은 부자와 잘 먹고 사는 사람들에게 계속해서 나아가면서, 왜 그들이 반응하지 않느냐고 고심하고 있다.

하나님은 말씀하신다. "교회여, 일어나라! 일어나라, 교회여! 교회는 혼인잔치에 아직 준비되어 있지 않다. 가난한 사람들이 초대받아야 한다." 주님은 그분을 위해 열심을 내고, 그분에 대한 사랑으로 가득 차 있으며, 신랑의 오심을 사모하고, 혼인잔치의 맛을 보고 그것이 곧 시작될 것이라는 것을 알고 있는 사랑스러운 종들을 찾고 계신다. 그들은 누군가가 구원받기를 기다리면서 더 이상 자기들의 편안함 가운데 안주할 수 없다. 그들은 문자 그대로 달려나가서 가난하고, 병들고, 눈멀고, 걸을 수 없는 자들을 불러들일 것이다. 우리가 가면 그들이 올 것이다.

　나는 모잠비크에서 사역해 온 지난 4년 동안 예수님에 대해서 "Yes"라고 대답하지 않은 사람을 한 명도 보지 못했다. 가난한 사람들이 백 명씩, 천 명씩, 심지어 만 명씩 찾아왔다. 그들은 자기들이 배고프다는 것을 알기 때문에 찾아온다. 가난한 사람들에게는 하나님의 마음을 기쁘게 하는 어떤 것이 있다. 그들은 죄를 깊이 뉘우친다. 그들은 도움이 필요하다는 것을 알고 있다. 가난한 사람들 안에 있는 무엇이 그들로 하여금 예수님께 나아오고 싶게 만드는가? 가난한 사람들 안에 있는 무엇이 하나님 나라가 임하게 하며, 그들로 하여금 잘 먹고 잘 사는 사람들이 경험하지 못하는 식으로 하나님의 나라를 맛보게 하는가? 그것은 배고픔과 관련이 있다. 그것은 그들의 필요와 관련이 있다. 그들은 하나님이 필요하다는 것을 알고 있다. 그들은 목마르고 배고픈 사람들이다. 하나님은 심지어 부자들과 중산층들도 심령이 가난해져서, 하나님이 필요하다는 것을 알기 원하신다.

　가난한 자들이 어떻게 하나님을 추구해야 하는지에 대해 우리에게 가르쳐 주고 있다. 가난한 자들이 우리가 하나님을 어떻게 갈망해야 하는지 그리고 어떻게 용서해야하는지에 대해 가르쳐 주고 있다. 가난한 자들은 하나님을 의존해야 하기 때문에 하나님의 마음에 대해 우리에게 많은 것을 가르쳐 주고 있다. 하나님은 우리가 항상 그분을 의존하기를 바라신다. 가난한 자들은 항상 배가 고프다. 하나님은 그분을 배고파하고 목말라 하라고 우리를 부르고 계신다. 가난한 사람들은 목이 마르다. 주님은 그분을 목말라 하라고 우리를 부르고 계신다. 가난한 사람들은 잔치 초대에 결코 "No"라고 말하지 않을 것이다. 그들은 와서 먹을 것이다. 주님은 그분의 교회를 위해 영적 연회들을 배설하고 계신다. 하지만 너무 많은 사람들이 이미 배부른 상태에 있다. 그들에게는 사방에 바이킹 요리와 뷔페와 식당들이 있다. 그들은 단순히 배가 고프지 않은 것이다.

주님은 버림받은 사람들을 불러오고, 세상의 어두운 골목까지 들어가서, 가난한 사람들을 강권하여 오게 할 사랑스러운 종들을 찾고 계신다. 그들은 올 것이다. 그들은 수백만 명씩 올 것이다. 누가 편안한 삶을 버리고 가서 마음이 상한 자들을 불러오겠는가? 누가 가서 배우는 자들이 될 것인가? 누가 가난한 사람들에게 가서 예수님을 위해 자기의 생명을 내려놓겠는가? 예수님은 그분의 집이 가득 차기를 원하신다. 지금이 우리가 가난하고, 깨지고, 집 잃고, 죽어 가며, 외로운 사람들에게 가서 그들을 집에 들여야 할 때이다. 수백만 명의 선교사들과 사역자들이 가장 어두운 곳들과, 가장 가난한 지역들과, 잊혀진 지역들에 나아가야 한다. 왜냐하면 혼인잔치가 곧 시작될 것이며, 수많은 가난한 자들이 초대를 받지 못했기 때문이다. 달려나가서 그들을 불러들이자. 그들이 올 것이다.

금요일마다 우리는 쓰레기 더미 근처에 집들을 세우거나, 집들 위에 지붕을 얹고 있다. 가장 가난한 사람들이 쓰레기 조각들로 집을 세우고 있으며, 때로 벽들을 세우기 위하여 충분한 쓰레기와 짚을 발견하기도 한다. 하지만 그들은 심지어 100년이 지나도 집 위에 양철 지붕을 얹을 만한 충분한 돈을 발견할 수 없을 것이다. 그러한 돈은 그들이 상상할 수 없는 액수이다. 그 액수는 어떤 다른 사람들에게는 100만 달러와 같은 액수이다. 그것은 꿈도 꿀 수 없는 액수이다. 우리는 예수님께서 쓰레기 더미를 돌아다니면서 가난한 자들을 변화시키고 그들을 혼인잔치에 초대하는 것을 보면서 우리가 무엇을 해야 할지 기도하고 있다. 그들은 하루에 12시간 정도를 쓰레기를 뒤지며 보낸다. 그 후 집에 돌아가서 쉬는데, 그들의 집은 쓰레기로 악취가 나는 허술하며 빗물이 새는 오두막집이다. 상상해 보라! 우리는 기도한다: "예수님, 우리가 무엇을 할 수 있습니까? 당신이 돌아오셔서, 당신께서 우리에게 보여 주신대로 이 사람들을 당신 앞에 앉게 할 때까지 우리가 무엇을 할 수 있습니까? 그들이 예복을 입을 때까지 우리가 무엇을 할 수 있습니까? 우리가 지금 무엇을 할 수 있습니까? 기도합니다. '당신의 나라가 임하옵소서. 당신의 뜻이 하늘에서 이룬 것같이 땅에서도 이루어지게 하소서.' 이 사람들을 위해 우리가 무엇을 할 수 있습니까?" 이것이 우리의 큰 숙제이다. 하늘에서가 아닌 지금 여기에서 우리가 무엇을 할 수 있는가?

우리는 쓰레기 더미에서 구원받은 우리 형제들의 도움을 받아 매주 한두 개의 집을 세우기로 결심했다. 우리는 지붕을 위한 재료들을 제공하고, 그들은 모든 노동을 제공해 주었다. 안토니오(Antonio)는 매우 필사적이었다. 그는 이렇게 말했다. "마마, 결혼하고 싶어요. 나는 정말로 참된 삶을 살고 싶어요. 나는 사는 것 같지 않아요. 나는 집도 없고, 아무것도 없어요. 예수님을 사랑하지만, 나에게는 아무것도 없어요. 예수님을 사랑하지만, 잘 곳이 없어요. 예수님을 사랑하지만, 아내를 데리고 갈 곳이 없기 때문에 결혼할 수 있는 가능성은 거의 없어요. 나는 내가 결혼해서 아이를 낳고, 하나님을 사랑하는 그러한 삶을 원해요." 이 말을 한 후에 그는 자기 형제들이 자기에게 조그마한 땅을 주었다고 말했다. 그것은 쓰레기 더미 근처에 있었으며, 그 땅은 아직도 비에 젖어 질퍽질퍽했다. 2년이 지난 지금도 그 땅의 바로 옆 공터는 여전히 홍수로 인한 물로 가득 차 있었다. 가난한 사람들은 항상 가장 열악한 땅을 소유한다. 그는 "내가 드디어 작은 땅이라도 소유할 수 있게 되었어요. 내가 거기에 집을 세우기를 원해요"라고 말하였다. 우리는 이 집을 세우기 위해 모든 짚들과 막대기들을 얻을 수 있었다. 약 열 명의 젊은이들이 노래하고 춤을 추고 기뻐하면서 집을 세우기 시작했다. 트럭에 앉아 있던 바신토(Vacinto)가 말했다: "와우! 마마, 오늘은 정말로 아름다운 날이에요. 참으로 영광스러운 날이에요. 나는 안토니오가 집을 갖게 될 것이라고는 상상도 하지 못했어요. 하나님은 정말 하나님이시네요. 그가 하신 일을 보세요. 안토니오가 곧 집을 갖게 될 거예요. 하나님이 우리를 사랑하세요! 하나님은 능력이 있으세요. 하나님은 아주 멋진 분이에요. 하나님은 정말로 우리를 돌보아 주시네요. 안토니오가 집을 갖는 것을 보니 하나님은 정말로 우리의 고통을 알고 계시네요. 이 하나님이 참 하나님이시네요. 나는 그분을 영원히 사랑하고 따르고 싶어요."

나는 자기 친구가 처음으로 소유하게 될 이 작은 짚으로 만든 집에 대하여 그렇게 감사하는 것을 보고 눈물을 흘리기 시작했다. 모든 젊은 이들이 뜨거운 태양 아래에서 이 집을 세우기 위해 하루 종일 일을 했다. 그들은 안토니오를 위해 이 집을 세우면서 매우 즐거워하고 있었다. 우리 사역은 단지 그들이 구원받는 것을 보는 것에 관한 것이 아니다. 그것은 그들의 온 삶이 하나님에 의해 변화되는 것을 보는 것이다. 그것은 단지 말만 가지고 사랑하는 것이 아니다. 말로만 사랑한다 하지 말고, 우리의 행위로 사랑을 보여야 한다.

그날 한 여인이 나에게 말했다. "마마 아이다! 내 남편을 방문해 주세요. 당신이 말라리아와 콜레라에 걸린 내 딸과 아들을 위해 기도해 주었을 때에, 그 기도가 끝나자마자 그들이 나았어요. 그들은 지금 건강해요. 그들이 완전히 치유 받은 것은 정말 기적이었어요. 하지만 내 남편이 2년 동안 온몸이 마비된 상태로 누워 있어요. 그는 2년 동안 걸어보지 못했어요. 제발 오셔서 그를 위해 기도해 주세요." 그래서 나는 그녀를 따라 사방에 쓰레기가 널려 있는 덤불 길을 걸어갔다. 그녀는 "이제 다 왔어요. 이제 다 왔어요"라고 계속해서 말했다.

하지만 우리는 먼저 덩치가 큰 죠지의 집에 들러야 했다. 그는 정신적 장애를 가지고 있었으며, 말도 제대로 할 수 없었다. 그의 뇌가 제대로 작동하지 않아서 가끔씩 중얼거릴 뿐이었다. 우리는 땅 위에 몇 개의 판자를 놓고 짚으로 대충 만들어 엮어 지붕도 없는 그의 집에 멈추었다. 우리가 이 집에도 지붕을 만들어 줄 수 없을까? 우리 다섯 형제들과 나는 쓰레기가 널려 있는 이 비참한 장소에서 무릎을 꿇었다. 그들은 먼지와 깨진 유리 속에서도 맨발로 걸어다녔다. 쓰레기 더미는 계속해서 타올랐고, 항상 연기가 자욱했다. 우리는 예수님께서 그를 도우셔서 그에게 지붕을 주시기를 기도했다. 그리고 다음 금요일에 젊은이들이 죠지의 집에 지붕을 얹어 주었다.

나의 친구가 "조금만 더 가면 됩니다"라고 말했다. 그녀의 집까지 걸어가는데 약 1시간이 걸렸다. 그녀의 집도 짚으로 만들어진 작은 오두막집이었다. 하지만 그녀는 그곳을 깨끗이 청소했고, 갈대를 꺾어 그녀의 남편이 누울 수 있는 매트를 만들어 주었다. 그 위에 2년 동안 걸어보지 못한 그녀의 남편이 앉아 있었다. 그는 손에 가위를 들고 종이를 오리고 있었다. 나는 그가 3시간에 1센트 정도 벌 수 있을 것이라고 추측했다. 하지만 그는 어떤 것이라도 하기를 원했다. 그는 아무것도 하지 않으면서 앉아 있고 싶어 하지 않았다. 그래서 그는 종이를 오려 매트리스 상인들에게 팔고 있었다. 나는 기도했다. "주님, 내가 이 사람을 위해 무엇을 할까요? 내가 무엇을 하기 원하세요?" 기도하는 동안에 주님께서 "그에게 세례를 주라"고 말씀하셨다.

나는 세례를 줄 때 보통 물에 완전히 잠기게 한다. 하지만 이곳에는 그렇게 할 만한 물이 없었다. 어쨌든 주님의 음성을 들었으니 세례를 주겠다고 결심한 후, 한 컵의 물을 가지고 그에게 세례를 줘도 되냐고 물었다. 그는 "물론이지요. 세례 받고 싶습니다"라고 대답했다. 컵을 들고 아버지와 아들과 성령의 이름으로 카를로스(Carlos)에게 세례를 주었다. 그리고 그의 머리에 손을 얹고 말했다. "카를로스, 예수의 이름으로 일어나 걸으세요! 예수의 이름으로 당신과 당신 가족 위에 있는 악한 저주를 내가 무너뜨립니다. 마비에서 풀려나십시오. 예수여 오시옵소서. 성령님 오셔서 이 사람으로 하여금 걷게 하여 주옵소서. 예수의 이름으로 기도 드립니다." 내가 그의 손을 잡고 "이제 일어나 걸으세요" 하고 말했다.

  2년 만에 처음으로 카를로스가 일어났다! 그가 일어났다. 가족들은 노래하기 시작했다. 아이들도 노래하기 시작했다. 사람들이 몰려들기 시작했다. 카를로스는 집 둘레를 두 번이나 돌았다. 매우 영광스러운 순간이었다. 오늘 그의 아내가 찾아와서 자기 남편이 화장실까지 걸어가서 샤워를 했다고 말해 주었다. 그는 완전히 치유 받고 오늘 혼자 걷고 있다. 하나님의 나라가 쓰레기 더미 위에 임했다. 하나님의 나라가 가난한 자들 위에 임했다. 예수님께서 그들을 치유하시고, 그의 사랑을 그들 안에 부어주셨다. 예수님은 그들을 돌보시는 자이시다.

  우리는 버림받고 상처받은 아이들을 하나씩 데려오고 있다. 어떤 아이들은 볼 수도 없고 들을 수도 없는 아이들이다. 예수님은 즉시 몇몇 아이들을 치유하셨다. 그들은 이제 볼 수 있게 되었다. 하지만 치유 받지 못한 아이들은 보지 못한다. 그들은 앞을 보지 못하지만 우리와 함께 살면서 예수님의 사랑으로 가득 차 있다. 나는 이 아이들이 예수님의 사랑에 대해 알고, 예수님의 임재에 대해 알기 때문에 앞을 볼 수 있는 사람들보다 더 좋은 것을 볼 수 있다고 생각한다. 우리는 부모에게 버림받아 쓰레기 더미를 뒤지며 살아가는 여덟 살, 아홉 살 아이들을 데려왔다. 우리는 그들을 집으로 데려와서 사랑해 주고, 돌봐주며, 양육하고 있다. 그러는 사이에 그들의 삶이 변화되었다. 위대한 기적은 강도질하며 도둑질하는 자들, 그리고 우리를 죽이려 했던 자들이 이제 우리의 친구들이 되었다는 것이다. 매주 금요일마다 그들은 나와 함께 설교하는 일을 돕고 있다. 우리는 예배 중에 드라마를 하는데, 그들이 극중 인물이 된다. 그들은 이제 예배를 인도하고 있다. 그들은 쓰레기 더미 근처에 세워진 작은 교회를 청소하기도 한다. 그들은 그분의 기쁨과 임재로 가득 채워져 있다. 그들은 그분으로 가득 채워져 있다. 그들의 삶은 하나님의 사랑으로 인하여 완전히 변화되었다. 내가 아는 모든 교회들 중에서 우리 쓰레기 더미 위에 세워진 교회가 내가 가장 좋아하는 교회들 중의 하나이다. 왜냐하면 어느 날에 가장 가난한 자들이 어린양의 혼인잔치에서 맨 앞에 앉게 될 것을 내가 알고 있기 때문이다. 나는 그들 중 아무도 변명하지 않고, 와서 예수님과 함께 먹고, 예수님과 함께 춤추며, 예수님과 함께 살고 예수님을 사랑하기를 간절히 원하고 있다는 것을 알고 있다. 그들은 예수님이 그들이 갖고 있는 모든 것이며, 그들이 필요한 모든 것이라는 것을 알고 있다.

우리가 때로 간과하는 것이 있는데, 세례에는 매우 강력한 어떤 것이 있다. 창녀의 삶을 살던 우리 소녀들이 세례를 받을 때에, 그들의 발이 물에 닿자마자 악한 영들은 미쳐 버린다. 악한 영들은 소녀들을 뒤집어서 물아래로 빠져 들어가게 함으로써 그들을 익사시키려 하기도 했다. 그들은 비명을 지르며 몸부림치기 시작했다. 세례에는 악한 영들이 견딜 수 없어 하는 어떤 것이 있다. 왜냐하면 세례는 수세자가 악한 영을 위해 더 이상 살지 않으며, 예수님께 항복한다는 것을 나타내기 때문이다. 우리는 소녀들의 머리를 부드럽게 잡고, "예수의 이름으로 우리가 너 사탄을 결박하노라. 악한 영들아 잠잠할지어다!"라고 말한다. 우리가 한 명 한 명 세례를 줄 때에 소녀들은 진정을 되찾는다. 때로 약간의 몸부림이 있지만, 곧 진정하게 된다. 우리는 그들을 학대하고, 그들과 함께 자고, 그들을 때리고 상처 주고, 그들을 비참하게 만든 사람들을, 심지어 그들의 아버지들까지 용서하라고 요청한다. 그러면 아홉 살, 열 살, 열두 살 된 어린 소녀들이 용서하기 시작한다. 그 다음에 우리는 또 말한다: "그들에게 그들이 받아 마땅하지 않은 선물, 즉 사랑과 자비와 용서의 선물을 주세요." 그리고, 이 소녀들이 자기들을 학대한 사람들을 용서하기 시작할 때에, 악한 영이 그들에게서 떠나가고, 그들은 자유함을 얻게 된다. 그 후 우리는 그들을 물에 잠기게 하며, 그들은 깨끗하고 정결케 되어 물 밖으로 나온다. 그들의 삶이 완전히 새롭게 된다.

무슨 일이 일어날지 그들에게 말해 주는 사람이 아무도 없는 또 다른 아이들은 물 밖으로 나오면서 방언으로 기도하기도 한다. 그들은 때로 하나님의 영광의 무게 때문에 물 속으로 다시 빠지기도 한다. 어느 날은 모잠비크의 목사님들이 우리와 함께 세례를 주고 있었는데, 아이들이 세례를 받은 물에서 나올 때에 그들의 얼굴이 해와 같이 빛나고 있었다. 그들은 두 손을 든 채로 입을 열어 그들이 전혀 배우지 않았던 천상의 언어로 기도하기 시작했다. 그들은 물에서 나오면서 살아 계신 하나님의 영으로 가득 채워졌다. 그것은 매우 영광스럽고 강력한 것이었다.

아마도 이 책을 읽고 있는 많은 사람들처럼, 나도 수년 동안 우리의 사역을 통해 눈먼 자들이 보고, 귀머거리가 듣고, 절름발이가 걸으며, 벙어리가 말을 하고, 죽은 자들이 살아나며, 수많은 사람들이 예수님께로 돌아올 것이라는 예언을 받아 왔다. 시간이 지나면서 이러한 예언들이 점점 더 강력해지는 것 같았다. 사람들이 이러한 말씀들을 가지고 계속해서 나를 위해 사역해 주었다. 나는 특별히 1998년에 나에게 예언해 준 랜디 클락을 기억한다. 그 예언 후, 나는 정말로 내가 발견할 수 있는 모든 눈먼 자들을 찾아다녔다. 내가 이 세상에서 가장 가난한 나라들 중 한곳에 살고 있었기 때문에 그들을 찾기가 비교적 쉬웠다. 도처에 눈먼 자들이 있었다. 나는 그들을 붙잡고 "당신은 내가 누군지 모르겠지만, 내가 당신을 위해서 기도해 주고 싶습니다"라고 말하였다. 그리고 그들을 위해 기도해 주면서 그들을 예수님께로 인도했다.

모든 사람들이 구원을 얻었다. 그들 모두가 예수님께로 나아왔지만 앞을 보지는 못했다. 하지만 내가 실패했다고 느낀 적은 없었다. 나는 20명의 시각 장애인들을 위해 기도했지만, 한 명도 앞을 보지 못했다. 하지만 나는 계속해서 기도했다. 나는 성령님께서 내 마음속에 부으신 그 예언의 말씀들을 계속 기억했다. 나는 스스로에게 말했다. "포기하지 않을 것이다. 포기하지 않을 것이다. 어느 날 그들이 눈을 뜨게 될 것이다."

우리와 함께 오랫동안 선교를 하고 있는 사람들 중의 한 명인 타네켄 프로스와 나는 북쪽의 어느 작은 교회에 있었다. 우리는 또 한 명의 눈먼 여인을 위해 기도하기 시작했다. 그녀가 땅에 쓰러졌다. 그녀의 눈이 흰색에서 회색으로 그리고 갈색으로 변하여 갔다. 그녀가 치유 받고 앞을 볼 수 있게 되었다. 그녀의 이름은 모잠비크어로 내 이름과 똑같은 아이다(Aida)였다. 우리는 매우 흥분했다. 우리는 눈먼 다른 사람들을 위해 기다릴 수 없을 것만 같았다. 우리가 그 작은 교회를 떠날 때에, 모든 사람들이 노래하며 춤을 추고 있었다. 그들 모두 전율을 느끼고 있었다. 악한 영들이 쫓겨 나갔고, 사람들이 구원을 받았으며, 더 많은 사람들이 치유를 받았다. 그 결과로 인하여 온 마을 전체가 부흥의 물결에 휩쓸리게 되었다. 우리가 떠나려 할 때에 아이다는 일어날 수 없었기 때문에 여전히 땅 위에 누워 있었다. 하지만 그녀는 앞을 보고 있었고 행복으로 가득 차 있었다. 그녀는 하나님의 임재와 그 위에 임한 하나님의 영광의 무게에 압도낭해 있었다. 오랫동안 그녀는 걸을 수 없었지만, 앞을 볼 수 있었고 하나님의 기쁨이 그녀의 얼굴에 가득 넘쳤다.

다음으로 우리는 거리에서 휠체어에 앉아 있는, 그리고 머리 위에 크고 끔찍한 종양으로 기형이 된 또 한 명의 시각 장애인을 위해서 기도했다. 나는 "이 사람도 아이다처럼 분명히 눈을 뜨게 될 것이다"라고 생각했다. 하지만 그는 앞을 보지 못했다. 미국에서 온 의사 밥(Bob)이 수술을 통해 종양을 제거할 수 있었고, 그에게 하나님의 사랑으로 사역할 수 있었다. 나는 그와 그의 낡은 휠체어를 밀고 있었던 그의 아들을 예수님께로 인도했다. 그는 즉시 레고 목사님의 교회에 나갔고, 우리의 다음 집회에 참석하여 예수님께 영광을 돌렸다. 그의 종양은 우리 의사의 사랑으로 인하여 완전히 사라졌다. 그의 마음은 예수님의 사랑으로 가득 채워졌다. 나는 그가 비록 육체적으로는 볼 수 없지만, 우리 대부분의 사람들이 보는 것보다 더 많은 것을 보고 있다고 믿는다.

타네켄과 나는 모잠비크에서 시각 장애인 첫 세 사람이 눈을 뜰 때까지 함께 했다. 우리는 아이다라 불리는 또 다른 눈먼 여인을 위해 기도하면서 레고 목사님 집에 있었다. 우리 두 사람은 하나님의 사랑을 느꼈고, 우리가 그녀를 위해 기도하기 시작했을 때에 그녀는 눈을 뜨면서 "당신은 검은 셔츠를 입고 있네요"라고 말하였다. 우리는 매우 흥분한 나머지 무엇을 해야할지 몰랐다. 우리는 "당신은 어떻게 검은색을 알고 있죠?" 하고 물었다. 그녀는 "내가 볼 수 있기 때문에 알 수 있습니다"라고 대답했다. 그녀는 여덟 살 때 실명했기 때문에 색깔을 알고 있었다. 그녀는 내가 검은 티셔츠를 입고 있는 것을 알고 있었다.

우리는 햇빛이 눈이 부신 밖으로 나갔다. 그녀는 곁눈질하기 시작했고, "오! 오!"라고 소리지르기도 했다. 우리는 "오리들이 있는 곳으로 걸어가시겠습니까?" 하고 그녀에게 말했다. 하지만 오리들은 꽥꽥거리고 있었다. 타네켄은 "그렇게 하지 않는 것이 낫겠는데요. 오리들이 꽥꽥거리고 있습니다. 소리나지 않는 어떤 것을 발견하는 것이 좋겠습니다" 라고 말했다. 그래서 우리는 그녀에게 "양동이"를 향해서 걸어가라고 말했다. 그녀는 양동이를 향해서 걸어가기 시작했다. 우리는 "저쪽에 있는 망고 나무를 향해 걸어가십시오" 하고 덧붙였고, 그녀는 망고 나무를 향해 걸어갔다. "내 손가락 몇 개가 보입니까?" "다섯 개요."

"이제는 몇 개가 보입니까?" "일곱 개요." 그녀는 치유되었다. 마을이 발칵 뒤집혔다. 그들은 펄쩍펄쩍 뛰면서 춤을 추고 노래를 불렀다. 그들은 교회의 이름을 "기적의 교회"로 바꾸었다. 두 번째 아이다가 기적적으로 치유 받았다.

우리는 치모이오(Chimoio)에서 한 집회를 인도하고 있었다. 나는 예수님께서 다시 그 일을 하실 것 같은 느낌을 받았다. 저쪽에 작은 소년의 손을 잡고 이곳에 온 눈먼 여인이 있었다. 그녀를 위해 기도했다. 그녀는 바닥에 쓰러져서 일어나지 못했다. 그녀의 눈은 흰색에서 회색으로, 또 회색에서 갈색으로 변해 갔다. 그녀가 치유되었다. 그녀는 울면서 다음과 같이 말하였다. "예수님께서 나를 위해 행하신 것을 보세요. 예수님께서 행하신 것을 보세요! 예수님이 나를 사랑하세요. 예수님이 나에게 자비를 베푸셨어요! 예수님은 정말로 나를 돌보고 계세요. 나는 이제 더 이상 구걸할 필요가 없게 되었어요. 나는 더 이상 먼지와 어둠 속에서 내 손과 무릎으로 농사 짓는 일을 할 필요가 없게 되었어요. 이제 내가 볼 수 있게 되었어요. 나는 이제 숲에 가서 나무를 잘라다가 시장에 팔 수 있어요. 나는 더 이상 거지로 살지 않아도 돼요. 예수님이 나를 사랑하세요. 예수님이 나를 지켜주세요. 그분이 하나님이세요. 나는 그분을 영원히 사랑할 거예요!

우리는 심하게 굶주리고 있는 홍수 피해자들을 돌보기 위해 마로메우의 어느 외딴 도시에 있었다. 영국에서 온 목사이며 오랜 친구인 커트 에릭슨이 우리와 함께 있었다. 그 도시의 중심 광장에서 있었던 우리의 아침 집회에서 나는 닫힌 귀가 열리고 있다는 지식의 말씀을 받았다. 거기에는 약 500명의 사람들이 있었는데, 도시의 규모로 볼 때 그것은 적은 숫자였다. 하지만 청각 장애인들이 듣기 시작했다. 그들의 귀가 열렸다. 그래서 모든 사람들이 그것에 대해 이야기하기 시작했고, 이 이야기가 온 사방에 퍼지게 되었다. 그날 사람들이 우리의 모임에 참석하기 위하여 홍수로 인해 깊어진 물을 건너서 걸어오기 시작했다. 마로메우는 홍수로 인한 구호 조치를 받아오지 못하고 있었다. 하지만 우리는 하나님의 섭리로 지저스 얼라이브(Jesus Alive) 항공편을 예약할 수 있었다. 그들의 큰 수송 비행기가 마로메우의 젖고 질퍽질퍽한 땅에 착륙하였고, 수톤의 정제된 옥수수 음식을 보충 식품들과 함께 가지고 왔다. "여기에 사랑이 넘치는 교회가 있다!"는 말이 퍼져 나갔다. 그리고 더 많은 사람들이 마로메우로 밀려들어 왔다.

그날 밤 우리 집회에 기적에 대하여 들은 만 명이 넘는 사람들이 참석하였다. 그들은 흥분해 있었고, 수천의 사람들이 예수님을 영접하였다. 그리고 그들은 기도 받기 위하여 앞으로 나아왔다. 그들은 결코 먼저 두통이나, 발가락의 상처나, 허리 아픈 것을 위해 기도하게 하지 않았다. 그들은 시각 장애인과 청각 장애인과 벙어리를 위해 먼저 기도하게 했다. 그들은 청각 장애와 시각 장애 둘 다 가지고 있는 소녀를 먼저 데리고 왔다. 나는 "오, 예수님!" 하고 생각했다. 수천 명의 사람들이 보고 있는데, 그들이 데려온 첫 사람이 시각과 청각 장애를 가지고 있는 사람일 때 아마 당신도 조금은 불안을 느낄 것이다.

나는 간단하게 기도 드렸다. 나는 단지 의자에 앉아 있었다. 사람들을 밀거나, 넘어뜨리거나, 비명도 지르지 않았다. 거기에는 비디오 카메라도, 전등도, 카메라도 없었다. 아무것도 없었고, 캄캄했으며, 비가 내리고 있었다. 불빛이 희미해졌고, 나는 기도하기 시작했다. "예수님의 이름으로 그녀의 눈을 열어 주소서. 시각 장애의 저주를 내가 부수노라. 청각 장애의 저주를 내가 부수노라." 갑자기 그녀의 눈이 열렸다. 그녀의 귀가 열렸다. 그리고 그녀는 아름다운 미소를 지었다. 그녀의 어머니는 "내 딸이 치유되었어요! 내 딸이 치유되었어요! 예수님께서 하신 일을 보세요. 내 딸이 치유되었어요. 이제 내 딸이 일을 할 수 있게 되었어요. 이제 그녀의 남편이 돌아올 수 있게 되었어요!"라고 소리쳤다. 그녀의 남편은 그녀가 쓸모 없게 되자 그녀를 떠났다. 하지만 그녀는 이제 기적적으로 치유 받게 되었다. 그녀는 약 1년 반 전에 시각과 청각을 잃었는데, 아무도 그 이유를 알지 못했다. 나는 그것이 아마도 주술사들의 저주일 것이라고 생각했다. 왜냐하면 내가 그녀 위에 있는 저주를 부숴야 한다는 느낌을 받았기 때문이다. 이제 하나님은 그녀에게 사랑을 쏟아 부으셨다. 그 후, 마로메우가 예수님께로 돌아왔다. 마치 온 도시가 예수님을 원하는 것 같았다!

마푸토 감옥은 내가 사역하기 가장 좋아하는 장소들 중의 하나이다. 거기에서는 기름부음이 계속해서 강해지고 있었다. 며칠 전, 성령님께서 죄수들 위에 임하셨고, 그곳의 모든 사람들이 예수님을 영접하였다. 그들이 소변 냄새가 심하게 나는 어두운 어느 방에 모여 무릎을 꿇고 있을 때, 성령께서 이 사람들의 죄를 생각하게 하셨고, 그들로 하여금 아버지의 사랑을 느끼게 하였다.

우리가 다 부서진 건물과 거리에서 사역을 하던 그날 밤 늦은 시간에, 네 명의 귀한 보배들이 어두움으로부터 건짐 받아 우리와 함께 살게 되었다. 우리는 그들을 우리 집으로 데려왔으며, 여덟 명의 소년들이 그들에게 따뜻한 물로 샤워를 할 수 있도록 도와주었다. 그리고 그들의 생애에서 처음으로 입어 보는 새 옷들도 주었다. 우리는 그들과 함께 기도한 후 새 침대에서 재웠다.

아무리 큰 부흥이 일어났을지라도, 혹은 많은 교회들이 세워졌다 할지라도, 우리는 다시 하나님의 음성을 들어야 한다. 죽어 가고 있는 남자와 여자와 어린아이들을 위해 멈춰 서라. 나의 기름과 포도주를 그들의 상처 위에 부어라. 그들을 업고 집으로 데려오라. 하나님은 눈을 위한 연고를 교회의 눈 위에 바르시기 원하신다. 그분은 우리가 한 사람을 위해서라도 멈춰 서길 원하신다. 그분은 우리가 한 사람을 보기 원하신다. 부흥의 얼굴! 이것이 하나님의 심장이다. 하나님의 심장이 당신 안에서 고동치게 하라.

9
모든 풍성한 열매는 친밀함으로부터 흘러나온다
All Fruitfulness Flows from Intimacy

이 책은 주님 당신을 위한 것입니다. 우리의 일은 당신을 위한 것입니다. 우리는 당신을 위해 살고 있습니다. 우리는 당신 없이는 살 이유가 없습니다.

그분으로 하여금 당신을 사랑하게 하라. 그것은 우리가 생각하는 것보다 훨씬 더 간단하다. 지금이 당신 안에서 두려움을 없애고 그분의 사랑으로 변화될 때이다. 그분의 임재를 제외한 모든 것을 날려 버려라. 그의 사랑 안에 푹 빠져 있으라.

하나님은 열방이 변화될 때까지 영광 중에서 그분의 임재를 사람들에게 쏟아부어 주실 것이다. 그분은 강물처럼, 혹은 대양처럼 자기의 사랑을 넘쳐나게 하실 것이다. 그분으로 하여금 당신에게 입맞주게 하라.

지금이 완전히 굴복한 채 하나님으로 하여금 하나님이 되게 할 때이다. 그분은 강하신 분이다. 그분께는 불가능한 것이 아무것도 없다. 그분은 교회에 입맞추고, 그의 사랑으로 당신을 변화시키기 원하신다.

우리는 그분의 영광을 지니고 사는 자들로 부름을 받았다. 이것은 일어나서 웅변적인 연설을 하는 사람에 관한 것이 아니다. 이것은 하나님께서 생각하시는 것을 당신이 알 수 있을 만큼 하나님의 마음에 가까워지는 것을 말한다. 그러면 당신은 어디에 가서 무슨 말을 하든지 두렵지 않을 것이다. 주님은 정말 열정적으로 사랑하는 자들을 위해서라면 무슨 일이라도 하실 것이다. 그분은 우리가 다시 돌아갈 수 없도록 우리의 마음을 사로잡으실 것이다. 그분은 박스 속에 갇힌 당신을 부수고 싶어 하신다. 종종 당신의 하나님은 너무도 작은 것 같다! 지금이 온 나라들을 위한 그분의 때이다.

굴복하라. 그러면 하나님께서 모든 사람들을 당신에게 맡겨 주실 것이다. 그러면 당신이 일어날 때마다 부흥이 있게 될 것이다. 열방이 주께 돌아와 무릎을 꿇게 될 것이다. 하나님은 단 한 번의 시선으로 우리를 변화시키신다. 그러면 우리는 그분의 품안에 사로잡히는 것을 두려워하지 않게 된다. 모든 것을 포기하고, 그분으로 하여금 당신을 죽이게 하라. 그러면 당신에게 능력과 기름부음이 강하게 부어질 것이다. 그는 죽기까지 당신을 사랑하기 원하신다.

우리는 우리가 실패했다는 것과, 그리고 이 세상이 필요로 하는 그러한 부흥을 우리가 일으킬 수 없다는 것을 마침내 깨닫고 있다. 예수님! 당신 마음의 은밀한 곳에서 우리가 쉬기를 원합니다. 우리는 모든 것을 내려놓고, 당신이 우리에게 일어나라고 말씀하실 때까지 듣기만 하렵니다. 당신이 우리에게 일어나라고 말씀하실 때에, 우리는 열방이 당신에게 돌아올 것을 알고 있습니다.

하나님은 우리의 성품을 변화시키기 위해 몇 번의 예배가 아닌 그분과의 연합을 원하고 있다. 우리는 그분의 성품을 가지고 살면서 매일 죽는 삶을 살아야 한다.

어떤 사람들은 "우리도 그런 것 다 해 보았어요"라고 말할지도 모른다. 하지만 이것은 매일 매일 해야 하는 것이다. 이것은 지속적인 내려놓음이다. 풍성한 모든 열매는 친밀함으로부터 흘러나온다. 그것을 얻을 수 있는 다른 장소는 없다. 우리가 예수님의 마음에 연합하는 정도에 따라, 하나님께서 우리의 삶 속에 열매를 맺게 하실 것이다. 당신이 그분과 사랑에 빠져 있는 깊이에 따라 당신의 열매가 결정될 것이다.

나는 그 외에는 어떤 다른 것도 알지 못한다. 나는 지속적으로 이렇게 포기하는 삶을 살아가기를 간절히 원하고 있다. 이러한 삶 속에서는 불가능한 것이 아무것도 없다. 나는 오직 똑같은 메시지와 똑같은 열정과 똑같은 애정만 가지고 있다. 우리가 하나님을 열정적으로 사랑하게 되면, 우리는 정말 아무것도 아닌 존재가 된다. 그분의 사랑이 우리를 가득 채운다. 일어나야 할 때에 하나님께서 우리와 함께 일어서신다. 우리는 우리의 사역이나, 기름부음이나, 숫자가 아닌 그의 얼굴에 초점을 맞춘다.

내가 하고 싶은 모든 것은 하나님을 사랑하고 그의 백성들을 돌보는 것이다. 나는 쓰레기 더미에서, 나무 아래에서, 또 에이즈로 죽어 가는 사람들 가운데에서 이러한 일을 하고 있다. 나는 정말로 단순하다. 예수님은 "내 눈을 보기만 하라"고 말씀하셨다. 그랬을 때에 나의 모든 것들이 완전히 변했다. 그분의 눈은 사랑과 열정과 자비로 가득 차 있었다. 예수님은 죽어 가는 남자들과 여자들과 아이들을 위해 항상 멈춰 서신다. 이것이 내가 아는 모든 것이다. 예수님은 매일 내가 만나는 모든 개개인을 사랑하라고 말씀하신다.

많은 그리스도인들이 지쳐 있고, 많은 사역자들이 녹초가 되어 버렸다. 가라, 가라, 일해라, 일해라… 이러한 것들을 잊어 버려라. 왜? 그렇게 해서는 많은 열매를 맺을 수 없기 때문이다. 하지만 당신이 그분의 열정으로 가득 차 있을 때에는 열매가 풍성하게 맺힐 것이다.

오직 그분의 얼굴을 바라보라. 당신이 그분의 얼굴에 초점을 맞출 수 있다면, 당신은 끝까지 그렇게 하려 할 것이다. 그분의 아름다운 얼굴에 초점을 맞추라. 그분의 얼굴을 보지 못한다면, 당신은 가난한 자들을 먹일 수 없고, 거리에 나갈 수 없으며, 어떤 일이 일어나는 것도 볼 수 없을 것이다. 그분의 시선과 한 번 마주치면 우리는 모든 것을 내려놓을 수 있게 된다. 우리는 죽는 것도 두려워하지 않게 된다.

우리가 예물을 드리지만, 우리의 예물은 우리 자신이 되어야 한다. 우리는 "주님, 어서 나를 취하세요. 모든 것을 취하세요"라고 말해야 할 것이다. 문제는 당신이 그분의 얼굴을 보아야 한다는 것이다. 당신은 그분의 사랑에 산산조각이 나야 한다. 그러면 당신은 기쁨으로 당신의 삶을 포기할 수 있게 될 것이다. 당신은 당신이 결코 사랑할 수 없다고 생각하는 그러한 사람들, 심지어 원수 같은 자들을 사랑하려 시도할지도 모른다. 하지만 먼저 주님의 얼굴을 바라보아야 한다.

내가 그분의 얼굴을 본 이후로, 한 나라가 예수님께 돌아오고 있다. 우리는 영광과, 자비와, 아름다움과, 사랑 가운데 계신 그분을 보아야 한다. 그 다음에는 가난하고, 지극히 작은 자들 가운에 있는 주님을 보아야 한다.

하지만 우리 자신들은 부흥이 일어나게 할 수 없다. 나는 40일 금식 등과 같은 모든 것에 대해 알고 있다. 부흥을 위해 기도할 때에 그러한 금식과 같은 것들을 하곤 했다. 하지만 이제는 오직 하나님을 더 배고파할 수 있기 위하여 금식한다. 내가 그렇게 하는 것은 내가 더 가난해지고 하나님을 더 필사적으로 배고파하기 위해서이며, 또한 잃어버리고 죽어 가고 있는 세상의 배고픔을 더 잘 느끼기 위해서이다. 내가 그렇게 하는 것은 가난한 자들과 함께 텐트와 피난민 캠프에서 살 때에 그들의 고통과 아픔을 더 잘 느끼기 위해서이다. 이곳은 완전히 다른 장소이다. 나는 돌아갈 수 없다.

우리는 그러한 장소에 있어야 한다. 우리는 사랑에 갇힌 자들이다. 어떤 사람들은 "참으로 고상한 말이긴 한데요, 당신은 선교사잖아요"라고 말할지도 모른다. 나는 단지 사랑에 갇힌 자일 뿐이다. 나에게는 다른 선택의 여지가 없다. 이것은 말로 할 수 없는 영광으로 가득 찬 기쁨이다. 모든 것이 그렇다. 아기들이 내 품에서 죽을 때에도, 내 영 안에 이러한 형언할 수 없는 기쁨이 있다. 왜냐하면 그들이 사랑을 받으며 죽었기 때문이다. 그 아이들은 우리의 사랑과, 세계 도처에서 온 우리의 소중한 동료들의 사랑과, 수백 명이나 되는 모잠비크인들의 사랑을 받은 후, 즉시 주님의 품에 안겨진다. 그리고 주님은 우리가 할 수 있는 것보다 더 큰 사랑으로 그들을 계속해서 사랑하실 것이다. 이것이 기쁨이다. 이것이 승리이다.

어느 주간에는 우리의 소중한 여덟 명의 아이들이 죽었다. 나는 매우 지쳐 있었다. 나는 이해하지 못했다. 나는 그들을 매우 사랑했다. 왜? 내가 무엇을 하고 있나요? 예수님은 말씀하셨다. "어찌됐든 너는 승리했다. 왜냐하면 너는 그들을 죽기까지 사랑했기 때문이다." 나는 그때에 영원이라는 것을 살짝 엿볼 수 있었다. 나는 그러한 아기들과, 십대들과, 목사님들을 받기 위해 활짝 열린 그분의 품을 그릴 수 있었다. 그래서 나는 "주님, 나를 취하소서, 나도 준비되어 있습니다"라고 말했다. 나는 그분의 얼굴을 보았기 때문에 정말로 거기에 있고 싶었다. 그분의 시선과 한 번 마주치면 당신은 당신에 대하여 영원히 죽게 될 것이다.

그의 부르심은 우리 삶 전체에 관한 것이다. 예수님은 우리가 그분에게 기쁨으로 드리는 그리고 넘쳐나게 드리는 사랑의 예물이 되라고 우리를 부르신다. 내가 믿기로 그러할 때에 영광이 임한다. 우리가 그렇게도 갈망하고, 그렇게도 필요로 하고, 그렇게도 울부짖으며, 그렇게도 배고파하는 그분의 임재의 영광은 우리의 전 존재를 기쁨으로 그리고 완전히 그분에게 드릴 때에 임한다. 우리는 예수님께서 사랑으로 불을 붙이시는 희생제물이 되어야 한다. 그때에 그분의 임재가 임할 것이다. 그분은 자신의 영광을 지니고 다닐 사람들을 찾고 계신다. 정말로 그렇다.

하지만 당신이 그러한 영광을 지니기 위해서는 먼저 죽어야 한다. 그리고 그 영광을 지니게 될 때에, 당신은 그것을 가난하고, 상처받고, 죽어 가는 잃어버린 자들에게 가져갈 것이다. 당신은 정말 그럴 것이다. 그것이 부르심이다. 우리가 상처받은 자들에게 예수님을 지니고 가는 것, 그것이 그분의 심장 소리이다. 하지만 당신이 그분의 얼굴을 볼 때까지는 그분을 지니고 다닐 수 없다. 당신은 그 거룩한 얼굴을 알아야 한다.

당신은 다음과 같이 말했을지도 모른다. "오, 하나님! 제가 수표는 쓰겠습니다. 하지만 아프리카로 나를 보내지는 마세요. 제발, 주님! 나를 쓰레기 더미 위에 앉게 하지는 마세요. 수표를 쓰겠습니다. 여기에 있습니다. 꽤 큰 액수입니다. 저는 벌레들을 싫어합니다." 하지만 이제는 다음과 같이 말해야 한다: "오, 주님! 제가 여기에 있습니다. 저를 아무 곳으로 데리고 가십시오. 저를 사용해 주시고, 부숴 주시고, 필요하다면 상처도 주시고, 나를 쏟아 내시고, 다시 채워 주소서. 제가 여기에 있습니다. 제가 예물입니다. 제가 예물입니다. 받아 주소서. 당신의 영광으로 나를 취하소서. 나로 하여금 당신의 임재를 지니고 어두운 곳으로 가게 하소서. 당신이 나를 사랑하신다는 것을 알고 있습니다. 왜냐하면 내가 당신의 얼굴을 뵈었기 때문입니다."

하나님은 우리가 결코 보지 못한 것과 같은 기적과 표적들을 행하기 원하신다. 하지만 우리는 먼저 그분의 얼굴을 뵈어야 한다. 우리는 그분이 보는 것을 보고, 그분이 느끼는 것을 느껴야 한다. 하나님은 자기 자신을 내려놓고, "오직 당신만 원합니다. 매일 그렇게 나와 함께 하소서"라고 말하는 사람들에게 그분의 능력과 기름부음을 허락하실 것이다.

내가 비행기를 타고 더 많은 여행을 하기 원하는 이유는 주님께서 "지금이 잠에서 깨어날 때라는 것을 교회에 전하라"고 말씀하셨기 때문이다. 교회들이여! 잠에서 깨어나라. 깨어나라. 깨어나라!

이 새로운 군대는 지치지 않을 것이다. 그 이유를 아는가? 왜냐하면 그들은 하나님의 임재 앞에서 어떻게 포기해야 할지 알기 때문이다. 그들은 그분의 품안에서 어떻게 쉴지 알고 있다. 그들은 그분의 품에 머리를 기대고, 그분의 거대한 심장 소리를 듣는 방법을 알고 있다. 그들은 죽어 가는 자들과, 울고 있는 자들과, 상처받은 자들과, 학대받은 자들, 그리고 잃어버린 자들을 위해 주님과 함께 운다. 당신은 정말로 당신이 열심히 일함으로써 부흥을 일으킬 수 있다고 생각하는가? 한 번 열심히 해 보라. 미안하지만 당신의 열심이 부흥을 일으킬 수는 없다. 하지만 예수님께서 그의 얼굴을 보이시며, 그분의 생명을 메마른 뼈와 같은 교회들 안에 불어넣으실 때에, 그리고 교회가 그의 영광을 지니면서 그분의 임재로 가득 차서 일어날 때에, 아무도 더 이상 저항할 수 없게 될 것이다.

나는 2001년 12월에 나의 좋은 친구들인 죤과 캐롤 아노트의 거실에서 천연색 이상을 보았다. 나는 온 땅이 수천 대의 불수레들로 둘러싸이는 것을 보있다. 그 불 수레들 안에는 하나님의 성도들이 둘씩 짝을 지어 있었다. 그들의 몸은 투명했다. 아무것도 감추어지지 않았다. 불수레에 타고 있는 사람들은 거대한 심장을 가지고 있었고, 그 심장은 어깨에서 어깨까지 이르렀다. 나는 그것들이 뛰는 것을 볼 수 있었다. 그들은 금으로 만들어진 번쩍이는 칼을 들어올렸다. 두 백마가 불 수레들을 인도하고 있었고, 말들의 모든 고삐들은 함께 모아져서 하늘로 올려졌다. 그리고 주님께서 그것들을 왼손으로 쥐고 계신 것이 보였다. 주님은 오른손을 높이 들었다가 앞으로 내리시면서 "지금이다!"라고 큰 소리로 외치셨다. 그러자 불수레들이 온 땅을 가로지르며 달리기 시작했다. 그것들은 하나님의 영광을 지니고 있는 하나님의 불수레들이었다. 수레들이 가는 곳마다 불이 함께 했다.

어느 곳에서는 사람들이 "우리는 하나님을 원하지 않아요"라고 말하였다. 그러한 곳에는 상상할 수 없는 가장 끔찍하고 혐오스러운 어둠과 부패가 있었다. 하지만 하나님의 임재에 반응하는 사람들이 있는 곳에서는 빛이 더 밝아졌고, 땅이 불로 인하여 밝게 빛나고 있었다. 나는 칼이 받아들이거나 거부하는 사람들을 위한 자비와 심판을 나타낸다는 것을 알게 되었다. 나는 심판을 싫어하고, 심판에 대해 설교하는 것을 결코 좋아하지 않았지만, 나는 이상을 보았다. 심판이 반드시 있을 것이다!

주님은 그의 영광이 물이 바다를 덮음같이 온 땅을 덮을 것이며, 1970년대 후반에 시작된 부흥은 추수가 가깝다는 표징으로 알려질 것이라고 말씀하셨다. 주님은 물으셨다. "누가 나의 영광을 땅끝까지 옮길 것인가? 누가 나의 불수레에 오를 것인가? 누가 완전한 주권을 내 손에 맡기고, 나로 하여금 그들의 고삐를 잡게 할 것인가? 지금이다! 지금이 추수할 때이다! 지금이 거두어들일 때이다!"

그 이상 후에 나는 매우 행복했고, 흥분했고, 전율을 느꼈으나, 동시에 슬프고 힘들기도 했다. 나는 나의 짐페토 아이들과 마푸토의 거리를 떠나기 시작해야 할 것이다. 그 후로 우리는 복음을 전하고, 표적과 기적들을 가지고 사역하면서 많은 나라들을 돌아다녔다. 따라서 우리는 모잠비크의 남쪽에 있는 우리 집에서 우리 시간의 3분의 1정도만 보낼 수 있게 되었다.

그리고 그 이상 후에 우리 교회들의 숫자는 2001년 12월과 2002년

8월 사이에 2천 개에서 5천 개로 늘어났다. 우리는 평생 동안 이러한 부흥을 갈망해 오고 있었다. 우리는 하나님께서 왜 우리를 택하셔서 이러한 일의 한 부분이 되게 하셨는지 이해하지 못한다. 우리는 낮아지면서 놀라움을 금치 못하고 있다. 기적과 표적들이 계속해서 증가하고 있다.

  우리가 가장 좋아하고, 가장 기억하고 싶은 집회들 중 하나는 중앙 모잠비크의 돈도(Dondo)에서 2001년 늦은 10월에 있었던 집회이다. 마크 듀퐁(Marc Dupont)은 서방 세계로부터 확산되어 온 세상을 덮으며, 가난한 자들에게 임할 마지막 시대의 부흥에 대하여 예언하였다. 우리는 하나님의 영광이 우리 센터들 위에서 운행하시는 것을 느꼈다. 우리는 건물들이나 카페트도 없다. 우리의 얼굴들은 먼지로 뒤덮여 있다. 하지만 마크 듀퐁은 너무 밝은 하나님의 영광으로 인하여 앞을 볼 수 없었다. 그래서 내가 연단으로 기어올라 갔다. 나도 하나님의 영광이 너무 무거웠기 때문에 서 있을 수 없었다. 나는 성령님께서 그가 원하시는 모든 것을 할 수 있도록 환영하였다. 거의 모든 사람들이 쓰러졌다. 아무도 그들을 만지지 않았다. 우리가 기도해 준 첫 번째 사람은 청각 장애와 시각 장애를 가지고 있는 사람이었는데, 즉시 치유함을 받았다. 악한 영들이 쫓겨 나갔다. 어떤 인간의 노력도 없었다. 어린아이들은 눕고, 얼굴을 땅에 대고, 손을 흔들고, 울기도 하고 웃기도 했으며, 이상들과 하나님의 것들에 완전히 빠져 있었다. 그 시간은 잊을 수 없는 거의 환상적인 시간이었다. 그 후, 사람들은 하나님과 사랑에 빠지게 되었고, 예수님과 그의 선하심으로 가득 찬 채 일어나서 수백 개가 넘는 교회들을 개척하였다.

  추수의 시기가 무르익었기 때문에 우리는 지도자들을 어떻게 빨리 훈련시켜야 할지 모르고 있었다. 우리는 최근에 잠베지 강 주변의 무타라라(Mutarara) 근처에 있는 낡고 오래된 활주로에 착륙하였다. 도로를 이용해서 오고 있는 우리 팀이 아직 도착하지 않았기에, 우리는 땅 위에 힘겹게 앉아 있는 대신에 음향 시설을 설치하고 우리의 이상한 비행 물체 주변에 몰려든 군중들을 위한 사역을 시작했다. 우리는 많은 노래와 춤으로 우리의 예배를 시작했다. 톰 죤스와 내가 말씀을 전했다. 주님이 사람들을 치유하시기 시작했고, 우리는 그날 그 장소에 교회 하나를 개척하였다. 다음 날 아침 우리는 새로운 그리스도인들에게 사역하기 위하여 다시 그곳에 갔다. 우리는 성령님께서 이 남녀 종들에게 임하시기를 기도했다. 그리고 그들은 쉽게 성령 충만함을 입었다. 그들은 복음에 아무런 저항도 하지 않았다. 우리는 그들 위에 손을 얹었고, 그들은 방언으로 말하기 시작했다. 그 사람들 중 한 사람이 돈도에 있는 우리 성경학교에 가서 공부한 후, 그 그룹의 목사가 될 것이다. 우리는 이와 같은 것을 결코 경험해 보지 못했다. 우리는 우리가 지금까지 그렇게도 갈망해 왔던 것들을 지금 보고 있다.

　마푸토 지역의 감독으로 수고하는 조세 목사님은 자기 어머니가 부흥을 위하여 수년 동안 기도해 왔다고 우리에게 말해 주었다. 그는 자기가 어렸을 때부터 자기 어머니가 부흥을 위해 부르짖던 기도를 기억하고 있었다. 그녀는 자기가 죽기 전에 보기 원하는 모든 것은 모잠비크에 부흥이 일어나는 것과, 자기 아들이 결혼하는 것을 보는 것이라고 말해 주었다. 조세와 린다가 결혼하던 어느 주일, 그의 어머니가 다음과 같이 말했다. "이제 예수님과 함께 거하기 위해 집으로 돌아갈 수 있게 되었습니다. 나는 내가 평생 기도해 온 부흥을 보았으며, 내 아들이 교회에서 결혼하는 것을 보았습니다." 그녀는 일주일 후에 예수님과 함께 하기 위해 세상을 떠났다.

　그분은 열정적으로 사랑하는 종들을 부르고 계신다. 그분은 잠자고 있는 그분의 교회에 생명을 불어넣고 계신다. 그분이 사랑하는 자들이 그분의 임재를 지닐 것이며, 배고픈 자들은 더 이상 저항하지 않을 것이다.

# 10 후문: 질그릇
Jars of Clay

우리가 이 보배를 질그릇에 가졌으니 이는 능력의 심히 큰 것이 하나님께 있고 우리에게 있지 아니함을 알게 하려 함이라 우리가 사방으로 우겨쌈을 당하여도 싸이지 아니하며 답답한 일을 당하여도 낙심하지 아니하며 핍박을 받아도 버린 바 되지 아니하며 거꾸러뜨림을 당하여도 망하지 아니하고 우리가 항상 예수 죽인 것을 몸에 짊어짐은 예수의 생명도 우리 몸에 나타나게 하려 함이라 우리 산 자가 항상 예수를 위하여 죽음에 넘기움은 예수의 생명이 또한 우리 죽을 육체에 나타나게 하려 함이니라(고후 4:7-11).

우리가 승리의 간증들을 열거함으로 안전하고 편안한 삶을 살고 있고, 축복과 열매 있는 삶을 살게 되었다는 인상을 주지 않았나 싶다. 하지만 우리 믿음의 삶은 우리의 결함들뿐만 아니라, 날마다 우리에게 새로운 주님의 자비들을 계시해 주면서 계속해서 그리고 점점 더 시험대 위에 올려지고 있다. 우리는 매일 죽는다. 그리고 매일 우리 스스로에 대한 신뢰를 잃은 후에 다시 일어선다. 우리는 죽은 자들을 일으키시는 하나님에 대한 신뢰를 배우는 초기 단계에 있을 뿐이다.

우리는 우리가 이 부흥의 물결을 움직이는 것이 아니며, 그렇게 많은 교회들을 돌보는 일은 우리의 한계를 훨씬 넘어서는 일이라는 것을 확실히 알고 있다. 온 아프리카 대륙에 살고 있는 가난하고 잃어버린 자들의 곤경은 예수님께서 간섭하시지 않는다면 우리를 짓눌러서 일어서지 못하게 할 것이다. 하지만 우리는 세상의 문제들에 무지하기를 원하지 않는다. 또한 우리는 그의 훈련과 훈육 과정에서 제외되기를 원하지 않는다. 우리는 그러한 과정을 통하여 그의 거룩함을 공유하고, 주님이 쓰기 원하시는 모든 선한 일을 위해 준비될 것이다.

질그릇으로서 우리는 앞에 있는 것을 바라보면서 믿음으로 영적인 싸움에 뛰어든다. 하나님께서 이 싸움을 위한 자격을 우리에게 부여하셨다는 것이 놀라울 뿐이다. 우리가 한 사람을 위해 사역하는 방법을 알게 되었다고 생각할 때에, 수천 혹은 수만의 사람들이 절실하고 필사적인 문제를 가지고 몰려든다. 절박한 위기를 넘기기 위한 시간과 인내가 모자랄 때에, 10개 이상의 위기들이 몰려온다. 우리는 1분 동안 사랑과 자비를 쏟아붓고는, 곧 메마르고 조급해진다. 우리는 마음을 다하여 외치고, 커다란 반응을 보지만, 곧 엄청난 무지와 오해와 돌같이 굳은 마음들과 마주치게 된다. 우리는 기적적으로 물질들이 채워지는 것을 경험하지만, 곧 도둑을 맞고 속임을 당한다. 능력을 외치지만, 배고픈 자들이 부자들에 의해서 잊혀진 채로 우리 앞에서 죽어 간다. 우리는 성령 안에서의 일치를 외치지만, 그 전에 우리 스스로가 모든 종류의 질투와 분노들을 먼저 다루어야 한다. 우리의 결혼, 가족, 그리고 가까운 친구들이 엄청난 스트레스와 불가능한 요구들로 인하여 매일 공격을 받고 있다.

사람들은 우리가 항상 대답을 가지고 있는 듯이 상담과 방향제시를 위해 우리에게 몰려온다. 우리가 어떻게 하면 선교사가 될 수 있습니까? 내가 어떻게 자활할 수 있습니까? 내가 트럭을 사는데 도움을 주실 수 있습니까? 전화나, 주소나, 연필이나, 종이도 없는 곳에서도 어떻게 교회를 운영할 수 있겠습니까? 우리는 수주 동안 굶주려 왔습니다. 그런데 내가 어떻게 성경학교에 들어갈 수 있겠습니까? 들어가게 된다 해도, 내 가족은 어떻게 합니까? 내 자녀의 장례식 비용과 관을 사는데 도움을 주실 수 있습니까?

재정적인 것들과, 항상 선하고, 합리적이고, 가장 필요한 것들을 위한 요구사항들이 매일 내 사무실로 밀려든다. 하이디는 하루 종일 길게 줄지어 선 사람들을 상대해야 한다. 그들 모두는 도움을 필요로 하는 비극적이고 어려운 상황에 처해 있는 사람들이다. 우리는 그들의 얼굴에 있는 주름과, 금이 간 피부들을 볼 수 있다. 그들은 아프리카의 모진 시련 속에서 생존한 사람들이다. 그들을 보낼 만한 인력과 건물들도 거의 없으며, 그들을 받아들일 만한 선교 단체도 거의 없고, 그들이 어떻게 그리스도인의 삶을 살아야 하는지를 가르칠 다른 교회들도 거의 없다. 모든 사람들이 한계에 다다를 정도로 전력을 다하고 있기 때문에 더 이상의 일을 할 수 없다.

하지만 우리는 사탄이 할 수 있는 모든 것에 맞서서 부족함이 없는 상태를 유지하고 있다. 우리는 수년 전에 포기하고 모잠비크를 떠나라는 충고를 받기도 했다. 하지만 우리는 예수 그리스도의 복음으로 충분하기 때문에 여전히 여기에 있고, 그분 안에서 우리는 도살당할 양처럼 누워 있을 때에도 정복자 이상의 사람들로 살아가고 있다. 우리는 사실 심한 압박을 받고, 곤혹스러워하며, 넘어진 적도 있었지만, 완전히 멸해지지는 않았다. 우리는 하루나, 한 주를 어떻게 견뎌 나가야 할지 모른다. 우리는 모든 사람들을 어떻게 기쁘게 하며, 모든 메일에 어떻게 대답하며, 우리의 모든 보고들을 어떻게 해야 하며, 모든 필요들을 어떻게 충족시켜야 하며, 기름부음의 사역을 어떻게 밤낮으로 해야 할지를 알지 못한다. 우리는 우리의 모든 직원들을 어떻게 관리하며, 모든 방문자들에게 어떻게 설명하며, 실망하고 있는 자들에게 어떻게 확신을 주며, 약한 자들을 어떻게 일으켜 세우며, 모든 사람들을 위한 분명한 방향을 어떻게 제시해야 하는지 알지 못한다. 우리는 단지 질그릇일 뿐이다! 하지만 예수님은 그분이 죽었기 때문에 우리에게 항상 부족함이 없을 것이라고 계시해 주셨고, 우리는 그 계시를 결코 부인하지 않을 것이다.

모잠비크에는 180,000명의 에이즈 환자가 있으며, 말라위에는 400,000명, 케냐에는 백만 명이 있다. 여기 모잠비크의 수상은 수많은 선생님들과, 경찰들과, 위생 담당자들이 에이즈로 죽어 가고 있기 때문에 이 나라가 멸망 직전에 있다는 것을 시인했다. 남아프리카에서는 수백만의 사람들이 특별히 치명적인 에이즈와 기근으로 인하여 가까운 미래에 죽음을 맞게 될 것이다. 게다가 조직화된 범죄와 마약 밀매가 경제 성장을 저해하고 있다. 우리는 극도의 위기들에 둘러싸여 있다.

그렇다. 우리는 우리가 평생 동안 외쳐 왔던 큰 부흥과 하나님의 역사를 보고 있으며, 그것에 대한 감사를 다 표현할 수 없다. 하지만 우리의 식욕은 이제 막 자극되었다. 우리는 질그릇일 뿐이다. 하지만 하나님의 능력은 약한 데에서 강해진다. 그리고 우리는 약하기 때문에 계속해서 하나님께 나아갈 것이다. 그럴 때, 우리는 하나님의 영광을 보고, 아프리카와 세계를 위한 그분의 해답들 중 한 부분이 될 수 있을 것이다. 하나님께서 죽은 자 10명을 살리실 수 있다면, 그분은 100명 혹은 10,000명도 살리실 수 있다. 하나님께서 우리 식탁에 닭과 빵을 두 배로 많아지게 하실 수 있다면, 그분은 온 마을이나 지역에 사는 모든 사람들을 먹이실 수 있다. 하나님께서 나의 마음과 당신의 마음을 변화시키실 수 있다면, 그분은 어느 누구라도 변화시키실 수 있다. 우리는 너무 많은 것을 보아 왔고, 다가올 시대의 능력들에 대한 많은 것들을 맛보아 왔다. 우리는 하나님의 사랑을 매우 깊이 마셨기 때문에, "아닙니다. 충분치 않아요. 하지만, 그것이 예수님께서 가지고 계신 전부군요. 죄송합니다"라고 말할 수 없다.

그것과는 반대로, 우리는 항상 "그분에게 가서, 그분을 먹고 마시세요. 우리에게 없는 것이 그분에게 있어요. 그분을 필사적으로 갈망하세요. 그분을 신뢰하세요. 그분을 사랑하세요. 그분의 눈을 들여다보세요. 예수님의 몸과 피는 그분을 영접하는 모든 이들에게 충분해요"라고 말할 것이다. 우리는 더 많은 부흥을 볼 것이라는 사실을 알고 있다. 우리는 하나님의 은혜의 복음을 계속해서 증거할 것이다. 우리와 그리스도의 몸의 다른 지체들은 인내하면서 예수님께서 이 땅에서 하셨던 것들보다 더 위대한 것들을 행할 것이다. 왜냐하면 그분은 선하시고, 창세전부터 우리가 이러한 일들을 할 수 있도록 준비시키셨기 때문이다.

PURE  NARD

PURE  NARD